JN262480

現代マーケティング概論

第2版

坂本秀夫著

信山社

第１版はしがき

　今世紀初頭のアメリカにおいて，その端緒的研究をみたマーケティングが，日本に本格的に導入され始めたのは，それから半世紀を経た1950年代に入ってからのことである。その後，日本のマーケティングは目覚ましい発展を遂げ，今や世界の最高水準に達するまでになったといっても過言ではない。それを裏づけるかのように，今日，各国で日本の経営およびマーケティングに対する関心が高まっている。

　この半世紀に近い日本のマーケティング研究の歴史をふりかえるとき，そこには実に多様な，そして幅広い研究努力と経験の積み重ねを通じた，マーケティングの確立過程をみることができる。事実，この間，この分野での高度な専門書も数多く公刊されている。

　しかし，「マーケティング」はもとより実学的側面が非常に強い学問分野であり，そのことを考慮すれば，マーケティングの発展もその理論と実践との密接な連繋があって初めて可能になるものである，といえる。したがって，マーケティングの基礎理論といわれるものも時代や環境の変化とまったく無関係に普遍的に存在するものばかりではない。

　このような状況のなかで，本書は，今後マーケティングをさらに深く研究していくにあたっての前提となる基礎的な知識を，今一度，体系的に解説することを目的として執筆されたものである。

　本書の構成は次のようになっている。第１章から第５章は，マーケティングを研究していくにあたっての序説とでもいうべき部分である。第６章から第11章は，マーケティング・マネジメントの各個別領域を取り上げて，それぞれ具体的に検討している。また，第12章から第15章は，マーケ

第1版はしがき

ティング論においてその他重要と思われる分野を取り上げての検討を進めている。そして，最後の第16章で，マーケティングの社会的責任を取り上げ，それを具体的に検討したうえで，これからのマーケティングの方向性を展望している。

　本書執筆にあたっては，マーケティングに関する基礎的な知識をできるだけ体系的に解説することに努めたが，著者の能力不足もあって，脱落している分野もあるかと思われる。これらの分野については，他日を期したい。未熟な内容ではあるが，本書が大学生諸君の学習教材として，また，研究者，実務家諸氏の参考資料としていささかなりとも役立つのであれば，著者としてこれ以上の喜びはない。

　最後になったが，本書がこのような形で世に出ることになった背景には，多くの方々の学恩，励ましがあることはいうまでもない。なかでも，著者の大学院時代の指導教授であり，浅学非才な著者を辛抱強く，暖かく見守って下さった早稲田大学名誉教授（現在，城西国際大学教授）の宇野政雄氏には，心から深く感謝の意を表したい。また，出版事情がきわめて厳しい折，前著『日本中小商業の研究』に引き続き，著者のような浅学非才な者の研究の出版機会を快く与えて下さった信山社代表取締役の今井貴氏には，あらためて深く感謝の意を表する次第である。

平成4年11月22日

著　　者

第2版はしがき

　旧版『現代マーケティング概論』を刊行してから10年以上の歳月が流れたが，この間，多くの助言や励ましのことばを頂戴するなどして，好評のうちに増刷を重ねた。しかし，この間，マーケティングを取り巻く環境条件も大きく変容しており，かかる事情から「第2版」を刊行せざるをえなくなったわけである。

　第2版には，旧版ではまったく触れられていない多くの事柄が盛り込まれている。たとえば，アメリカマーケティング協会（AMA）の2004年度のマーケティング新定義に関する分析，広告媒体の種類としてのインターネット広告の追加説明，マーケティング・リサーチの手法としてのインターネット調査の追加説明，いわゆる製販同盟の動きの活発化に関する分析などがそれである。そのほか，理論および実態説明に関して陳腐化した箇所の修正も行われている。また，著者の意図をよりわかりやすくするために，文章表現上の若干の手直しも行われている。

　「第2版」も「旧版」と同じく，大学生諸君の学習教材として，また研究者，実務家諸氏の参考資料としていささかなりとも役立つのであれば，著者としてこれ以上の喜びはない。

　　平成17年4月6日

　　　　　　　　　　　　　　　　　　　　　　　　　　著　　者

目　次

はしがき

第 1 章　マーケティングの定義 ……………………… *1*

第 1 節　AMA のマーケティング定義の変遷 ……………… *1*
第 2 節　JMA のマーケティング定義 ……………………… *3*
第 3 節　商業，流通，およびマーティングの相違・関連 ……… *6*
　第 1 項　商業の意味 *(6)*
　第 2 項　流通の意味 *(10)*
　第 3 項　商業と流通の相違・関連 *(12)*
　第 4 項　流通とマーケティングの相違・関連 *(13)*

第 2 章　マーケティングの研究方法 ……………… *15*

第 1 節　伝統的アプローチ ………………………………… *15*
第 2 節　近代的アプローチ ………………………………… *17*
　第 1 項　マネジリアル・アプローチ *(17)*
　第 2 項　システムズ・アプローチ *(18)*
　第 3 項　インターディシプリナリー・アプローチ *(19)*
　第 4 項　ソーシャル・アプローチ *(21)*
　第 5 項　エコロジカル・アプローチ *(23)*
第 3 節　マルクス経済学的アプローチ …………………… *23*

第 3 章　マーケティング事象の分類 ……………… *25*

vii

目　次

　　第1節　マーケティング事象の分類 …………………………… *25*
　　第2節　統制可能な要因 ………………………………………… *29*
　　第3節　統制不可能な要因 ……………………………………… *30*

第4章　マーケティングの戦略的構造 ……………………… *35*

　　第1節　戦略と戦術 ……………………………………………… *35*
　　第2節　戦略重視の背景 ………………………………………… *39*
　　第3節　マーケティングにおける戦略のレベル ……………… *41*
　　第4節　戦略的マーケティングの展開 ………………………… *42*
　　　第1項　戦略的マーケティングの意義 *(42)*
　　　第2項　戦略的マーケティングの成立基盤 *(46)*
　　　第3項　戦略的マーケティングの展開手順 *(48)*

第5章　マーケティング・マネジメントの機能と構成内容 … *51*

　　第1節　マーケティング・マネジメントの機能 ……………… *51*
　　第2節　マーケティング・マネジメントの構成内容 ………… *55*

第6章　製品戦略 ……………………………………………… *59*

　　第1節　製品の概念 ……………………………………………… *59*
　　第2節　製品戦略 ………………………………………………… *61*
　　　第1項　市場細分化 *(61)*
　　　第2項　製品差別化 *(63)*
　　第3節　製品戦略を実施する組織 ……………………………… *64*
　　第4節　新製品開発 ……………………………………………… *69*

第5節　製品のライフ・サイクル……………………………………71

　第1項　製品ライフ・サイクルの段階と特徴 *(71)*

　第2項　製品ライフ・サイクルの延命策 *(75)*

　第3項　プロダクト・ミックスの製品ライフ・サイクル *(76)*

第7章　流通チャネル戦略……………………………………79

第1節　流通チャネルの概念と類型…………………………………79

　第1項　流通チャネルの概念 *(79)*

　第2項　流通チャネルの類型 *(81)*

第2節　流通チャネルの決定要因……………………………………82

第3節　チャネル政策の主体と体系…………………………………83

　第1項　チャネル政策の主体 *(83)*

　第2項　メーカーのチャネル政策 *(86)*

　第3項　チャネル政策の体系（メーカーの場合）*(88)*

第4節　流通チャネルの系列化………………………………………92

　第1項　流通チャネル系列化の諸方式 *(92)*

　第2項　流通チャネル系列化の諸問題 *(94)*

第5節　複合的チャネル政策の展開…………………………………95

第8章　人的販売戦略…………………………………………103

第1節　人的販売の概念………………………………………………103

第2節　販売員の役割と課業…………………………………………105

第3節　人的販売管理における主要意思決定………………………107

　第1項　人的販売管理における意思決定のフロー *(107)*

　第2項　販売部隊の組織形態の決定 *(109)*

目　次

　　　第3項　販売部隊の規模の決定 *(111)*

　第4節　人的販売管理の体系 …………………………………*113*

　　　第1項　人的販売管理の全体図 *(113)*

　　　第2項　人的販売計画の策定 *(115)*

　　　第3項　人的販売計画の実施 *(115)*

　　　第4項　人的販売業績の評価とコントロール *(116)*

第9章　広　告　戦　略 ……………………………………*121*

　第1節　広告の定義と機能 ……………………………………*121*

　第2節　マーケティング・コミュニケーション…………*122*

　　　第1項　広告コミュニケーション *(122)*

　　　第2項　マーケティング・ミックスとコミュニケーション・
　　　　　　　ミックス *(125)*

　第3節　広告予算の決定 ………………………………………*126*

　第4節　広告媒体の選択 ………………………………………*129*

　　　第1項　広告媒体の種類 *(129)*

　　　第2項　広告媒体の選択基準 *(130)*

　第5節　広告効果の測定 ………………………………………*133*

第10章　セールス・プロモーション戦略 …………………*139*

　第1節　セールス・プロモーションの定義とその重要性 ……*139*

　第2節　セールス・プロモーション戦略の展開手順 …………*141*

　第3節　セールス・プロモーションの諸手段 ………………*145*

　　　第1項　流通業者に対するSP諸手段 *(145)*

　　　第2項　消費者に対するSP諸手段 *(148)*

第 3 項　社内に対する SP 諸手段 *(150)*

　　第 4 節　小売業者のセールス・プロモーション……………*151*

第11章　価 格 戦 略……………………………………*153*

　　第 1 節　価格および価格戦略の概念……………………*153*

　　第 2 節　価格戦略の目標と考慮要因……………………*154*

　　　第 1 項　価格戦略の目標 *(154)*

　　　第 2 項　価格決定の考慮要因 *(155)*

　　第 3 節　価格戦略決定のプロセス………………………*156*

　　　第 1 項　価格とマーケティング・ミックス *(156)*

　　　第 2 項　戦略的価格決定のプロセス *(157)*

　　第 4 節　価格決定の基本的方法…………………………*159*

　　　第 1 項　コスト志向型の価格決定 *(160)*

　　　第 2 項　需要志向型の価格決定 *(162)*

　　　第 3 項　競争志向型の価格決定 *(164)*

　　第 5 節　新製品および製品ラインに対する価格決定…*165*

　　　第 1 項　新製品に対する価格決定 *(165)*

　　　第 2 項　製品ラインに対する価格決定 *(167)*

　　第 6 節　価格管理…………………………………………*167*

第12章　マーケティング・リサーチ……………………*169*

　　第 1 節　マーケティング情報と意思決定………………*169*

　　第 2 節　マーケティング・リサーチの概念と領域……*170*

　　　第 1 項　マーケティング・リサーチの概念 *(170)*

　　　第 2 項　マーケティング・リサーチの領域 *(172)*

目　　次

　　第3節　マーケティング・リサーチの手法 ……………………………… *174*

　　　第1項　マーケティング・リサーチの種類 *(174)*

　　　第2項　観　察　法 *(175)*

　　　第3項　定　量　調　査 *(175)*

　　　第4項　定　性　調　査 *(177)*

　　　第5項　その他の調査手法 *(178)*

　　第4節　マーケティング・リサーチのプロセス …………………………… *179*

　　第5節　マーケティング・リサーチの限界 ………………………………… *181*

第13章　消費者行動 …………………………………………………… *183*

　　第1節　消費者行動の定義 ……………………………………………… *183*

　　第2節　消費者行動の分析枠組 ………………………………………… *186*

　　　第1項　経済学的分析 *(186)*

　　　第2項　心理学的分析 *(188)*

　　　第3項　社会学的分析 *(197)*

　　　第4項　文化人類学的分析 *(203)*

　　第3節　消費者の購買意思決定過程 …………………………………… *204*

第14章　マーケティング組織 ………………………………………… *211*

　　第1節　マーケティング組織の概念 ……………………………………… *211*

　　第2節　マーケティング組織設計の方法 ………………………………… *212*

　　第3節　マーケティング組織設計の諸形態 ……………………………… *214*

　　　第1項　コトラーによるマーケティング組織代替案の識別 *(214)*

　　　第2項　マーケティング組織設計の諸形態 *(216)*

第15章　マーケティング計画と統制 … *229*

第1節　マーケティング計画・統制の概念 … *229*
第2節　マーケティング計画の手順 … *232*
第3節　マーケティング統制の実際 … *236*
第1項　マーケティング統制の目的とタイプ *(236)*
第2項　年間計画統制 *(236)*
第3項　収益性統制 *(242)*
第4項　戦略的統制 *(246)*

第16章　マーケティングと社会的責任 … *251*

第1節　マーケティングの功罪 … *251*
第2節　コンシューマリズムとマーケティング・マネジメント … *253*
第3節　マーケティングの社会的責任 … *257*
第4節　社会的に責任あるマーケティングの展開 … *259*
第1項　社会的に責任あるマーケティングの登場 *(259)*
第2項　ソーシャル・マーケティング *(260)*
第3項　エコロジカル・マーケティング *(265)*
第5節　これからのマーケティングの方向性 … *266*

主要参照文献 … *269*

第1章　マーケティングの定義

第1節　AMAのマーケティング定義の変遷

　マーケティングとは何か。マーケティングは今世紀に入ってからアメリカで誕生した学問であるが，その定義の仕方については，学問としての歴史が浅いせいもあって，研究者，研究機関によってまちまちである。したがって以下では，まず，マーケティングの定義を明確化しておくために，アメリカの権威あるマーケティング研究機関であるアメリカマーケティング協会（American Marketing Association, 略称 AMA）による定義を概観しておこう。

　AMA のマーケティング定義は，1935年（昭和10年）に最初の公表が行われて以来，1948年（昭和23年），1960年（昭和35年），1985年（昭和60年），2004年（平成16年）と4回にわたる定義改訂が試みられている。

　1935年（昭和10年）の定義では，「マーケティングは生産から消費に至る財とサービスの流れに携わる諸事業活動を含む」と規定されている。この定義は，AMA の前身である NAMT の定義委員会（The Committee on Definition, National Association of Marketing Teachers）によって作成されたものである。NAMT では，マーケティングの定義づくりを1931年（昭和6年）から手がけていたが，AMA が誕生する1935年（昭和10年）以前の1933年（昭和8年）にすでに定義が完成していた。これを AMA が継承したわけである。

　その後，時代の推移とともに，この定義が現実に適合しなくなり，1948年（昭和23年），第1回目の定義改訂が行われたわけである。1948年（昭和23年）の定義では，マーケティングとは「生産者から消費者あるいは使用者への財およびサービスの流れを管理する諸事業活動の遂行」であると，規定された。

　次いで，1960年（昭和35年）に第2回目の定義改訂が行われたが，定義の本文についてではなく，定義に付されたコメントについて若干の改訂が行われた。

1

第1章 マーケティングの定義

すなわち，1948年（昭和23年）の定義に付されたコメントでは，パッケージング以外の製品計画を生産活動の領域に入るものとしてマーケティング活動の範囲外と規定していたが，1960年（昭和35年）のコメントでは，パッケージング以外の製品計画をもマーケティングの領域内活動と認め，さらにマーケティング・リサーチ，輸送，クレジットなどに関する活動をマーケティングの領域内活動として追加するということが明示された。これは，1950年代の後半からマネジリアル・マーケティング（managerial marketing）の発想が急速に抬頭し，製品計画がマーケティングの中枢として重視され始めた動きを反映したものである。

48年・60年定義に基づくのであれば，要は，マーケティングとは「生産と消費とを結びつける諸活動である」と規定される。以来，この定義は幅広く支持されていくことになるが，時代の推移とともに，次第に現代マーケティング活動を反映しなくなり，幅広い定義論争が起こっていった。そうした議論のなかから生まれたのが，1985年（昭和60年）の第3回目の定義改訂である。

1985年（昭和60年）の定義では，「マーケティングは個人や組織の目的を満たす諸交換を創造するために，アイデア，財，サービスの着想，価格，プロモーション，流通を計画・実行する過程である」と，規定されている。この定義には，以下に示すいくつかのポイントがある。すなわち，①計画・実行の過程として経営管理志向を採用していること，②営利活動のみならず非営利組織の活動を含め，同時に財（製品）に加えて，アイデアやサービスを同列に対象として扱っていること，③マーケティングを交換創造活動として総括型で捉えていること，④多様な目的を認めて，その満足化を目指すものと規定したこと，などである。

しかし，85年定義については，近年のマーケティングの境界論争や領域論をかなり反映したものではあるが，一方でマーケティングのマクロ的規定を弱めた点，マーケティング経済活動固有論を排除した点など，なお反論の余地がある，とする研究者もいる。

最新の2004年（平成16年）の定義では，「マーケティングは，組織およびステークホルダー（関与者ないし関係機関）にとって有益となるよう，顧客に対して価値を創造・伝達・提供し，顧客との関係性を構築するための，組織的な働

きと一連の過程である」と，規定されている。この定義の意味するところは，マーケティングの実施主体がマーケティングによって顧客とのコミュニケーションをいかに継続的に確保・推進するかを考慮・検討すること自体がマーケティングの本質である，ということである。しかし，マーケティングの4本柱である4P（第3章を参照のこと）をまったく考慮していない点や，マーケティング固有の領域が判然としない点などで，大きな疑問が残る。

第2節　JMAのマーケティング定義

　昭和62年（1987年）11月，第1回ジャパン・マーケティング・グランプリ博覧会が開催されたが，開催期間中，㈳日本マーケティング協会（Japan Marketing Association，略称JMA）と日本商業学会関東部会との共催で，「AMAマーケティング定義の変遷とわが国マーケティングの将来展望」をテーマとするシンポジウムが開かれた。このシンポジウムの狙いは，AMAにおけるマーケティング定義の25年ぶりの改訂について，日本のマーケティング研究者や実務家がどのように評価しているか，またその評価を通じて日本のマーケティングは今後どうあるべきかを検討しようとするところにあった。シンポジウムでは，結論として，日本で行われかつ今後日本で行っていく必要のあるマーケティングの指針となる概念をAMAの85年定義だけでは充分にカバーしきれないという声が強く叫ばれた。すなわち，AMAの定義では満足できないとするシンポジウムでの共通認識から，日本の実状を反映するマーケティングの定義作成の必要性が問題として提起されたのである[1]。

　こうした大きな反響に応えて，平成元年（1989年）5月，「JMAマーケティング定義委員会」が発足し，翌年（1990年）4月，同委員会作成のJMAマーケティング定義案について，JMA理事会でその承認を受け，ここに日本初のマーケティング定義が誕生した。

　JMAのマーケティング定義は以下の通りである。

　「マーケティングとは，企業および他の組織[1]がグローバルな視野[2]に立ち，顧客[3]との相互理解を得ながら，公正な競争を通じて行う市場創造のための総合的活動[4]である」

第1章 マーケティングの定義

注(1) 教育・医療・行政などの機関，団体を含む。
  (2) 国内外の社会，文化，自然環境の重視。
  (3) 一般消費者，取引先，関係する機関・個人，および地域住民を含む。
  (4) 組織の内外に向けて統合・調整されたリサーチ・製品・価格・プロモーション・流通，および顧客・環境関係などに関わる諸活動をいう。

　上記のJMAマーケティング定義にはAMAもいちはやく注目し，マーケティングニューズ紙（AMAの定期刊行紙）でその概要を紹介した[2]。

　なお，JMAマーケティング定義の注記について，JMAマーケティング定義委員会第1グループ委員長として定義作成に直接関与した浅井慶三郎教授が詳細なる解説を加えられている[3]ので，引用がかなり長くなるが，以下にそれを紹介しておこう。

　（注(1)について）

　現在日本のマーケティング活動は，そこに投入される物的，人的，技術的ならびに情報的資源の質と量において世界のトップレベルにある。

　しかし，この高水準は企業（営利組織）の活動としてマーケティングを捉えた場合であり，公共性，公益性を重視する諸機関や市民の各種ボランティア団体などの非営利組織の分野ではマーケティング概念，マーケティング活動の普及は未然に近い状況である。

　営利・非営利の2つの分野におけるマーケティングの先進性と後進性の併存，およびその開きの大なることが，日本のマーケティング実態の特質のひとつであり，このようなギャップの解消が国内はもちろん国際的にも求められていることを，日本のマーケティング関係者は充分認識する必要があると思われる。注(1)で「他の組織」はこのような後進セクターへの着目を意味している。

　（注(2)について）

　営利・非営利にかかわらず，21世紀に向けて日本のマーケターは日本を含め世界各地域での，またさらに世界各地域間での多角的・複合的な市場創造に参加し貢献するであろう。そのためには，局所的な利害・福祉と地球規模での利害・福祉の調和についての配慮を怠ってはならない。ローカルな卸・小売業者といえども今後は共同組織の形成により，グローバルな視野を取り入れて事業の活性化を図るケースが否応なしに増えていくと考えられる。

第1章　マーケティングの定義

（注(3)について）

　サービス化社会の進展とともに，マーケティング活動への消費者の主体的参加・参画の度合いが高まりつつある。公共サービスや注(1)で挙げたような非営利組織の提供するサービス性の大きい製品の買手（受益者）を消費者と呼ぶことは現実的になじみにくくなっている。

　最近，有形財の購入者も，消費の高度化・個性化に伴って従来の受動的立場から脱して能動的にメーカーとの交信に参加しつつあり，単なる「消費する人」ではなくコンデューサ（conducer）に変身しつつある。

　他方サービス性の大きい製品の市場創造と購入者（受益者）の満足を得るための前提として，組織のマーケターは，組織内部の構成員（従業員）間の相互理解と協力の体制づくりに配慮しなくてはならない。すなわち従来のマーケティングパラダイムに欠けていた，組織内部に向けてのマーケティング（インターナル・マーケティング）を展開する必要がある。注(3)の顧客概念には，従業員を含めての組織内部・外部の関係者を広く包含するものである。

（注(4)について）

　注(4)における組織の「内外」の意味は，注(3)の顧客概念を受けついだもので，注(4)に掲げられている具体的なマーケティング諸活動は，従業員によって構成される「組織内市場」に対しても適用されるということである。この場合たとえば，製品は職務・業務あるいはCIといった組織理念に，価格は賃金・報酬に，販促は昇給・昇格その他のフリンジベネフィットに，チャネルは組織内コミュニケーションや人間関係，さらには組織内の権限・責任の委譲・配分というように読み替えられることになる。

　定義の本文にある「市場」は，組織外市場（社外の顧客）と組織内市場（社内の顧客すなわち従業員）の両市場を含む概念である。組織の外と内の両市場は相互に関連し作用し合う関係にある。「内外に向けての統合・調整」には，このような両市場の関連性にも留意するという意味が含まれている。

　組織の存続・発展は組織内外の顧客との継続的な関係によって可能となる。顧客との交信と相互理解に基づく市場創造が顧客の満足を生み，それが再び交信によってフィードバックされ，次のラウンドの市場創造につながるという「創造と満足」のスパイラル的な展開を促進することがマーケティングの使命

である。

このようにみてくると、今回の JMA の定義の意味するところは総括的に表現すれば、組織内・外における「顧客関係の創造・維持・発展」というキーフレーズに集約することができると考えられる。

以上、JMA マーケティング定義の注記に関する浅井教授の解説を紹介したが、定義作成に直接関与し、それを取りまとめた方の解説であるだけに、これを参照することによって、定義の理解がより深まるものと思われる。

(1) 『マーケティングジャーナル』第28号、平成元年。
(2) *Marketing News*, August 6th, 1990.
(3) 浅井慶三郎「日本発のマーケティング概念」『企業診断』平成3年1月号、76—77頁。

第3節　商業、流通、およびマーケティングの相違・関連

以上、日米における権威あるマーケティング研究機関である AMA、JMA のマーケティング定義を概観してきたが、さらに理解を深めるために、本節では、「マーケティング」と、その類似語である「商業」および「流通」との相違・関連を探っていこう。

第1項　商業の意味

さて、商業とは何か。『広辞苑』によれば、商業とは「商品の売買によって生産者と消費者との財貨の転換の媒介をし、利益を得ることを目的とする事業」と記載されている。そこには、以下3つの意味が含まれている。すなわち、①商品の売買を行うこと、②生産者でも消費者でもない第三者的な中間媒介の立場にあること、③営利を目的として事業が行われること、がそれである。

商業について一般的に理解すれば以上のようになろうが、これを学問的に理解していくと、以下のようにさまざまな見解がある[1]。

(1) 交換説

交換説とは、商業の本質は商品の交換にある、とする見解である。自給自足経済の場合には、商業はもちろん存在しない。しかし、社会的な分業が発生し、

生産と消費とが別人格によって行われるようになると，生産から消費へと商品を移転するための交換が必要となってくる。交換は生産によって造出された価値を生産から消費へと移転する活動であり，固有の活動領域を有するものである。このような交換を商業の本質であると主張するのが，交換説の特徴である。

しかし，交換という行為は何も商業独自の活動ではなく，交換説をもって商業の本質を把握すると，偶発的，臨時的な交換，そして商人以外の人々による交換も商業となり，固有の商業が曖昧となる。また，機能的にみて，交換は商業の中核ではあるが，交換だけでは商業を正当に捉えることは不可能である[2]。

交換説は，商業を専門の業とする商人の出現により，評価されなくなった。

(2) 営利説

営利説とは，商業の本質は利益の追求にある，とする見解である。たとえば，「商業とは，独立の生産によらないで財貨を購入し，商人自らこれに本質的変化を加えないで売却することにより利潤を求める営利行為である」とする生産営利区別説や，「商業とは営利の目的をもって財貨を購入しこれに加工しないで，販売することを業として行うことである」とする再販売購入行為説などは代表的な営利説である。

しかし，営利説に対しては，以下のような点で批判が生ずる。①資本主義社会においては，営利の追求は商業だけに限定されたものではない。②商業には，国・地方公共団体による公営商業，消費生活協同組合（consumers' coo-perative）による商品の共同購入など，必ずしも営利を目的としない商業もある。③商業は生産から消費への商品の移転という社会的な活動であり，必ずしも営利目的を動機としていない。④商業は営利目的をもって活動するという主張のために，商業本来の役割や機能を不当に低く評価する社会風潮をもたらした。

営利説は商業に対する有力な説として唱えられてきたが，以上のような批判からも明らかなように，営利説でもって商業の本質を説明することは不可能である。

(3) 生産説

生産説とは，商業は商品の時間的効用，場所的効用，および所有の効用を造出するから，商業は生産的である，とする見解である。たとえば，「経済財の時間的・場所的欠如を克服することを任務とするから生産的である」とか，

「商業とは，時間的，場所的，および所有の効用の創造に含まれるあらゆる活動である」といった主張がそれである。

しかし，商業は，はたして生産的であるであろうか。そもそも生産の側が創造するのは商品としての使用価値であり，これに対して商業の側が創造するのは商品の交換価値である。それゆえに，価値の創造とはいっても，両者は本質的に異なっている。

生産説は確かに商業が果たしている役割――交換価値の創造――を明確にした点では評価できようが，反面，商業固有の領域を曖昧にしてしまった。

(4) 配給組織体説

配給組織体説とは，「財貨を生産から消費へ流すのが配給であり，配給を一定の秩序のもとに継続的に行うのが商業である」とか，「財貨の人的移転は，人間の労働によって行われる。この労働が統一的意思のもとに組織されるとき，この組織体を商業という」といった見解である。配給組織体説の特色は，①生産から消費へと商品を移転する活動を配給として捉えている点，②この配給を継続的に行う組織を商業としている点，にある。

しかし，配給組織体説に従うと，生産者商業や消費者商業もすべて商業に包含されることになり，固有の商業とは何かが曖昧になる。また，配給の対象を財貨としているが，財貨では範囲が広すぎる。

結局，配給組織体説においては，商業が果たす活動を生産活動や消費活動とは異なる配給という独自の概念として捉え，この配給を専門の業とするのが商業であることを明らかにしている点では高く評価できるが，生産者商業などとの区別の点で曖昧さが残る。

(5) 取引企業説

これは，福田敬太郎教授の見解である。福田教授は，「商業の商は取引行為を意味し，業は経営体を意味する。あわせて取引行為経営体，すなわち取引企業を意味する。取引客体は，商品という有体財だけでなく，資本や用役のような無体財も含む。また取引形態は売買だけでなく，賃貸取引や用役の授受取引を含む」と定義している。

取引企業説は商業を生産や消費と峻別し，取引という商業固有の活動を専門に遂行する営利組織であるとした点は高く評価できるが，しかし，商業の取引

客体および取引方法を拡大しすぎて，商業固有の領域を曖昧にしている点で不満が残る。

　以上，商業とは何かという商業の本質に関する諸見解を紹介してきたが，いずれの説においても一長一短がある。結局，商業とは何かを規定する場合には，①経済体制，②経済発展の段階，③産業構造，④情報化の段階，⑤文化，⑥歴史，⑦国民性，など各種の要因を総合的に考量したうえで規定すべきであると思われるが，宮原義友教授は，現在の日本の商業を研究対象とし，これを以下のように定義している[3]。

　広義商業：「商業とは経済財の取引を通して生産と消費とを調整し，再統合を図ることを専門の業とする取引企業である」。広義商業における取引主体は取引企業であり，取引客体はすべての経済財である。また，取引方法は自己売買，委託売買，代理取引，仲介取引，賃貸取引のすべてを含む。取引地域は国内市場，海外市場とも含む。

　狭義商業：「商業とは商品の取引を通して生産と消費とを調整し，再統合を図ることを専門の業とする取引企業である」。狭義商業における取引主体は取引企業，取引客体は有形財であるが，有形財のなかでも市場向けに生産された商品を意味し，無形財であるサービスは除かれる。取引方法は自

図表1-1　商業の領域

広義商業 {
　商品売買業（狭義商業） {
　　貿易商品売買業―貿易商社，総合商社
　　国内商品売買業 {
　　　直接商業（卸売業，小売業）
　　　仲継商業（問屋，商品仲介人，代理商）
　　}
　}
　広告・販促代理業（広告代理業，販促代理業）
　情報機関（市場調査機関，情報処理機関）
　通信業（通信・電話業，放送通信業，出版業）
　運送業（陸上，海上，航空の各運送業）
　倉庫業（営業倉庫業）
　金融業（銀行業，信託業，証券売買業など）
　取引所（商品取引所および証券取引所）
　保険業（生命保険業および損害保険業）
　各種仲介業
}

（資料）　宮原義友「総論」宮原義友・望月光男・有田恭助『商学総論』
　　　　同文舘，昭和62年，26頁。

己売買,委託売買,代理取引,仲介取引を含むが,賃貸取引は除く。取引地域は国内市場,海外市場を含むが,日本の商業研究という立場からは,国内市場を取引対象とする商品売買業が研究対象となる。

以上をまとめて示したのが**図表 1 – 1** である。本図表から明らかなように,広義商業は多岐にわたっている。商業の商品取引という視点に立てば,広告・販促代理業以下各種仲介業までを機関商業または傍系商業と称する。

(1) 詳しくは,宮原義友「総論」宮原義友・望月光男・有田恭助『商学総論』同文舘,昭和62年,10—15頁を参照されたい。

(2) 商業機能は,①商的流通（商流）機能（交換機能）（購買および販売）,②物的流通（物流）機能（輸送,保管,および通信）,③助成的機能（金融,危険負担,市場情報,および標準化）,に大別できる。以上,F. E. Clark, Principles of Marketing, Macmillan, 1947, p. 13 を参照。

(3) 詳しくは,宮原義友,前掲論文,24—28頁を参照されたい。

第2項　流通の意味

結論から先にいえば,「流通」とは生産と消費とを結びつけるものである。自給自足経済のもとでは,生産と消費は未分化であり,両者を結びつける流通は不必要であり,存在もしない。しかし,社会の進展に伴い,分業が拡大したことの結果として,生産と消費との間の距離は次第に大きくなり,両者を架橋するものが必要になった。その役割を果たすものが流通である。

生産と消費との間の距離は,以下の6つに分けて考えることができる。

① 社会的距離（人的懸隔）：生産者と消費者が別人であるということを意味する。

② 地理的距離（場所的懸隔）：生産地と消費地が異なることを意味する。

③ 時間的距離（懸隔）：生産の時期と消費の時期にずれがあることを意味する。

④ 数量的距離（懸隔）：量的な生産の単位と消費の単位とが個別的に一致しないことを意味する。

⑤ 品質的距離（懸隔）：商品の品質面で不揃いのものや特定のものを供給されても,消費者は満足しないことを表す。

⑥ 情報的距離（懸隔）：生産者は消費の事情に疎く,逆に消費者は生産の事

第1章　マーケティングの定義

情に暗いことを指す。

　さて，生産と消費との間の距離が小さいうちは流通も単純で，初歩的な機能を営むだけで足りるが，その距離が拡大するにつれ，流通活動も複雑にならざるをえないし，また流通活動がさまざまな人々によって分担されるようになる。すなわち，流通の内部でも社会的分業が発生するわけである。たとえば，小売業と卸売業との分化，1次卸と2次卸との分化，産地卸と消費地卸との分化，あるいは売買を中心にした商的流通（商流，取引流通）[1]と，輸送，保管を中心にした物的流通（物流）との分化などがその例である。この流通に関する分業の社会的機構が流通機構である。

　流通の具体的活動は，商的流通と物的流通の2つに大別することができる。昔は商的流通と物的流通が一体化して，商業者によって営まれていたが，今日

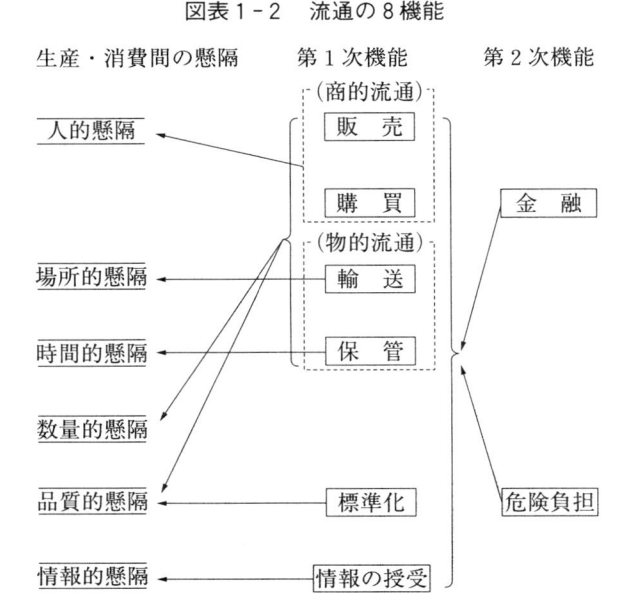

図表1-2　流通の8機能

生産・消費間の懸隔	第1次機能	第2次機能
人的懸隔	（商的流通）販売／購買	金融
場所的懸隔	（物的流通）輸送	
時間的懸隔	保管	
数量的懸隔		
品質的懸隔	標準化	危険負担
情報的懸隔	情報の授受	

（資料）　商業施設技術体系編集委員会編『商業施設技術体系』
　　　　㈳商業施設技術団体連合会，平成3年，11頁。

では，社会的分業の進展とともに，商的流通は商業者によって，物的流通は物流専業者と呼ばれる輸送業者や倉庫業者によって営まれるケースも少なくない。そして，こうした基本的な流通活動すなわち商的流通と物的流通を補完するものとして，情報活動や金融活動，あるいは保険業務などが行われるわけである。

なお，流通の主要機能を図示すると，**図表1-2**のようになる。本図表の分類は前項で触れたクラーク（Clark, F. E.）による商業機能の分類とほぼ照応しているが，流通機能すなわち商業機能といっても過言ではない。

(1) なお，マルクス（Marx, K.）は『資本論』のなかで，これを「純粋流通」という用語で表現している。マルクス経済学では，『資本論』以来，輸送や保管は「流通過程にまで延長された活動」であるとして，若干の意義を認めているが，売買を中心にした「純粋流通」は社会的空費であるとしている。

第3項　商業と流通の相違・関連

前項までで，商業および流通の意味を把握することができた。では，両者はどのように相違し，どのように関連しているのであろか。以下では，商業のうち便宜的に，直接商業である卸売業と小売業とを取り上げて，流通との相違・関連を概観していこう。

図表1-3から明らかなように，かりに小売価格100円の商品があり，その生産コストが40円であるとすれば，流通コストは60円である。ところが，40円で生産した商品をメーカーが20円のマージンを取って卸売へ販売し，卸売が10円のマージンを取って小売へ，さらに小売は30円のマージンを取って100円で消費者に販売したとする。この場合，卸売マージン10円と小売マージン30円の計40円が商業コストとなる。すなわち，「商業」には40円，「流通」には60円がコストとして計上できるということで，明らかに「商業」と「流通」は区別しなければならない。

端的にいうならば，生産者と消費者とを架橋するものが「商業」であるのに対し，生産と消費とを架橋するものは「流通」である。商業者は商品の流通ないし取引の場である市場において，仕入と販売，すなわち再販売購入活動を通じて流通上の主要な役割を演じ，社会に貢献し，そして，その報酬として利益＝利潤を手中にする。商業は流通の一部として位置づけることができる，とい

第1章　マーケティングの定義

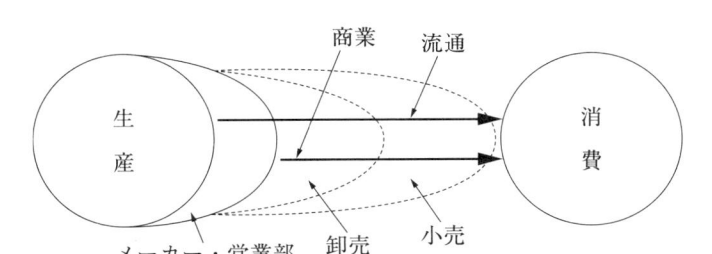

図表1-3　商業と流通の相違・関連

（資料）　拙著『日本中小商業の研究』信山社，平成元年，86頁。

うことである。

第4項　流通とマーケティングの相違・関連

　本項では，流通とマーケティングの相違・関連を概観することとする。

　「流通」も「マーケティング」も，広義に解釈すれば，財貨の社会的移転を行うという意味で同義語である。しかし，財貨の移転には，社会経済的な現象として大きな視野から捉えようとする側面と，これに関係する個人や組織体の企業経営的な活動として個別的に捉えようとする側面とがある。狭義に解釈すれば，前者のマクロ面が「流通」であり，後者のミクロ面を「マーケティン

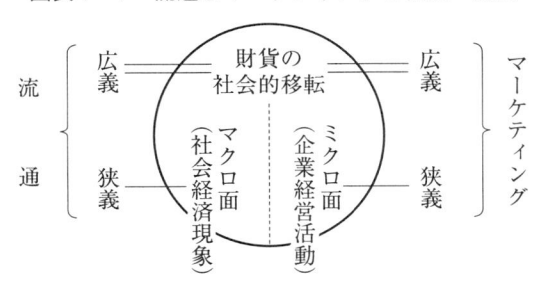

図表1-4　流通とマーケティングの相違・関連

（資料）　図表1-2の文献，6頁。

第1章　マーケティングの定義

グ」であるとするのが一般的である。

　以上を図示すれば，**図表1-4**の通りとなる。

　なお，白髭武教授は，流通とマーケティングの相違・関連について，引用がやや長くなるが，以下のように述べている。「生産されたものが消費されるまでの社会経済的過程は流通であり（傍点坂本），流通を担当し，促進することを配給という。マーケティングとは，従来，このような配給をさすことが多く（傍点坂本），商業を中心とする配給現象の中に，製造業による配給活動の占める役割が顕著になるにつれて，独占的大規模製造業の実践する配給をマーケティングと呼ぶこともできた。しかし，マーケティングは，製造した製品の消費者までの配給を含みながらも，単に製品を移動・供給することではなく，積極的に市場の諸条件に働きかけて，大量販売を推進するものである[1]」と。

　(1)　白髭武『現代マーケティング論』日本評論社，昭和52年，8-9頁。

第2章　マーケティングの研究方法

　マーケティングは，今世紀初頭のアメリカにおいてその端緒的研究をみたが，その最初の体系的研究は，ショー (Shaw, A. W.) の論文「市場配給の若干の問題点」(1912年)[1]にみられる。以来，実にさまざまなアプローチによってマーケティングの研究は進められてきている。アプローチの多様性は，まさにマーケティングの定義の多様性とも密接に関連しているが，以下，多様なアプローチのなかから主要なものを紹介していこう。

　(1)　A. W. Shaw, "Some Problems in Market Distribution", *Quarterly Journal of Economics*, August 1912. なお，本論文は1915年に補筆され，単行本として Harvard University Press から出版された。また，下記の通り，単行本の翻訳版も刊行されている。伊藤康雄・水野裕正訳『市場配給の若干の問題点』文真堂，昭和50年。

第1節　伝統的アプローチ

　コンバース (Converse, P. D.) は，マーケティング論の研究アプローチとして以下の3つを挙げた[1]。それらについては，次節で紹介する，第2次世界大戦後に展開された近代的アプローチと区別する意味で，伝統的アプローチとして紹介しておこう[2]。

　第1のアプローチは，制度的アプローチ (institutional approach) である。このアプローチは，マーケティング活動の主体に即して，特定の機関（たとえば，卸売業者，小売業者など）の形態，構造，慣習上の特質や機能，およびそれらの進化に焦点をあてるものである。このアプローチの延長上に，マーケティング・チャネル概念が生み出されたといえる。

　第2は，商品的アプローチ (commodity approach) である。これは，特定の商品に焦点をあてて，それらがどのように生産され，また中間業者を経て最終消費者へ流通されるのかを捉えるアプローチである。このアプローチの延長上

に商品分類の研究が生まれたといえるが，現在では他のアプローチと合わせて使われることが多い。

　第3は，機能的アプローチ（functional approach）である。これは，販売（需要創造），購買，輸送，保管，標準化と格付，金融，危険負担，情報提供，といった種々のマーケティング機能に焦点をあてたアプローチである。このアプローチは伝統的アプローチのなかでは最も分析的であるといわれているが，とくに流通が商的流通と物的流通という2つの流れからなることを明らかにした点で大きな功績があった。すなわち，前章で取り上げたクラークの分類に従うのであれば，上記の機能のうち，販売（需要創造）および購買は所有権の移転による交換機能〔商的流通機能（商流機能）〕であり，輸送および保管は物的な移動による物的流通機能（物流機能）であり，また標準化と格付，金融，危険負担，および情報提供は以上の諸機能を可能かつ円滑化する助成的機能である。

　以上のようなアプローチによる研究はその後も成果をあげ，戦後のマーケティング理論の展開に大きく貢献しているが，とりわけ制度的アプローチ，機能的アプローチは多様な成果を生んでいる。しかし，当時のこうしたアプローチはマクロ視点にたった流通問題解明を中心テーマとしていたため，戦後のミクロ視点のマーケティング問題を解明するものとしては不充分であった。そこで，次節で紹介するような近代的アプローチといわれるいくつかの研究方法が展開されることとなったのである。

　(1)　詳しくは，P. D. Converse, "Development of Marketing Theory : Fifty Years of Progress", in H. Wales (ed.), *Changing Perspectives in Marketing*, The University of Illinois Press, 1951, pp. 1 -131を参照されたい。
　(2)　なお，本節の伝統的アプローチと次節の近代的アプローチとの内容の整理の仕方については，村田昭治教授の下記論文に負うところが大きい。村田昭治「マーケティングとは何か」田内幸一・村田昭治編『現代マーケティングの基礎理論』同文舘，昭和56年，22—28頁。

第2節　近代的アプローチ

第1項　マネジリアル・アプローチ

　マネジリアル・アプローチ（managerial approach）は企業視点にたったアプローチである。すなわち，複雑なマーケティング環境[1]に適切に対応していくために，マーケティングを全経営活動のどの部分にも関わり合いのある重要な構成部分として取り扱い，これをトップ・マネジメントの立場から考えていこうとするアプローチである。

　なお，ミクロ・レベルでのマーケティングとは換言すればマネジリアル・マーケティングである。マネジリアル・マーケティングのコンセプトは消費者志向ともいわれるように，消費者のニーズ（需要）とウォンツ（欲求）に合致した製品を生産することによって企業の最も重要な目的である利潤の達成を図るものである。この考え方は一般的に広く受け入れられており，マーケティング・コンセプトの基本的概念となっている。たとえば，マッカーシー（McCarthy, E. J.）はマーケティング・コンセプトを次のように述べている。「マーケティング・コンセプトの基礎的原理は，企業の内部的活動や資源の利用に主要な力点がおかれるというよりはむしろ，採算のとれる範囲で顧客のニーズに合致するように企業が探索することである。当然のことながら後者の諸要素は重要ではあるが，マーケティング・コンセプトに信頼をおく者たちは次のように考えている。すなわち，顧客のニーズは企業にとって第一義的な力をもつものであり，企業資源はそれら顧客のニーズを満足させることができるように組織化されるべきものである[2]」と。

　経営者は以上のようなマーケティング・コンセプトを正しく理解することによって，マーケティング環境の変化に対応していくことができるのである。

(1)　次章で詳述するように，マーケティング環境とは，マッカーシーによれば，マーケティング・マネジャーにとって統制不可能な要因，すなわち①文化・社会的環境，②政治・法的環境，③経済的環境，④競争的環境，⑤会社の資源および目的，である。
(2)　E. J. McCarthy, *Basic Marketing*, 4th ed., Irwin, 1971, p. 27. なお，本書はアメリ

17

カでマーケティングの最も標準的なテキストであるとされている。

第2項　システムズ・アプローチ

システムズ・アプローチ（systems approach）はケリー（Kelley, E. J.）とレイザー（Lazer, W.）によって導入されたものであるが[1]，マネジリアル・マーケティングの概念を具体化するための有効なアプローチである。すなわち，マネジリアル・マーケティングにおいては企業内外の環境への適応行動が重要な課題となるが，システムズ・アプローチはそのための用具として，マーケティングをシステムとして理解していこうとするものである。

システムズ・アプローチの思想基盤は，オルダーソン（Alderson, W.）の「機能主義」（functionalism）に見出だせる[2]。彼はマーケティングが理論たるためには，より現実適合的，より包括的であるべきだと考え，科学としてのマーケティング理論形成の基礎を行動科学に求めた。そしてマーケティング論の対象は，生産物（財および用役）の社会的流通なる現象と，そこにおいて機能する人間（個人および集団）ならびにそれが構成する諸制度の行動であると考え，マーケティング理論体系構築に向けてのアプローチとして，「システムとその産出物に注目し，システムの構造と行動を究明することによってシステム行動の改善方策を統合的に解明する」機能主義を採った[3]。オルダーソンは，チャネル[4]を「組織された行動システム」（Organized Behavior System : O. B. S.）として理解したが，以来，多くの研究者によってチャネルもひとつのシステムであると理解され，今日では，チャネルのシステム性は広く認められている。

ところで，システムズ・アプローチは元来，自然科学を中心に用いられていたものであるが，それは，「①常に諸要因と全体との関連に注目し，②諸要因間の関連態様を明らかにし，③その動的変化に対する諸要因やその相互関連態様の適応的変化の解明に関心をもち，④これら諸関連から構成されるシステム全体の行為効率の改善への方策を究明することを志向する研究方法ないし思考様式である[5]」。このシステムズ・アプローチの特徴は，①下位システムはより上位のシステムに効率的に統合される，②連繋（リンケージ）の概念がある，③経営者の意思決定の不確実性を軽減するために，OR（オペレーションズ・リサーチ）を中心とした科学的分析手法を援用しようとしている，といった点に

第2章　マーケティングの研究方法

見出だせる。

　ケリーとレイザーは，システムズ・アプローチを，異質多様な諸要因からなるマーケティングの世界を「統一的全体として把握するための技法および論理的展開の拠りどころとして利用した[6]」のである。

　(1)　マーケティングへのシステムズ・アプローチは，下記文献においてケリーとレイザーによって明らかにされている。E. J. Kelley & W. Lazer (eds.), *Managerial Marketing : Perspectives and Viewpoints*, 2nd ed., Irwin, 1962.
　(2)　荒川祐吉「マーケティングの近代理論とその展開」荒川祐吉・山中均之・風呂勉・村田昭治『マーケティング経営論』日本経営出版会，昭和42年，28頁。
　(3)　同論文，21頁。
　(4)　チャネルとは何かについては，第7章で詳述する。
　(5)　荒川祐吉『体系マーケティング・マネジメント』千倉書房，昭和41年，71頁。
　(6)　同書，64頁。

第3項　インターディシプリナリー・アプローチ

　インターディシプリナリー・アプローチ（interdisciplinary approach）は複雑多様なマーケティング諸現象の解明を通して，マーケティング・システム全体を体系化していくために，関連諸科学を援用する学際的アプローチである。前項のシステムズ・アプローチとも密接な関連をもっている。このアプローチを積極的に提唱したのもケリーとレイザーであるが，その芽は，1940年代末期，行動科学にマーケティング理論構築の基礎を求めたオルダーソンとコックス（Cox, R.）にあった。

　さて，**図表2-1**は，マーケティングと関連諸科学（経営管理を除く）との学際的な関係の評価を行ったものである。ケリーとレイザーは次のようにいっている。「これら諸科学からの貢献はマーケティングの概念を拡大し，分析手法を改善し，意思決定の効率を高めることによって既存のマーケティング領域に新しい展望を与えるだろう[1]」と。

　(1)　片岡一郎・村田昭治・貝瀬勝訳『マネジリアル・マーケティング（下）』丸善，昭和44年，655頁。〔E. J. Kelley & W. Lazer (eds.), *Managerial Marketing : Perspectives and Viewpoints*, 3rd ed., Irwin, 1967.〕

第2章　マーケティングの研究方法

図表2-1　マーケティングと関連諸科学（経営管理を除く）との学際的な関係の評価

関連諸科学	潜在的有用性	視角とアプローチへの有用性	技法，コンセプト，理論開発への有用性	重要な適用性
遺伝学	○	○		
OR			○	○
科学哲学		○	○	
経済学　計量——		○	○	
国際——		○	○	
マクロ——		○	○	
ミクロ——		○	○	○
経済地理学				
言語学	○		○	○
工　学　システム——			○	
電子——			○	
人間——		○	○	
国際関係論		○		
コミュニケーション				
コンピュータ技術				○
社会学				○
農村——			○	○
社会心理学			○	○
人口統計学			○	○
心理学　ゲシュタルト——			○	○
行動主義——			○	○
人格——			○	○
臨床——			○	○
人類学（社会，文化）		○		
（フィジカル）	○			
数　学			○	○
政治学		○		
精神医学		○		
生態学			○	
生物学	○	○		
地域経済学		○		
天然資源論	○	○		
統計学				○
都市計画学	○			
美　学		○		
法　学			○	
倫理学			○	
歴史学	○			

・マーケティングへの包括的な関連諸科学の貢献を評価することは，きわめてむずかしい。さらに，ここに用いられたカテゴリーは，相互排他的なものでもなく，異なる研究者によって異なる見方もなされよう。しかし，この評価から，いくつかの傾向をみることができる。

（資料）　片岡一郎監訳，村田昭治・嶋口充輝訳『現代のマーケティング』丸善，昭和49年，661頁。(W. Lazer, *Marketing Management: A Systems Perspective*, Wiley, 1971.)

第2章　マーケティングの研究方法

第4項　ソーシャル・アプローチ

　ソーシャル・アプローチ（social approach）は「種々のマーケティング活動およびその機関によって生まれる社会的な貢献と費用に焦点をお[1]」くアプローチである。このアプローチは，近年のマーケティングの発達とその社会へのインパクトの大きさに視点をおいたもので，「企業は自己の利益性だけでなく，社会における自己の活動成果についても評価しなければならない」，と考えるものである。すなわち，「製品，コスト，利益は，社会的製品，社会的コスト，社会的利益として評価される必要がある」という理解の仕方にポイントがある。

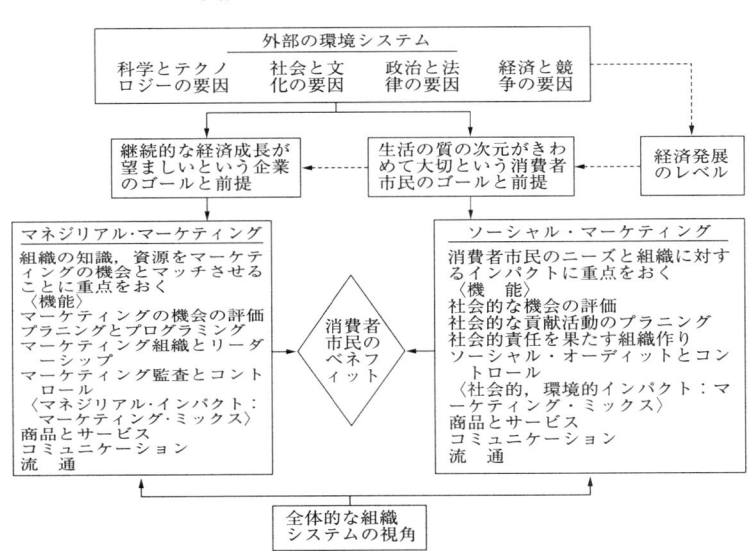

図表2-2　現代のマーケティング

```
                    外部の環境システム
  科学とテクノ      社会と文      政治と法      経済と競
  ロジーの要因      化の要因      律の要因      争の要因
          │            │            │            │
          ↓            ↓            ↓            ↓
  ┌─────────────┐   ┌─────────────────┐   ┌─────────┐
  │継続的な経済成長が│   │生活の質の次元がきわ│   │経済発展 │
  │望ましいという企業│←─┤めて大切という消費者├──→│のレベル │
  │のゴールと前提    │   │市民のゴールと前提  │   └─────────┘
  └─────────────┘   └─────────────────┘
          │                      │
          ↓                      ↓
  ┌──────────────┐          ┌──────────────┐
  │マネジリアル・     │          │ソーシャル・       │
  │マーケティング     │          │マーケティング     │
  │組織の知識，資源を │          │消費者市民のニーズ │
  │マーケティングの機 │          │と組織に対するイン │
  │会とマッチさせるこ │          │パクトに重点をおく │
  │とに重点をおく     │  ┌────┐  │〈機　能〉          │
  │〈機能〉            │  │消費者│  │社会的な機会の評価 │
  │マーケティングの機 │  │市民の│  │社会的な貢献活動の │
  │会の評価            │←│ベネ  │→│プランニング        │
  │プランニングとプロ │  │フィッ│  │社会的責任を果たす │
  │グラミング          │  │ト    │  │組織作り            │
  │マーケティング組織 │  └────┘  │ソーシャル・オーディ│
  │とリーダーシップ   │          │ットとコントロール │
  │マーケティング監査 │          │〈社会的，環境的イン │
  │とコントロール     │          │パクト：マーケティン│
  │〈マネジリアル・イ  │          │グ・ミックス〉       │
  │ンパクト：マーケテ │          │商品とサービス      │
  │ィング・ミックス〉  │          │コミュニケーション │
  │商品とサービス     │          │流　通              │
  │コミュニケーション │          └──────────────┘
  │流　通              │                  │
  └──────────────┘                  │
          │                              │
          └──────┬──────────────┘
                    ↓
            ┌────────────┐
            │全体的な組織     │
            │システムの視角   │
            └────────────┘
```

　（資料）ウィリアム・レイザー「ソーシャル・マーケティング」村田昭治編著
　　　　『ソーシャル・マーケティングの構図』税務経理協会，昭和51年，233頁。

21

第2章　マーケティングの研究方法

なお，ソーシャル・アプローチを重視したマーケティングをソーシャル・マーケティング(2)という。ソーシャル・マーケティングの内容については第16章で詳述するが，そこには2つの研究視角がある。すなわち，「1つは従来のマネジリアル・マーケティングの技法を企業だけでなく，政府，博物館といった一般の組織に応用，拡張してゆこうとするもので，他方はこれまでのマーケティング行動に社会的対応が欠如していたという反省のもとに，評価判定基準に社会的利益や価値をおこうとするものである(3)」。後者の流れを重視すれば，そこで問題視されるのは，具体的には，公害，計画的陳腐化(4)，欠陥商品の販売，広告の信憑性，効率などである。そして，そこにマーケティング監査の強化，倫理コードの見直し，マーケティング・ライアビリティの確立，生活の指標づくり，などの研究が進められている。

ソーシャル・マーケティング研究の2つの流れのうち後者の代表的研究者でもあるレイザーはいう。「現代のマーケティングは，概念的には，マネジリアル・マーケティングとソーシャル・マーケティングの両方の面が強調されるメタセオリー（結合理論）として理解できる(5)」と。そしてそこにおいては，システムズ・アプローチとインターディシプリナリー・アプローチが大きな貢献を果たすものとしたうえで，現代マーケティングの構図を**図表2-2**のように描いている。

(1) 村田昭治監修，和田充夫・上原征彦訳『マーケティング原理』ダイヤモンド社，昭和58年，29頁。(P. Kotler, *Principles of Marketing*, Prentice-Hall, 1980.)

(2) 類似語として「ソサイエタル・マーケティング」という用語があるが，これは企業の，社会的影響力を考慮しつつ行う具体的マーケティング活動をいう。なお，広い意味でソーシャル・マーケティングに含まれることが多い。

(3) 久保村隆祐・荒川祐吉編『商業辞典』同文舘，昭和57年，182頁。

(4) これは，企業が製品のスタイルやデザインなどを変更したり，その原材料や製造工程を操作することによって，既存製品の旧式化，廃物化を計画的に進め，新製品の販売機会を積極的に創造していこうとする製品政策をいう。それには大別して，①機能的陳腐化，②心理的陳腐化，③物理的陳腐化，という3つの形態があるが，主として寡占企業が更新需要を刺激・開発する目的で採用する，既存製品の製品寿命の意識的・計画的な短縮化を目指す活動である，といってよい。

(5) ウィリアム・レイザー「ソーシャル・マーケティング」村田昭治編著『ソーシャル・マーケティングの構図』税務経理協会，昭和51年，233—234頁。

第5項 エコロジカル・アプローチ

エコロジカル・アプローチ (ecological approach) はマーケティング意思決定にインパクトを及ぼす諸環境の変化と企業がそれに対応する方法に焦点をおくアプローチである。このアプローチは，古くはオルダーソンによって，また近年ではハロウェイ (Holloway, R. J.) とハンコック (Hancock, R. S.)[1]らによって提唱されている。

エコロジカル・アプローチを重視したマーケティングをエコロジカル・マーケティングというが，代表的研究者の1人にフィスク (Fisk, G.) がいる。彼は，生態的危機の視点から「責任ある消費」および「責任あるマーケティング」の重要性を認識させると同時に，企業のマーケティングのあり方に重要な示唆を与えている[2]。

(1) R. J. Holloway & R. S. Hancock, *The Environment of Marketing Behavior*, Wiley, 1964. など。
(2) 詳しくは，下記文献を参照されたい。G. Fisk, *Marketing and Ecological Crisis*, Harper & Row, 1974.（西村林・三浦収・辻本興慰・小原博訳『マーケティング環境論』中央経済社，昭和58年。）

第3節 マルクス経済学的アプローチ

マルクス経済学的アプローチを採る者は，日本において関西系の学者，研究者に多く見受けられる。彼らが研究しているマーケティングとは，寡占メーカーが実践している大量販売の推進活動である。すなわち，今日のマーケティング全体のなかにおいて最も基本的なものは，寡占メーカーが実践しているところの消費財の国内的なマーケティングであるが，この種のマーケティングについて研究しているわけである。

さて，日本において，マーケティングが本格的に研究されるようになったのは，第2次世界大戦後のことである。昭和30年頃（1955年頃）から抬頭した技術革新時代になって，初めてマーケティングが盛んに研究されるようになったのである。以来，日本におけるマーケティング研究は，主としてマネジリア

ル・マーケティングの実用的研究が隆盛をきわめた。

　以上のようなマーケティング研究の実態面を，マルクス経済学的アプローチを採る研究者は，まず批判的に検討する。すなわち，こうしたマーケティング研究は，「とくに，企業におけるマーケティングの管理・決定・システムなどの現段階的なマーケティング実践問題を，経営者実践思考的に検討し，マーケティングを現象的に技術的な側面において固定的に研究するだけにとどまっている[1]」と。そのうえで，マーケティングとは，「どのような本質をもった経済的活動であり，どんな理念や原理をもってどのように実践されているのか。さらにまた，それは，どのように歴史的に発生し，変化・発展しており，その結果はどうなのか。われわれは，このような課題をこそ基本的に問題とすべきである[2]」るとし，マーケティング研究が究極的にはマーケティング経済論となることを提唱する。

　以上から明らかなように，マーケティングに対するマルクス経済学的アプローチとは，端的にいうならば，マーケティングを経済的な実体として本質的に研究するアプローチである。すなわち，この立場では，マーケティングの表面的・技術的な現象面に執着することなく，「社会的に歴史的な経済活動としてのマーケティングを科学的に研究し，独占的大資本のマーケティング活動を現実的に把握しようと[3]」している。

(1)　白髭武『現代マーケティング論』日本評論社，昭和52年，20頁。
(2)　同書，21頁。
(3)　同書，24頁。

第3章 マーケティング事象の分類

第1節 マーケティング事象の分類

　マーケティング理論においては，とくにアメリカにおいてマネジリアルな視点の理論化，一般化が進められてきた。戦略的に利用できる形に体系化することはまだ不充分であるが，それら諸構成要素の分類，整理は一応の成果をみせている。

　マーケティング事象の諸構成要素の分類，整理にはさまざまなアプローチが採られているが，後述するように，いずれのモデルにおいても，ニュアンスの差はあるものの基本的に大きな相違はない。たとえば，マーケティング・ミックス[1]の構成要素についてみても，ボーデン（Borden, N. N.）以降，多様な提唱がなされているが，いずれのモデルにおいても基本的に大きな相違はない。

　まず，「マーケティング・ミックス」という用語を初めて用いたとされるボーデンは，次の12要素をマーケティング・ミックスの構成要素として取り上げている[2]。①製品計画，②価格，③ブランド，④流通チャネル，⑤人的販売，⑥広告，⑦プロモーション，⑧包装，⑨陳列，⑩サービス，⑪物的処理，⑫事実発見と分析。

　レイザー（Lazer, W.）は，**図表3-1**に示すように，①製品・サービス，②流通，③コミュニケーションをマーケティング・ミックスの構成要素とし，①～③のそれぞれに含まれる諸要素をも提示している。

　また，コトラー（Kotler, P.）は，マーケティング・ミックスの構成要素とそれぞれに含まれる諸要素を**図表3-2**のように示している。本図表に示されているマーケティング・ミックスの構成要素は，後述するマッカーシー（McCarthy, E. J.）の4P理論に基づいているが，コトラーは，後日，これにさらにpolitical power（政治的圧力）とpublic-opinion formation（世論形成）を加えて

第3章　マーケティング事象の分類

図表3-1　マーケティング・ミックス・システム・コンセプト

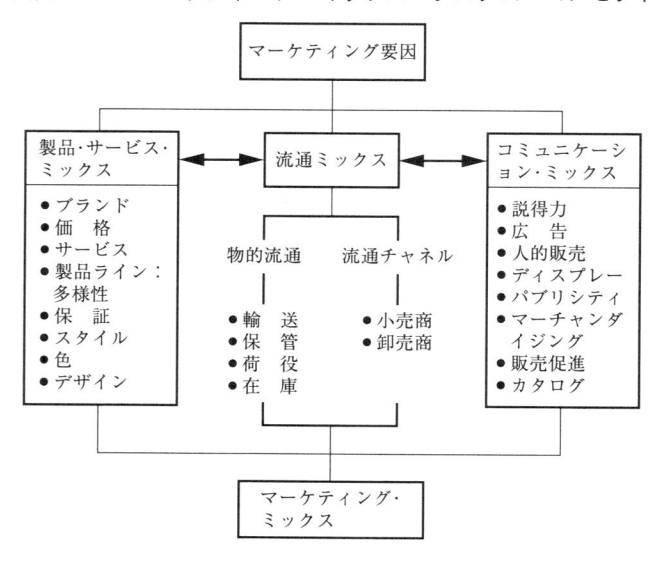

```
                    ┌──────────────┐
                    │マーケティング要因│
                    └──────┬───────┘
        ┌──────────────────┼──────────────────┐
┌───────────────┐  ┌──────────────┐  ┌───────────────┐
│製品・サービス・│←→│ 流通ミックス │←→│コミュニケーショ│
│  ミックス     │  │              │  │ ン・ミックス  │
│ ●ブランド    │  │              │  │ ●説得力      │
│ ●価　格      │  │              │  │ ●広　告      │
│ ●サービス    │  │物的流通 流通チャネル│ ●人的販売    │
│ ●製品ライン： │  │              │  │ ●ディスプレー │
│   多様性      │  │ ●輸送  ●小売商│  │ ●パブリシティ │
│ ●保　証      │  │ ●保管  ●卸売商│  │ ●マーチャンダ │
│ ●スタイル    │  │ ●荷役         │  │   イジング    │
│ ●色          │  │ ●在庫         │  │ ●販売促進    │
│ ●デザイン    │  │              │  │ ●カタログ    │
└───────────────┘  └──────────────┘  └───────────────┘
        └──────────────────┬──────────────────┘
                    ┌──────────────┐
                    │マーケティング・│
                    │  ミックス     │
                    └──────────────┘
```

（資料）　図表2-1の文献（訳書），16頁。

図表3-2　マーケティング・ミックスの4P

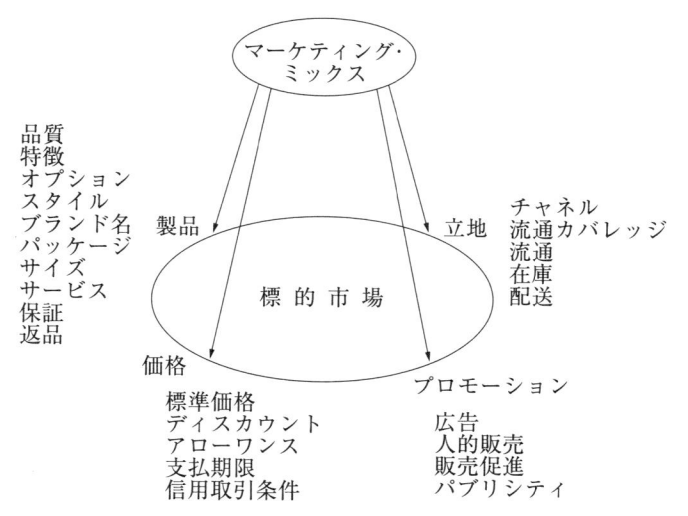

```
              ┌──────────────┐
              │マーケティング・│
              │  ミックス     │
              └──────────────┘
```

品質
特徴
オプション
スタイル
ブランド名
パッケージ
サイズ
サービス
保証
返品

　　　　　製品　　　　　立地　　チャネル
　　　　　　　　　　　　　　　　流通カバレッジ
　　　　　　　　　　　　　　　　流通
　　　　　　　　　　　　　　　　在庫
　　　　　　標的市場　　　　　　配送

　　　　　価格　　　　　プロモーション
　　　標準価格　　　　　　広告
　　　ディスカウント　　　人的販売
　　　アローワンス　　　　販売促進
　　　支払期限　　　　　　パブリシティ
　　　信用取引条件

（資料）　村田昭治監修，和田充夫・上原征彦訳『マーケティング原理』ダイヤモンド社，昭和58年，109頁。(P. Kotler, *Principles of Marketing*, Prentice-Hall, 1980.)

第3章 マーケティング事象の分類

6Pをマーケティング・ミックスの構成要素としている[3]。

以上，ボーデン，レイザー，コトラーと取り上げてきたが，最もポピュラーかつ簡潔なのはマッカーシーのマーケティング・モデルである。

図表3-3に示すように，マッカーシーは，マーケティング事象をマーケティング・マネジャー[4]にとってコントロール可能な要因と不可能な要因とに大きく2分している。コントロール可能な要因は，①product（製品），②place（場所），③promotion（プロモーション），④price（価格）の4変数である。なお4変数それぞれに含まれる諸要素は図表3-2に示したコトラーのものとほぼ同じである。これは広く用いられている有名な4P理論であるが，4Pはマーケティングの4本柱であり，マーケティング・ツールとしてマーケティング・ミックスを構成する。マーケティング・マネジャーは，この4PをCで示されている顧客に向けて使用する。その際，マーケティング・マネ

図表3-3　マーケティング事象の分類

統制不可能要因／統制可能要因／マーケティング・ミックス

- 文化・社会的環境
- 会社の資源および目的
- 競争的環境
- 経済的環境
- 政治・法的環境

内側：Product／Place／Price／Promotion（中心にC）

（資料）E. J. McCarthy, *Basic Marketing*, 6th ed., Irwin, 1978.
（p.36とp.40の合成図）

第3章　マーケティング事象の分類

ジャーはコントロールできない5変数（①文化・社会的環境，②政治・法的環境，③経済的環境，④競争的環境，⑤会社の資源および目的）をも考慮に入れなければならない。顧客は4Pによって強く影響を受け購買行動をするが，どのように行動するかは4Pだけでなくマーケティング・マネジャーにとってコントロールできない変数によっても強く作用される。このマーケティング・マネジャーにとってコントロールできない諸変数をまとめて，マーケティング環境という。

　以下の節で，マーケティング・マネジャーにとってコントロール可能な要因と不可能な要因について，それぞれの内容をもっと詳しくみていこう。

(1)　マーケティング・ミックスとは，「企業が購買者の反応に影響を及ぼすために用いることができる，統制可能ないくつかの変数の集合」であり，それはマーケティングの基本機能を遂行していくための手段，活動からなるものである。このアイデアは1948年（昭和23年）のカリトン（Culliton, J. W.）にさかのぼることができるが，「マーケティング・ミックス」という用語は，後述するように，カリトンの影響を受けたボーデンが初めて用いたといわれている。なお，「マーケティング・ミックス」のアイデアが提唱された背景についても，以下に簡単に記しておこう。第2次世界大戦以前，マーケティング諸活動はそれぞれが別個に取り上げられ，またマーケティング・マネジメントの体系から切り離されて研究の対象となっていた。しかし，大戦後，「マーケティング諸活動の各側面は個別に研究されるべきではなく，総合的なマーケティング・マネジメントの観点から，それらが企業目的に沿って最もよく統一され，またバランスよく組み合わされなければならない」という認識が高まり，ここに「マーケティング・ミックス」のアイデアが提唱されることとなったのである。以上，村田昭治「マーケティングとは何か」田内幸一・村田昭治編『現代マーケティングの基礎理論』同文舘，昭和56年，45—46頁を参照。

(2)　詳しくは，N. N. Borden, "The Concept of the Marketing Mix", *Journal of Advertising Research* 4, No. 2, June 1964, pp. 2-7 を参照されたい。

(3)　P. Kotler, "Rethink the Marketing Concept", *Marketing News*, September 14th, 1984.

(4)　マーケティング担当の管理者をいう。マーケティング担当副社長，マーケティング担当取締役，マーケティング部長などがこれに該当する。その主要機能は，マーケティングに関する諸決定を下すことにあり，その内容としては，計画，組織，統制に関するものがある。

第2節　統制可能な要因

前節で示したように，マッカーシーは，マーケティング・マネジャーにとってコントロール可能な要因は4P，すなわちproduct（製品），place（場所），promotion（プロモーション），およびprice（価格）であり，マーケティング・ミックスを構成するとした。本節では，4Pそれぞれの概略と，4P戦略とマーケティング戦略との関連を簡潔に述べておこう。

(1)　製品（product）

これは標的市場に適切なものを開発することである。製品には物理的な製品とサービスが含まれる。また，製品計画では市場細分化と製品差別化のコンセプトが重要である。なお，製品がなければ他の3つのPは存在しないわけであるから，製品は4Pのなかで最も重要な役割を果たす。

(2)　場所（place）

この言葉は，ゴロ合わせ的に用いられた色合いが濃く，本来は，流通（distribution）あるいは流通経路（channel of distribution, distribution channel）というべきものである。マッカーシーの定義によれば，標的市場へ正しい製品を届けるプロセスのことである。なお，流通経路とは，商品が生産者から消費者へと社会的に移転する際の通路を指し，商品の所有権移転の経路と商品それ自体の移転経路があるが，通常は所有権移転の経路を指す。

(3)　プロモーション（promotion）

これは標的市場に正しい製品について語りかけることである。プロモーションとは，通常，広義の販売促進を指すが，それには人的販売（personal selling）[1]，広告（advertising），パブリシティ（publicity）[2]，およびセールス・プロモーション（sales promotion）が含まれる。なお，セールス・プロモーションとは，通常，狭義の販売促進を指すが，AMA（アメリカマーケティング協会）の定義によれば，「人的販売，広告，パブリシティを除く，消費者の購買や販売業者の効率を刺激するマーケティング活動[3]」である。

(4)　価格（price）

価格は価値の尺度とみなされたり，コミュニケーションの手段や競争の手段

第3章　マーケティング事象の分類

として利用されたりするものである。また，価格は利益発生のしくみにも深く関わっている。なお，価格決定の考え方には種々のものがあるが，競争関係を考慮して決定することが重要である。価格設定に失敗するとすべてのマーケティング努力は無駄になってしまう。

　以上，4Pそれぞれの概略を示したが，次に4P戦略とマーケティング戦略との関連を概観しておこう。

　周知のごとく，マーケティング戦略は以下の4つのサブ戦略から構成される。
① 製品戦略（product strategy）
② 流通チャネル戦略（place strategy）
③ プロモーション戦略（promotion strategy）
④ 価格戦略（price strategy）

　以上①〜④は，通常，4P戦略と称されているが，マーケティング戦略の有効性発揮のためには，4P個々の戦略を検討するだけではなく，さらに必要なことは4Pを総合しトータル・マーケティング・ミックスとして展開していくことである。すなわち，個々の戦略を的確に組み合わせることにより，シナジー効果（相乗効果）が期待できるわけである。

(1) これは販売員による販売と呼ばれているものであって，購入を誘導するため顧客または見込客と直接接触するときの販売員の諸努力である。なお，AMA（アメリカ・マーケティング協会）の定義を簡潔に要約すれば，「人的販売とは，潜在顧客との対人ベースでのオーラル・コミュニケーションである」と整理することができる。また，人的販売のことを接客販売または販売員活動ともいう。
(2) これは，その報道価値があるため無料で媒体に紹介された情報である。広告が本質的に有料であるのに対して，その実施に際し費用を伴わないものであることから無料広告とも称されている。
(3) 日本マーケティング協会訳『マーケティング定義集』日本マーケティング協会，昭和38年，51頁。(American Marketing Association, *Marketing Definitions : A Glossary of Marketing Terms*, AMA, 1960.)

第3節　統制不可能な要因

マーケティング環境はマーケティング・マネジャーにとってコントロールで

きないが，だからといって無視することはできない。なぜなら，マーケティング環境は企業にとってその市場機会を見出ださせることもあれば，逆に制約を加えてくることもあるからである。したがって，マーケティング・マネジャーは効果的なマーケティング・ミックスを構成し企業目的を達成しようとするならば，マーケティング環境の変化・状態に的確に対応していかなければならない。

図表3-3で示したように，マッカーシーは，マーケティング環境を5つのカテゴリーに分類した。再度ふりかえっておくと，それら5つとは以下の通りである[1]。

① 文化・社会的環境
② 政治・法的環境
③ 経済的環境
④ 競争的環境
⑤ 会社の資源および目的

さて，文化・社会的環境は，国際マーケティングにおいてはもろんのこと国内においても重要な要因となる。地域ごと，社会階層ごとに文化的・社会的価値観，慣習は異なっていることが多い。これらはたえず変化し，変化の速さも急激である。そのほか急速に進展している都市化，人口の集中化などもマーケティング・マネジャーにとって大きな問題である。

政治・法的環境は，主に企業のマーケティング行動を規制する面に影響を与えている。たとえば，有効競争の維持という原則から独禁法（私的独占の禁止及び公正取引の確保に関する法律）を始めとして法律による規制が脚光を浴びている。日本においてはそのほか，誇大・虚偽広告の規制，強引な販売法の規制など主としてプロモーション活動に有効競争状態の維持を図ることを主眼に多くの規制がなされている。これらの規制は，企業の社会における役割がそれだけ増大しつつあることの証左でもあろう。

なお，政治・法的環境が規制という面だけではなく，マーケティング機会の獲得をもたらすこともももちろんある。たとえば，資本の自由化がその例である。

経済的環境には，景気が上向きか下降気味か，インフレーションはどの程度進行するか，政府の財政・金融政策はどうかといった経済システムの動向や，

第3章 マーケティング事象の分類

科学技術の進歩による技術革新などが含まれる。これらの経済的環境は企業の全活動,とりわけ金融面に大きな影響を与える。

経営者にとっては,経済的環境によって受ける影響は直接企業の活動業績に響いてくるにもかかわらず,それをコントロールすることはできない。また,円高・ドル安にみられるような経済現象は,問題が国際レベルであるだけにいっそう複雑な問題を提示している。その意味で国際的視野をもって,なおかつ複雑な経済現象を鋭く分析する能力と先見性がマーケティング・マネジャーに要請されてくる。

同様なことは技術革新にもいえる。プロモーション活動ひとつを考えてみても,技術革新によって無数の代替案が考えられる。これらの技術的進歩をいかに効果的に使いきるかが重要なポイントとなる。

競争的環境とは,その産業の競争状況のことである。マーケティング・マネジャーは,売手独占の市場でない限り[2],競争相手を意識して意思決定を行う。マーケティング・ミックスの効果は,競争他社がどのように対応してくるかによって大きく左右されるし,自社がその産業でどのような位置を占めているかによっても異なってくる。業界のトップ企業と2番手以下の企業とでは戦略も異なってくるし,規模の格差がどの程度かによっても違いが生じてこよう。その意味で,競争他社の動向を知ることが必要となる。

最後に,会社の資源および目的についてであるが,まず,会社の資源について触れておこう。会社の資源には過去のさまざまなノウハウの蓄積,人的資源,原料入手の容易さ,技術力,ロケーション,企業イメージなどがある。とくに,今日のような情報社会では企業のもっているイメージがマーケティング競争力に大きな影響を及ぼすから,良い企業イメージは重要な資源となる。これらの資源はその企業にとってプラスにもマイナスにも作用するが,プラスに働くものは積極的に活用し,マイナスに働くものはそれが少なくともデメリットにならないように工夫することが肝要である。

会社の目的には,企業の存立要件の面から考えると,①適正利潤の獲得,②従業員の幸福の追求,③社会的責任の達成,などがある。しかし,最大の目的が①にあることはいうまでもない。利潤の獲得にあたっては,消費者のニーズを満足させ,かつ社会的に有用である範囲内で,その獲得に向かって企業の全

努力が集中されなければならない。

以上のように,マーケティング・マネジャーは,マーケティング環境をコントロールすることは不可能ではあるが,しかしそれを的確に分析してその動向に対処していかなければならない。その対処の方法に,創造性が発揮され,そこに差別的有利性が生ずることとなる。

(1) 詳しくは,E. J. McCarthy, *Basic Marketing*, 4th ed., Irwin, 1971, pp. 63-87を参照されたい。
(2) マーケティング理論では,通常,独占でないことが前提である。

第4章 マーケティングの戦略的構造

第1節 戦略と戦術

　マーケティング関係の文献のなかで戦略(strategy)という用語がみられるようになってからかなりの歳月が流れている。また，それがマーケティングにおけるさまざまなレベルと次元で使用される用語となっていることも周知の通りである。たとえば，プル戦略[1]やプッシュ戦略[2]，あるいは製品戦略，流通チャネル戦略，プロモーション戦略，価格戦略といったように，マーケティングのサブシステムのそれぞれとともに，ひとつの用語を形成して用いられることもある。しかし，近年の顕著な傾向は，それがマーケティング戦略(marketing strategy)，戦略的市場管理(strategic market management)，あるいは戦略的マーケティング(strategic marketing)といったように，トータルなコンセプトとともに用いられている，ということである。

　ところで，戦略という用語が軍事用語からきていることは周知の通りであるが，その規定の仕方は論者によってまちまちである。たとえば，スタントン(Stanton, W. J.)は，戦略とは「ある組織がその目標に到達しようとする際に拠りどころとする広範囲で基本的な行動計画である」と定義し，「戦略は戦争に勝つという目標を達成するための一ステップとして戦闘に勝つための壮大な計画である[3]」としている。また，マクガバン(McGovern, W.)は，「戦略とは，長期にわたる目的を達成するためにつくられる長期行動計画である。小は，一つの作戦(キャンペーン)遂行から，大は，戦争全体の計画にまで及んでくる。とにかく自国の軍事力を，攻撃または防御のための有利な立場に置くには，敵とどこで遭遇させるべきか，の計画である[4]」としている。

　なお，戦略という用語の類似語として戦術(tactics)という用語がある。両者の区分について，ウイルソン(Wilson, A.)は，次のように述べている。「軍

第4章 マーケティングの戦略的構造

隊では,戦略は『国家のリーダーたちによって指示された目的を遂行するにあたり,戦争状態において敵を打ち負かすために兵力を展開すること』と定義されている。また,政治においては『国家目的を達成するために国家資源を適用すること』と定義されているが,この二つの定義は戦略と戦術のプラン活動を区分する起点となる。ビジネスでは戦略はつぎのように定義づけられるだろう。つまり長期目標を達成するように工夫したプランを創造し実行することであり,また企業とその競争的な環境の関係に大きな変化をもたらすものである。戦術は短期目標の達成をめざした活動に関連するものである[5]」と。また,前述のスタントン,マクガバンも,戦術を以下のように規定して,それを戦略と対比させている。すなわち,スタントンによれば,「戦術とはそれによって戦略が実施または活性化される活動上の手段である[6]」。一方,マクガバンによれば,「戦術とは,味方の部隊が敵と遭遇したとき,その部隊をどう動かすか,また,どう動かすべきかの方法だと一般に定義できる。だから,海軍についていうと,指揮官がはじめて敵艦を見つけたとき,少なくとも,レーダーで位置を発見するか,空中偵察で発見するほどの距離に接近したとき,その指揮官が,味方の艦をどう扱うべきか,これが戦術である。陸軍についていうと,敵部隊が指呼の間に現れ,攻撃すべきか防御すべきか,ただちに行動に移らねばならなくなった場合,戦術が発動されるのである[7]」。

各論者の議論に多少のニュアンスの差はあるが,戦略と戦術にについて要約すれば,以下のように規定することができよう。

戦略:より高次で,より長期の目標を達成するための基本的計画と関連するものであり,また広範かつ包括的なものである。したがってそのプランナーは,一般に上位階層に属する者である。

戦術:戦略の一環として戦略を実現するため,より低次で,より短期の目標を達成するための計画と関連するものであり,また部分的なものである。
したがってそのプランナーは,一般に中・下位層に属する者である。

しかし,以上のように規定したとしても,戦略と戦術との境界はきわめて不鮮明である,という点にも触れておかなければならない。たとえば,問題のレベルや「長期」とか「短期」といった時間的スパンなどについての認識はきわめて曖昧なものであり,また戦略的意思決定と戦術的意思決定との境界も鮮明

第4章 マーケティングの戦略的構造

なものではない。

　戦略と戦術との境界がきわめて不鮮明であるということもあって，多くのマーケティング関係の文献のなかでも，両者が混同されたまま議論されているケースがかなり多く見受けられる。しかし，戦略と戦術との差異がたとえ蓋然的なものであったとしても，それを認識したうえで異なった次元に属するいくつかのプラニングについての発想を整理することは，やはりきわめて有意義なことである。

　ところで，現代マーケティング・マネジメント[8]を特徴づけるひとつの柱は，マーケティング戦略[9]である。マーケティング戦略の考えは，とくに1960年代に入ってからオクセンフェルト（Oxenfeldt, A. R.）らによって強く提唱されたものであるが，それは以下のように定義づけられる。すなわち，マーケティング戦略とは，「マーケティング目標を達成するために，自社として標的とすべき市場セグメントを明確にし，そこに参入するために，対象とする顧客（グループ）の満足をかちとるために望ましいマーケティング・ミックスを構築すること[10]」であり，あるいは「標的市場の抽出によって，企業が愛顧を求めようとする顧客層を出発点とし，次に製品—市場を計画のベースにのせて，シナジー効果の極大化を意識的に追求するような形で『マーケティング・ミックスの構成』を選択すること[11]」であると，定義づけることができる。かくして，マーケティング戦略は，①標的市場の選定，②マーケティング・ミックスの構築，という2つの基本要素を含んでいることがわかる。

　以上の定義から明らかなように，標的市場が選定されると，次はそこに効果的，効率的に到達するためのマーケティング・ミックスの構築に入るわけであるが，その前に競争的ポジショニングの分析を行うことが有効である。すなわち，その標的市場にいかなる競合品があるのか，また具体的にいかなるニーズがあるのか，といったことをより詳細に分析・把握することによって，より適切かつより差別的なマーケティング・ミックスを構築することが可能となるのである。

　かくしてマーケティング戦略が策定されると，次にマーケティン戦術が開発されることになる。マーケティング戦略が計画通りに達成されるためには，その間において多くのマーケティング戦術プランが適切に実施されていかなけれ

ばならない。

　なお，マーケティングにおいても，戦術的には勝利したが，戦略的には敗北した，といったケースがしばしば見受けられる。たとえば，ある種の企画や特定のキャンペーンによって，一時的な販売量の増大がもたらされたが，それによって企業イメージがダウンしたり，環境変化への早期対応が遅れたりする結果を生むこととなった，といったケースがそれである。したがって，「一つのキャンペーン企画をチェックするに際しても，戦術的視点のみならず，戦略的視点の重要性が強調されなければならないのである[12]」。

(1) これは，消費者に製品を「引き込む」ことを意味するプロモーションであって，本質的に消費者の製品需要に依存する戦略である。この方策は典型的には大量消費者広告によって，消費者に自社製品ブランド選好を生ぜしめることを期待している。したがって，どちらかといえば大量に商品化された規格化製品に適している戦略である。

(2) これは，メーカーの立場から製品を消費者に「押し込む」ことを意味するプロモーションであって，製品販売の責任の大部分を流通経路の卸売業か小売業に委ねる戦略である。この方策では流通企業が積極的に商品をプッシュすることが期待されているが，必ずしもそうでない場合もあるので，選択的かまたは独占的かいずれかの販売権を与えて，若干保護する場合もある。なお，この戦略は消費財よりは産業財に，また消費財のなかでも買回品，専門品，高級品に適している。

(3) W. J. Stanton, *Fundamentals of Marketing*, 6th ed., McGraw-Hill, 1981, p. 33.

(4) ケリー著，土岐坤訳『マーケティング・インテリジェンス』ダイヤモンド社，昭和44年，17頁。

(5) ウィルソン著，川勝久訳『知的サービスのマーケティング』ダイヤモンド社，昭和51年，126頁。

(6) W. J. Stanton, *op. cit.*, p. 33.

(7) ケリー著，前掲訳書，17頁。

(8) マーケティング・マネジメントの機能と構成内容については，次章で詳述する。

(9) マーケティング戦略と4P戦略との関係については，前章第2節を参照されたい。

(10) 村田昭治「マーケティングとは何か」田内幸一・村田昭治編『現代マーケティングの基礎理論』同文舘，昭和56年，42頁。

(11) 村田昭治「マーケティングの諸決定」荒川祐吉・山中均之・風呂勉・村田昭治『マーケティング経営論』日本経営出版会，昭和42年，159頁。

(12) 市川繁「マーケティングの戦略的構造」宇野政雄編著『最新マーケティング総論』実教出版，昭和60年，19頁。

第2節　戦略重視の背景

　企業や組織のなかでマーケティングの占める位置づけが時代の進展とともに変化し，強調されるべきポイントや視点も変わるのは当然のことである。近年とくに強調されているのは，マーケティングにおける戦略的視点の重視である。それはなぜか。その背景について，市川繁教授は，①イノベーション，②「ニーズそれ自体」の変化，③競争，という3つの要因を取り上げて説明している[1]。

　まず指摘できるのは，組織を取り巻く環境の変化がきわめてダイナミックだということである。あらゆる環境要因がダイナミックに変化し，その結果，相互インパクトの関係も急速に，広範囲かつ多様にその図式を変化させる時代には，既存の路線を踏襲したまま，戦術的アイデアと勤勉実直な努力の集積だけに依存する企業や組織体は，急速な凋落への途をたどらざるをえない。それを回避するには，未来志向的な戦略的プラニングが不可欠な要件となってくるし，それはまた大きなチャンスへの出発点ともなるはずである。

　ダイナミックに変化する環境要因のなかで最も主要かつ基本的なものは，イノベーションと「ニーズそれ自体」の変化[2]である。

　今，イノベーションがさまざまな意味で企業や組織に，さらにあらゆる産業や消費者のライフ・スタイルや社会システム全体に大きなインパクトを与えつつあることは，周知の通りである。

　それは，カメラや家電品のエレクトロニクス化にみられるように，既存製品の知識商品化によって従来からあった製品の性能を画期的に向上させるだけでなく，従来，特定製品が果たしていた機能を新しい形で代替する手段をも提供している。たとえば，8ミリカメラに対するVTR，フイルム不要のカメラ，レーザーディスクなどがそうである。また，ニューセラミックスに代表されるように，素材革命は，既存製品を陳腐化させる可能性をもつと同時に，新しいビジネスチャンスを生み出す効果ももたらしている。製品のライフ・サイクルは短縮化し，企業は製品開発，製品変更さらに自らの活動領域について，新しい組織的対応と視点を要請されつつある。しかし，イノベーションのインパク

第4章 マーケティングの戦略的構造

トは，企業が提供する製品やサービスといった領域にとどまるものではない。生産プロセスにおけるメカトロニクスやオフィス・オートメーション，通信衛星の利用を始めCATV（双方向有線テレビ），VAN（付加価値通信網）といったニューメディアがもたらす新しいコミュニケーション・システムからのインパクト，あるいはエレクトロニクス・マーケティング，ホームバンキングによる流通プロセスへのインパクトといったように，きわめて幅広いインパクトとして把握されなければならない。さらに，こうした直接的インパクトだけではなく，これが消費者のライフ・スタイルや生活システムを変え，「ニーズそれ自体」も変化させるといった面からくる，いわゆる間接的インパクトも存在する。

次に，「ニーズそれ自体」の変化についてであるが，これにインパクトをもたらす要因には定量的なものと非定量的なものがある。前者のなかで最も基本的なものは人口である。とりわけ人口の高齢化，単身者世帯の増大，働く婦人の増加といった現象や地域間人口移動には留意しなければならない。これらはダイナミックに変化し，「ニーズそれ自体」の変化とマーケティングのあり方に大きなインパクトを与えることになろう。

一方，後者では，たとえば消費者の価値観を含めたライフ・スタイルといったものの変化が，大きなインパクト要因となる。とくに成熟社会といわれる日本のような社会では，その変化は高度でデリケートで複雑であり，それを捉えるにはより洗練された目が要請されてこよう。ニーズ（needs）の解消からウォンツ（wants）の解消へといった趨勢のなかでみられるより高次元の消費，所有から使用へ，素材価値から情報価値への強調点のシフト，インタンジブルなサービスのウェイト増大，フリンジ的要素の重視，ユニ化現象と個別化現象の同時展開，キーワードとしての個別性・感受性・人間性などといったものへの認識と，自らの戦略・戦術への効果的導入といったことが，すでに現実のマーケティング活動の成果を左右する鍵となってきている。これらはこれからもダイナミックに変化し，「ニーズそれ自体」の変化にインパクトを与え続けることだけは確かである。

以上のようなイノベーションと「ニーズそれ自体」の変化という2大要因に加えて，もうひとつ意識しておきたいのは，競争という要因である。先の2大要因への適応をかりにクリアしたとしても，競争的要因を無視した戦略形成は

悲劇を招来しかねない。成熟社会における競争は，そのスケールの巨大化（寡占企業同士の競争），競争空間の拡大（たとえば，これまでなかった業種が直面する競争の国際化）といった点に加えて，より多元化，複雑化したものとなり，多様なインターフェースでの競争を経験することになろう。

近年，マーケティングにおける戦略的視点の重視がとくに強調されている背景には，以上のような諸要因がある。

(1) 以下は，市川繁「マーケティングの戦略的構造」宇野政雄編著『最新マーケティング総論』実教出版，昭和60年，19—22頁を要約したものである。
(2) これは，ヤング（Young, R.）が下記論文中で，実証的分析結果に基づいて指摘した2大要因である。市川教授は，この2大要因は，今後の変化を展望する場合にも，間違いなく最大のインパクト要因となる，としている。R. Young, "Keys to Corporate Growth", *Harvard Business Review*, November-December 1961, pp. 51-62.

第3節　マーケティングにおける戦略のレベル

今日，マーケティング関係の文献をみると戦略という用語が実に多様に用いられている，ということは前述した通りである。そこにはいくつかのレベルがあるが，ボイド（Boyd Jr., H. W.）とラレッシェ（Larréché, J. -C.）は，「戦略のヒエラルキー」の概念をマーケティングに適用して，マーケティングで用いられている戦略を以下の3つのレベルに整理している[1]。

(1) マーケティング戦略（marketing strategy）

これはすでに本章第1節で明らかにしている。すなわち，市場機会の評価とマーケティング目標に基づいて，標的市場を選定し，そこへ参入するために適切なマーケティング・ミックスを構築し，実施していくといった一連のプロセスを意味している。マーケティングにおける最も伝統的な戦略の概念である。

(2) マーケティング要素戦略（marketing element strategy）

これはすでに第3章第2節で明らかにしている。すなわち，いわゆる4P戦略（①製品戦略，②流通チャネル戦略，③プロモーション戦略，④価格戦略）が該当するが，マーケティング・ミックスに含まれるそれぞれの要素に関連づけて用いられるものである。この種の戦略レベルは，いうまでもなく(1)のマーケ

ティング戦略よりもその領域が狭く下位のレベルに位置するものであるが，最も一般的に用いられている。

(3) 製品—市場参入戦略 (product-market entry strategy)

この戦略は，ある特定の製品—市場の関係を分析し，マネジメントしていくうえでのガイドラインを明らかにするものである。またこの製品—市場の組合わせは，まさに企業の基本的な投資単位 (investment units) を表わすものであり，マーケティングにおけるこの戦略レベルは企業戦略レベルに昇華したものであるといえる。いいかえれば，製品—市場参入戦略はいわば伝統的なマーケティング戦略のフレームを超えた，より高次の戦略レベルの問題だといえる。この戦略レベルの問題は，とくに大手企業のマーケティングにおいて重視され出しているが，最近のマーケティング・マネジメントの文献においてもとくに強調されているものである。

(1) 詳しくは，H. W. Boyd Jr. & J. -C. Larréché, "The Foundations of Marketing Strategy", in G. Zaltman & T. V. Bonoma (eds.), *Review of Marketing 1978, Consponsored by the American Marketing Association*, The Marketing Science Institute, and the Graduate School of Business, University of Pittsburgh, 1978, pp. 41-72を参照されたい。

第4節　戦略的マーケティングの展開

第1項　戦略的マーケティングの意義

マーケティングの戦略研究における最近の方向として，戦略的マーケティングの問題がある。近年，日本においても戦略的マーケティングが盛んに問題にされるようになっており，そのような表題の著作もいくつかみられるようになった。

しかし，実際には，これまでのところ，戦略的マーケティングの定義は確立していない。ただ，それがマネジリアル・マーケティングの特質[1]のひとつである「『マーケティングの諸活動のみでなく，生産，財務，人事，研究・開発などを含む，企業活動全体のマーケティング視点からする統合，調整』という路線の発展上にあるのは明らかである[2]」。したがって，戦略的マーケティン

第4章　マーケティングの戦略的構造

グは経営戦略論との密接な関連のもとで展開されているが，経営戦略の狙いは，もともと企業の環境への適応の型を決定することである。となると，「戦略的マーケティングは経営戦略論の一分野として吸収されるのか，それとも経営戦略論の吸収しえない戦略的マーケティング独自の分野があるのか等々[3]」が問題となるが，この点についてはさまざまな意見がある。

　たとえば，クレーヴェンス（Cravens, D. W.）は，戦略的マーケティング計画は以下の諸段階からなるものとしている[4]。すなわち，第1段階：企業の使命と目標→第2段階：事業単位の分析と戦略→第3段階：マーケティング状況分析→第4段階：市場標的戦略→第5段階：マーケティング・プログラム・ポジショニング戦略（内容的には，マーケティング・ミックス戦略に相当）である。各段階のうち，最初の2つの段階では経営戦略論との融合がみられ，最後の2つの段階は従来からのマーケティングの課題である。

　一方，ランバン（Lambin, J. -J.）は，**図表4－1**のような構成を示している。ランバンによれば，経営戦略の市場対応ないし市場適応的側面が戦略的マーケティングである。

　また，嶋口充輝教授は，戦略的マーケティングの役割は経営戦略の基本的方向づけを行うことであるとされるが，具体的には次のように述べられている。すなわち，「企業の経営諸機能のなかで，市場環境から機会や脅威を見極め，企業の方向づけに関係するのは，マーケティングのみである。他の経営諸機能は，このマーケティングによって方向づけられた経営戦略の制約・可能性をつくるものである。たとえば，財務機能（ないし戦略）は，マーケティングによる方向づけに十分な資金上の対応（銀行借入れか，株式による資金調達かなど）を考えるものであり，技術や研究開発機能は，具体的な技術や製品開発の可能性（自社技術開発対特許買収など）を考えるものである[5]」と。

　さらに，片山又一郎教授は，「企業を取り巻く環境について，従来と違った側面を考慮しながら経営戦略を確立しなければならない時代となっており，それは経営戦略というよりは戦略経営のテーマであり，マーケティングも同様に（傍点坂本），これからは戦略的マーケティングが問題にされるとすれば——中略——消費環境の変化に対応すべきマーケティングは，戦略的マーケティングとして展開されることになる[6]」とされているが，そこでの発想は，「戦略的

43

第4章 マーケティングの戦略的構造

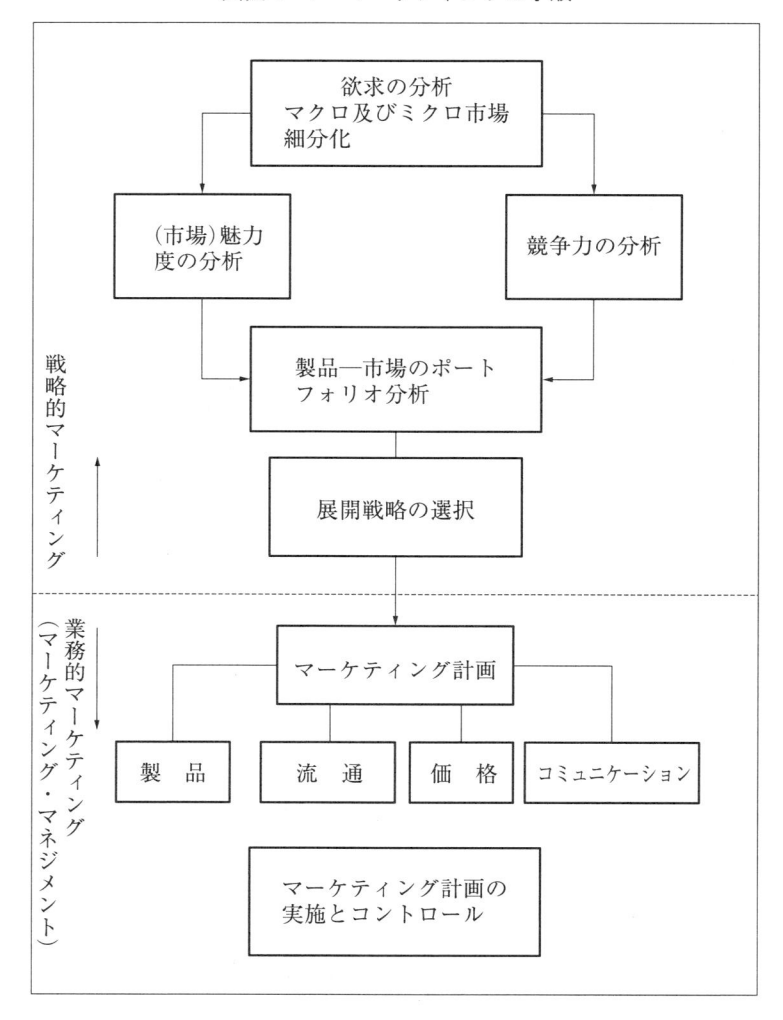

図表 4-1 マーケティングの手順

```
                    ┌──────────────┐
                    │  欲求の分析   │
                    │マクロ及びミクロ市場│
                    │   細分化     │
                    └──────┬───────┘
              ┌────────────┴────────────┐
              ↓                         ↓
      ┌──────────────┐          ┌──────────────┐
      │ (市場)魅力   │          │ 競争力の分析 │
      │  度の分析    │          │              │
      └──────┬───────┘          └──────┬───────┘
             └────────────┬────────────┘
                          ↓
                  ┌──────────────┐
                  │ 製品―市場のポート│
                  │ フォリオ分析 │
                  └──────┬───────┘
                         ↓
                  ┌──────────────┐
                  │ 展開戦略の選択│
                  └──────┬───────┘
- - - - - - - - - - - - -│- - - - - - - - - - - -
                         ↓
                  ┌──────────────┐
                  │マーケティング計画│
                  └──┬────┬────┬──┘
            ┌────────┘    │    └────────┐
        ┌───┴──┐  ┌──┴──┐ ┌─┴──┐ ┌────────────┐
        │ 製品 │  │ 流通 │ │価格│ │コミュニケーション│
        └──────┘  └─────┘ └────┘ └────────────┘

                  ┌──────────────┐
                  │マーケティング計画の│
                  │ 実施とコントロール│
                  └──────────────┘
```

(左側縦書き) 戦略的マーケティング ↕
業務的マーケティング(マーケティング・マネジメント) ↕

(資料) 三浦信「戦略的マーケティングの構造」三浦信・来住元朗・市川貢『新版マーケティング』ミネルヴァ書房, 平成3年, 134頁。〔J. -J. Lambin, *Le Marketing Stratégique*, 2ᵉéd., McGraw-Hill(Paris), 1990の序文の図より〕

第4章　マーケティングの戦略的構造

マーケティング独自の分野がある」との立場に立ったものであるといえよう。なお，片山教授によれば，戦略的マーケティングを消費環境の変化との関わりで捉えた場合，最も今日的な方向のひとつとしてクローズアップされているのはフィールド・マーケティング[7]であり，それは「消費環境の変化への適応を出発点とし，さらにそのために流通環境への新しい適応を考えるという点において，戦略的マーケティングとしての性格を色濃くもっている[8]」とされる。

　以上，戦略的マーケティングに対する規定の仕方について，各論者の所説を紹介してきたが，重要なのは，結局，戦略的マーケティングの役割をどこに求めるかである。この点については，三浦信教授の所説が示唆に富む内容となっているので，これを紹介しておこう。三浦教授によれば，もともと，マーケティングとは市場的環境に対する企業の創造的で統合的な適応行動であり，トップ・マネジメントの課題としての戦略的マーケティングの場合にも，この定義は完全に妥当する。したがって，「戦略的マーケティングの役割は経営戦略に基本的方向付けを与えると共に，マーケティング・マネジメントないし業務的マーケティングの枠組みを設定することである[9]」と規定され，これを以下のようにさらに詳細に説明されている。すなわち，「いいかえれば，戦略的マーケティングの役割は企業を，その企業の資源と技量によく適合しており，かつ成長性と収益性の面で可能性の大きな経済的機会へと志向させることである。そのためには，規模や成長性など各製品―市場の魅力度と，そこにおける，企業の競争力を把握する必要がある。しかも，今日の企業は多種製品企業，さらには多部門型企業である。それら製品ないし事業の間のバランスを維持し，企業の成長を確保するためには，いわゆるポートフォリオ分析などの技法も必要になる。こうして，はじめて企業全体としての展開戦略の選択や個々の製品―市場ないし事業単位の戦略枠組みの設定が可能になる[10]」と。

　(1)　マネジリアル・マーケティングの特質を箇条書にすると，以下のようになる。
　　①　企業の存続，成長の鍵を握るものとしての，消費者の戦略的地位の確認。
　　②　製品を基礎とし，価格，流通経路，広告，販売員活動，さらに物的流通などに及ぶマーケティング諸活動の統合的管理。
　　③　マーケティングの諸活動のみでなく，生産，財務，人事，研究・開発などを含む，企業活動全体のマーケティング的視点からする統合，調整。
　　④　寡占的構造の確立した産業分野については，もうひとつの特質として，たとえば，

第4章　マーケティングの戦略的構造

　　　ジェネラル・エレクトリックとウェスティングハウスというように，特定の企業を
　　　競争対象として措定したうえでの，「戦略」概念を軸として統合化されていること。
　　　以上，三浦信「マーケティング――その本質と発展――」三浦信・来住元朗・市川
　　　貢『新版マーケティング』ミネルヴァ書房，平成3年，6頁を参照。
(2)　三浦信「戦略的マーケティングの構造」同書，135頁。
(3)　同論文，同頁。
(4)　詳しくは，D. W. Cravens, *Strategic Marketing*, 2nd ed., Irwin, 1987, pp. 11-21を参照
　　　されたい。
(5)　嶋口充輝『戦略的マーケティングの論理』誠文堂新光社，昭和59年，16―17頁。
(6)　片山又一郎「マーケティングの現代的課題」宇野政雄編著『最新マーケティング総
　　　論』実教出版，昭和60年，383頁。
(7)　フィールド・マーケティングとは，メーカーが売りの現場に関心をもち，そこまで
　　　進出・関与するマーケティングを指すが，その意図は現場を管理することではなく，
　　　現場に近づき，個々の売り方を生み出していこうとするところにある。いいかえれば，
　　　現場での売り方の仕組みをメーカーが開発・提示し，小売店頭で実施していくのが
　　　フィールド・マーケティングである。
(8)　片山又一郎，前掲論文，384頁。
(9)　三浦信，前掲注(2)論文，136頁。
(10)　同論文，136―137頁。

第2項　戦略的マーケティングの成立基盤

　本項では戦略的マーケティングの成立基盤を探ることとするが，そのことは戦略的マーケティングの役割の再確認にもつながる。

　すでに述べてきたように，マーケティングにおいては，近年，いわゆる戦略問題が大きくクローズアップされている。そして，戦略重視の背景面については，本章第2節で詳述した通りである。

　本項での叙述には第2節での叙述と重複する部分もあるが，現在は環境変化のきわめて激しい時代である。急速な技術進歩，社会構造の変化，消費者ニーズの高級化・個性化・多様化，さらには国際化の進展など，そこには実に目まぐるしい動きがあり，しかもその動きはますます加速化している。いわば乱気流的環境変化の時代である，といってもよい。こうした状況下では，マーケティングにとっても，企業経営全般にとっても，従来の手法，路線をそのまま継続することはもはや不可能である。しかし，乱気流的環境変化は，一方では

第4章 マーケティングの戦略的構造

大きなビジネスチャンスも生み出している。とりわけ，意欲的かつ革新的な企業にとっては，市場機会の増殖をも意味しており，戦略的マーケティングはその際の最も重要な武器となる。

その際，とくに強調しておかなければならないのは競争のあり方の変化である。かつての高度経済成長時代における競争は，一定期間にどこまで走れるかという，いわばレース型の競争[1]であった。しかし，現在では，多くの分野の市場が成熟期にあり，日本経済全体もゆるやかな安定成長の状態に入っている。かくして，競争の質も，ある企業が余計に取った分だけ残る企業の分け前は少なくなる，といういわばゼロサム・ゲーム（zero-sum game）的競争に転化している分野が多くなっている。競争戦略の重要性はきわめて大きくなっている。

さらに，競争の範囲自体も，大きく拡大して考えなければならなくなっている。すなわち，その業界の当面の競争相手だけではなく，潜在的参入者や代替品もたえず監視しなければならなくなっている。たとえば，宅配業者のノンストア・リティリングや各種のサービス提供分野への進出，計算機メーカーの時計業界への参入，プラスティック製品による鉄製品の代替などはその例である。

加えて，今日の状況下で，製品のライフ・サイクルはますます短縮化している。また一方では，次々と新しい市場も生まれている。

したがって，企業が存続，成長していくためには，製品開発，製品変更，さらには自らの活動領域などについてたえず検討しなければならず，同時に新しい組織的対応と視点とが要請されることとなる。かくして，「今日の多くの企業は多種製品企業，さらには，多くの事業の集合体としての，多部門型企業となり，しかもその製品構成ないし事業構成はたえず変化を続けている[2]」。それゆえに，きわめて困難な課題ではあるが，「トップ・マネジメントの市場に対する戦略の出発点は，市場と競争の状況の見通しと自社の能力とに応じて，製品や事業の範囲を定め，諸製品あるいは諸事業間のバランスを適正に維持することである[3]」。

以上の考察から明らかなように，現在の乱気流的環境変化の時代においては，従来の伝統的なマーケティング戦略のフレームだけでは，上記のトップ・マネジメントの課題に応えることができなくなっている。かくして，ここに，マーケティング諸活動の統合的管理という意味での在来型のマーケティング（＝

マーケティング・マネジメント）の枠組みから昇華したマーケティング，すなわち戦略的マーケティングが成立することとなる。

(1) 詳しくは，田村正紀『流通産業——大転換の時代——』日本経済新聞社，昭和57年，18-21頁を参照されたい。
(2) 三浦信「戦略的マーケティングの構造」三浦信・来住元朗・市川貢『新版マーケティング』ミネルヴァ書房，平成3年，138頁。
(3) 同論文，同頁。

第3項　戦略的マーケティングの展開手順

本項では，主として多部門型企業を想定しているが，戦略的マーケティングの展開手順は，その課題それ自体が決定する。三浦信教授は，戦略的マーケティングの課題を次のように整理されている。すなわち，「戦略的マーケティングの課題は，企業全体の立場から，いいかえればトップ・マネジメントの立場から，新規導入分を含む，諸製品ないし諸事業間の適切なバランスを維持し，各製品，各事業に目標を与えるとともに，人，物，カネ，情報といった経営資源を配分し，さらに，各製品あるいは各事業に対して，そのマーケティング・マネジメントの前提となる基本方針を示すことにある[1]」と。

なお，三浦教授は，マーケティング・マネジメントと比較した場合の戦略的マーケティングを支える条件についても，以下のように列挙されている[2]。

① 　中・長期的視点に立っていること。
② 　各種経営資源から企業文化（その企業のメンバーが分かちもつ信念と期待のパターンであり，それが企業内の個人やグループの行動に対する規範をつくりだす）に至るまで，その企業内部のすべての情報の活用が必要なこと。
③ 　各種製品ないし事業に，企業全体の立場から，それぞれ別の戦略的役割を与え，その結果，マーケティング・マネジメントに対して適切な枠組みを与えること。

次に，上記の課題に応えるための，戦略的マーケティングの展開手順を概観すると，以下の通りとなる[3]。

第1段階：状況の分析と評価
第2段階：企業ないし企業グループの使命の決定

第4章 マーケティングの戦略的構造

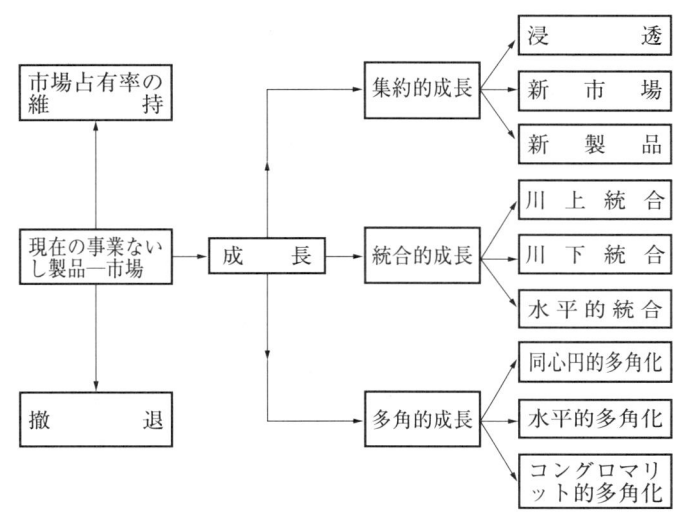

図表4-2 展開戦略の体系

```
                          ┌─→ 集約的成長 ──┬─→ 浸    透
市場占有率の                │              ├─→ 新  市  場
維    持                   │              └─→ 新  製  品
    ↑                     │
    │                     │
現在の事業ない → 成  長 ───┼─→ 統合的成長 ──┬─→ 川 上 統 合
し製品─市場                │              ├─→ 川 下 統 合
    │                     │              └─→ 水 平 的 統 合
    ↓                     │
撤    退                   └─→ 多角的成長 ──┬─→ 同心円的多角化
                                          ├─→ 水平的多角化
                                          └─→ コングロマリット的多角化
```

（資料）図表4-1の文献，153頁。

第3段階：戦略的事業単位[4]の設定

第4段階：ポートフォリオ[5]分析

第5段階：展開戦略の選択

なお，展開戦略の体系を示すと，**図表4-2**の通りとなる。本図表に示されているように，企業は，そのひとつの戦略的事業単位について市場占有率維持の戦略を採用することもできるし，撤退戦略を採用する場合もある。また，成長戦略を追求することもある。

以上のような展開手順を通じることによって，各事業ないし製品のための，マーケティング・マネジメントの戦略決定と計画作成のための枠組みの提示も可能となる。

(1) 三浦信「戦略的マーケティングの構造」三浦信・来住元朗・市川貢『新版マーケティング』ミネルヴァ書房，平成3年，139頁。
(2) 同論文，同頁。
(3) 各段階の内容の詳細については，同論文，140-155頁を参照されたい。
(4) 企業はさまざまな成長機会を検討した後，現在の製品ライン（製品ラインとは何かについては，次章第4節を参照のこと）についての意思決定を行わなければならない

49

第4章 マーケティングの戦略的構造

が,その際,経営者は,まず第1に,自社にとってどの事業が重要かを明らかにしなければならない。そのような事業は戦略的事業単位(strategic business unit, 略称SBU)と称される。各SBUは,トップ・マネジメントの指示の枠内ではあるが,その担当事業分野について,計画を立案し,トップの認可を得たうえで,その実施の責任と権限を与えられることになる。なお,SBUは,単一あるいは複数の事業部であったり,事業部内の製品ラインであったり,単一の製品もしくはブランドであったりする。

(5) ポートフォリオ(portfolio)の原義は書類ばさみないし書類を入れる鞄のことであるが,戦略的マーケティングや経営戦略の分野では,事業構成または製品構成を意味する。

第5章　マーケティング・マネジメントの機能と構成内容

第1節　マーケティング・マネジメントの機能

　ミクロ・レベルでのマーケティング，すなわちマネジリアル・マーケティングのコンセプトは消費者志向ともいわれるように，消費者のニーズ（需要）とウォンツ（欲求）に合致した製品を生産することによって企業の目的である利潤の達成を図るものである。この考え方は一般的に広く受け入れられており，多少の表現方法の相違はあるにせよ，マーケティング・コンセプトの基本的概念となっている。

　こうしたマーケティング・コンセプトに基づいて企業がマーケティング活動を展開していくにあたっては，マーケティング諸活動に対する統合的管理，すなわちマーケティング・マネジメントが重要な課題となってくる。マーケティング・マネジメントとは，具体的には，「企業目的の達成のために，標的市場との間で，望ましい交換を達成することを意図して設定される諸プログラムの，分析，実行，そして統制を行うこと[1]」であり，「管理されるべきマーケティング活動は，製品（品目・品質），価格，チャネル，広告，人的販売など[2]」である。

　さて，レイザー(Lazer, W.)は，マーケティング・マネジメントの機能として以下の4つを挙げている[3]。

(1) 市場機会の分析・評価

　これは企業目的と細分化市場を明確に定義する問題に関係し，企業の収益性のある機能遂行と成長のために不可欠な，最も重要な第1段階の機能である。**図表5－1**に示されているように，そこではまず，統制不可能な要因（人口学的な環境，国内および国際政治・経済情勢，社会，文化など），一部統制可能な要因（競争，技術など），統制可能な要因（マネジメントが意思決定できる社内的要

第5章　マーケティング・マネジメントの機能と構成内容

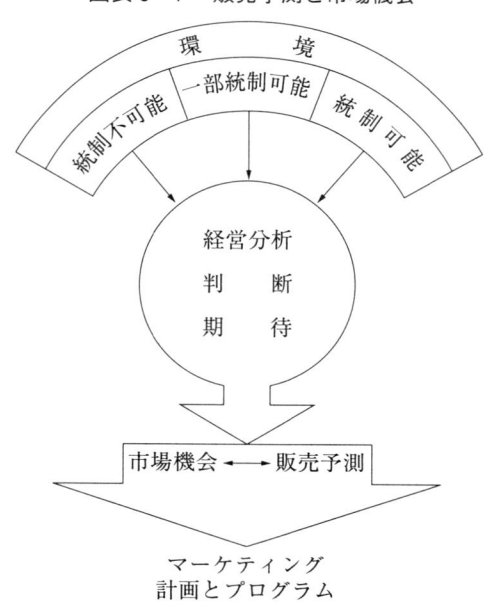

図表 5-1　販売予測と市場機会

環境
統制不可能　一部統制可能　統制可能

↓↓↓

経営分析
判　断
期　待

↓

市場機会 ←→ 販売予測

↓

マーケティング
計画とプログラム

（資料）　図表2-1の文献（訳書），59頁。

因）といった環境諸要因が分析・評価される。そして経営分析，判断，期待の結果として市場機会が認められ，販売予測が用意されることとなる。

(2)　マーケティング・プラニングとプログラミング

マーケティング・プラニングはマーケティング・マネジメントの基本的機能である。それは市場機会の評価に基づいて，短期および長期にわたって企業の行動コースを事前に決定することであり，将来の予測，目標の設定，実施すべき戦略・戦術が含まれる。なお，マーケティング・プラニングはいくつかの代替案の立案，評価を繰り返しながら，より精緻化されていくものである。

一応，プログラミングはプラニング機能の一側面であるが，それはマーケティング・プランを実行するために必要な業務を決定し，それに携わる担当部門，実施方法，必要な資源，時間，および目標達成の期日を明確化することである。その際，中心課題となるのはとくにマーケティング・ミックスをプログラミングすることである。

第5章　マーケティング・マネジメントの機能と構成内容

図表5-2　市場機会とマーケティング活動

市場機会	競争状況	マーケティング目標：プログラムと戦略	主要なマーケティングの役割
市場参入	非直接的競争	最初の市場受容の獲得，習慣の変化	一次需要の創造，市場知識の獲得，細分化市場の確認，顧客インフォメーション，製品受容，流通チャネル支持
市場確立	限られた直接競争，潜在競争者の注目	市場での足場の確立と拡大，差別的優位性，細分化市場へのマーケティング	好ましいブランド・イメージ，ブランド選好，市場インフォメーション，顧客ロイヤルティ，市場占有率の拡大
市場拡大	直接競争の増大，マス・マーケット	市場拡大，販売量と使用の増大，市場地位の利用，細分化市場の再検討，新製品の用意	製品の調整，新しいブランド，より多くの競争者，価格の低下，マス・マーケティング，好ましいコストと価格の関連性，販売の拡大，利益の極大化，市場と用途の拡大，新分野の開発
市場成熟	激烈な競争，価格の圧迫，利益の圧縮，より多くの競争者	適度の成長維持，相対的地位の保持，新製品の取扱い	価格の強調，製品とパッケージの修正，市場の細分化の進展，小さな修正，新用途，販売促進活動
市場衰退	激烈な価格競争，限られた利益，新製品競争	できる限りの市場保持，退去，新製品の取扱い	販売促進の強化，価格の引下げ，製品改良，新しい機会への方向付け

（資料）　図表2-1の文献（訳書），62頁。

なお，図表5-2は，市場機会とマーケティング活動を例示したものである。

(3) マーケティング組織とリーダーシップ

マーケティング・コンセプトを具体的に遂行していくためには，それに対応した組織の変更，リーダーシップの発揮が必要である。図表5-3は，マーケティング・コンセプト受容前・後の企業組織の変化を例示したものである。

マーケティング組織[4]は，企業内部に対しては，連繋プレーを密にするとともに広軌に及ぶ多様な活動を統合することが必要であり，また外部に対しては，

53

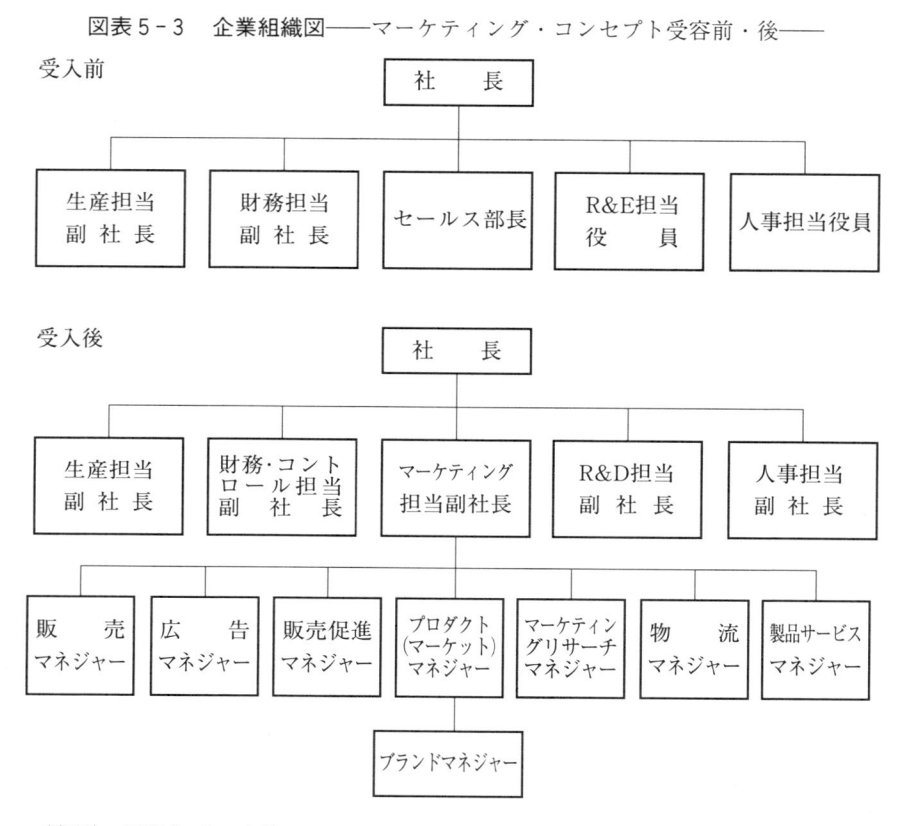

第5章 マーケティング・マネジメントの機能と構成内容

図表5-3 企業組織図——マーケティング・コンセプト受容前・後——

受入前

```
                           社　長
    ┌──────────┬──────────┼──────────┬──────────┐
 生産担当    財務担当   セールス部長  R&E担当    人事担当役員
 副社長      副社長                   役員
```

受入後

```
                           社　長
    ┌──────────┬──────────┼──────────┬──────────┐
 生産担当   財務・コント  マーケティング  R&D担当   人事担当
 副社長    ロール担当    担当副社長     副社長     副社長
           副社長
                           │
    ┌────┬────┬────┬────┬────┬────┐
  販売   広告   販売促進  プロダクト  マーケティング  物流   製品サービス
マネジャー マネジャー マネジャー (マーケット) グリサーチ マネジャー マネジャー
                          マネジャー  マネジャー
                              │
                         ブランドマネジャー
```

（資料）　図表3-3の文献, p. 48.

取引流通業者の活動や意思決定を調整するとともに同業他社や消費者との調整，コミュニケーションの充実を図っていかなければならない。

(4) マーケティング監査とコントロール

マーケティング・コントロール[5]は，以上の諸機能が一貫性をもって，かつ統合的に遂行されているか否か，また常に変化する市場の要請にしたがって諸資源，諸活動が適切に運用，実施されているか否かを評価し，フィードバックし，結果としてマネジメント機能およびマーケティング諸活動を改善・強化していくことである。

なお，評価においては，評価者，評価方法，評価項目，評価頻度の設定がま

ず基本となる。

(1) 久保村隆祐・荒川祐吉編『商業辞典』同文舘，昭和57年，274頁。
(2) 同書，同頁。
(3) 村田昭治教授が下記論文中で4つの機能を簡潔に要約しているので，本節ではそれを参照している。村田昭治「マーケティングとは何か」田内幸一・村田昭治編『現代マーケティングの基礎理論』同文舘，昭和56年，38―42頁。
(4) マーケティング組織については，第14章で詳述する。
(5) マーケティング・コントロールについては，第15章で詳述する。

第2節 マーケティング・マネジメントの構成内容

マーケティング・マネジメントの構成内容を説明するにあたっては，宇野政雄教授が提唱されるマーケティングのＡＢＣＤ理論がよく知られているところである。その概要は，以下の通りである[1]。

マーケティング・マネジメントの構成内容は**図表5-4**に示す通りであるが，これを以下に説明しよう。

まず，企業のマーケティング活動としては，顧客の需要を考えてのセールス前のビフォ（頭文字Ｂ）サービスとしての製品計画，マーチャンダイジングを検討し，セールス後のアフター（頭文字Ａ）サービスを配慮する。しかも，これらのサービスを伝達するコミュニケーション（頭文字Ｃ）としてのセールスを検討しなければならない。この場合，個々に，親しく直接的に伝達するパー

図表5-4 マーケティング・マネジメントの構成内容

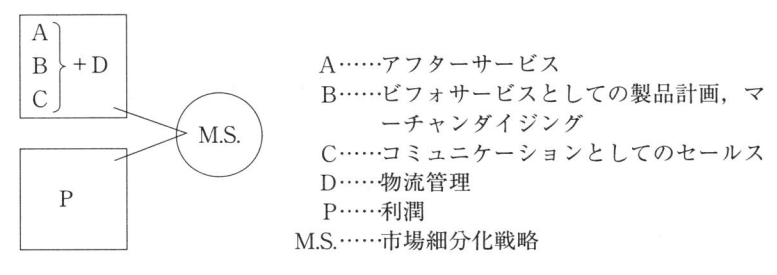

A……アフターサービス
B……ビフォサービスとしての製品計画，マーチャンダイジング
C……コミュニケーションとしてのセールス
D……物流管理
P……利潤
M.S.……市場細分化戦略

（資料）宇野政雄「マーケティングの理論と戦略」宇野政雄編著『最新マーケティング総論』実教出版，昭和60年，13頁。

第5章　マーケティング・マネジメントの機能と構成内容

ソナル・コミュニケーション担当がセールスマン活動（販売員活動）であり，画一的にある仲立ちを用いて，間接的に伝達するノン・パーソナル・コミュニケーション担当が広告活動である。

　以上のようにみてくると，企業のマーケティング活動はＡＢＣから成り立っているかのようであるが，厳密には，これは需要喚起であるにすぎない。需要喚起だけでなく，需要満足にまで至らなければ，消費者に歓迎されることにはならない。そのためには，消費者の欲しい時に，欲しい場所で利用できるように，輸送・保管の物的流通，ないし物流管理（physical distribution management, 略してＤ）に完璧を期さなければならない。このように，ＡＢＣ＋Ｄまで検討することで，その上手なマネジメントによって消費者に喜ばれながら，しかも利潤（profit, 頭文字Ｐ）をあげていくことで，企業としてもその存続・発展を期待することができる。

　かくして，企業のマーケティング活動はＡＢＣ＋Ｄから成り立っているが，この場合のＡＢＣが商流管理であり，Ｄが物流管理である。この商流管理，物流管理について，自社がどこまで自分でやっていくのかを検討することがマーケティング・マネジメントの研究である。たとえば，メーカーからみれば，商流の専門業者ともいうべき卸・小売商をいかに活用し，協力願うか，また，物流業者の輸送・保管業者などをいかに活用するか，といったことが考えられる。また，そのことは，卸売商や小売商，さらには消費者が消費生活協同組合の名において，同じような考え方でマーケティング・マネジメントの展開を図ることであってもよい。要は，これらの流通体系がひとつのシステムとして円滑かつ合理的に遂行できるようなシステムを形成していくことが肝要だということである。

　以上のように消費者，企業ともにプラスとなる方向を打ちだすマーケティングのＡＢＣＤをどのようにバランスよく構成するかを検討するにあたっては，その前提として，いかなる市場に奉仕するかの標的を明確にしなければならない。その研究は市場細分化（market segmentation, 頭文字 M. S.）戦略といわれるもので，企業のマーケティング活動としては，この戦略展開から出発するといってもよい。そのためには，市場調査の検討，消費者行動の正しい分析が必要なことはいうまでもない。

第5章 マーケティング・マネジメントの機能と構成内容

ところで、ソーシャル・マーケティングが提唱しているように、以上のようなマーケティング・マネジメント研究は、営利企業のみならず、非営利法人の業種とか教会、地方公共団体などでも適用されるべきことである。と同時に、ソーシャル・マーケティングが提唱するもうひとつの問題、すなわち、マーケティング・マネジメントとしては、購入してくれる消費者のことだけでなく、社会的配慮が要請されてくるという点をも考慮しなければならない。かりに、購入する消費者に、素晴らしい性能、デザイン、そして価格も手頃といったことで、ある自動車が歓迎され、そのことで、その自動車メーカーも発展していったとする。しかし、その排気ガスが空気を汚し、他の人々に悪影響を与えるとすれば、それはまずいことである。したがって、消費者にプラスで企業にもプラスというだけでは不充分で、社会的配慮をも考究したうえでのマーケティング・マネジメント研究が要請されてくる、ということである。その意味で、今日のマーケティング・マネジメント研究には、経済社会の立場を取り入れるだけでなく、広く社会生態（socio-ecological）システムへの配慮を取り入れながらの検討が求められてきている。

以上、宇野教授が提唱されるマーケティングのＡＢＣＤ理論に基づきながら、マーケティング・マネジメントの構成内容を説明してきたが、片山又一郎教授は、21世紀に向けてのマーケティングを考えるとき、さらにＥ，Ｆ，Ｇを加えることが必要だとされている[2]。すなわち、Ｅ＝エンバイロメント（環境）、Ｆ＝フェイム（名声）、Ｇ＝グローバル（世界的視野）である。あわせて、この点をも付記しておこう。

　(1) 詳しくは、宇野政雄「マーケティングの理論と戦略」宇野政雄編著『最新マーケティング総論』実教出版、昭和60年、11―15頁を参照されたい。
　(2) 詳しくは、片山又一郎「日本のマーケティング――宇野政雄教授のＡＢＣＤ理論を中心に――」早稲田大学大学院宇野研究室編『新時代のマーケティング理論と戦略方向』ぎょうせい、平成4年、11―12頁を参照されたい。

第6章　製品戦略

第1節　製品の概念

　製品（product）は，企業が利益を生み出す根元となり，これがなければ他の3つのP（place, promotion, およびprice）は存在しないわけであるから，いわゆる4Pのうちで最も重要な役割を果たす。しかし，製品の概念はかなり曖昧に使われており，単なる物的目的物だけを指すものではない。たとえば，我々が自動車を販売する場合，ある数のボルトやナット，シート，エンジン，ならびに4つのタイヤを売るのではないし，また消費者は，自動車の製造工程に関心を払っているわけでもない。実際に製品として販売されるものは，消費者によって求められている使用満足，利益あるいは便宜を提供するための能力である。したがって，「製品は，機能ならびに審美的特徴などに関係する物理的商品以上のものであり，そこには，アクセサリー，据え付け，使用明細，パッケージング，あるいはある種の心理的ニーズを満足させるブランド・ネーム，保証なども含められる[1]」。

　このようにみてくると，製品の概念はきわめて広いことがわかる。スタントン（Stanton, W. J.）によれば，製品とは，「欲求と満足を提供するものとして買手が受け入れるであろう触知可能あるいは不可能な属性（パッケージ，色彩，価格，製造者の名声，小売業者の名声，そして製造者と小売業者のサービスを含む）のひとつのセットである[2]」と定義される。また，マーケティング・マイオピア（経営者の近視眼）論で，日本のマーケティング界に強い衝撃を与えたレビット（Levitt, T.）は，製品という既成事実に固執して世の中の変化に立ち遅れた，「鉄道」や「馬車のムチ製造業」などの例を挙げたうえで，次のように述べている。すなわち，「売ろうとするものは，製品やサービスそのものだけではなく，どんな形で，いつ，どんな条件の下で，どんな取引条件で，製品や

第6章　製品戦略

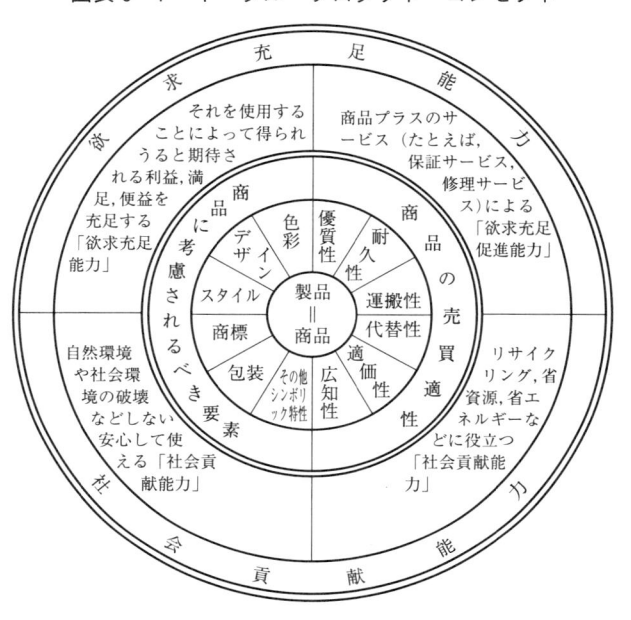

図表6-1　トータル・プロダクト・コンセプト

（同心円図：外側から「欲求充足能力」「社会貢献能力」の区分）

外円の要素：
- それを使用することによって得られうると期待される利益，満足，便益を充足する「欲求充足能力」
- 商品プラスのサービス（たとえば，保証サービス，修理サービス）による「欲求充足促進能力」
- 自然環境や社会環境の破壊などしない，安心して使える「社会貢献能力」
- リサイクリング，省資源，省エネルギーなどに役立つ「社会貢献能力」

中円：商品に考慮されるべき要素／商品の売買適正性

内円の要素：色彩，デザイン，スタイル，商標，包装，その他シンボリック特性，製品＝商品，優質性，耐久性，運搬性，代替性，広知性

（資料）　出牛正芳「製品戦略」田内幸一・村田昭治編『現代マーケティングの基礎理論』同文舘，昭和56年，200頁。

サービスが顧客に提供されるか，それらすべてが売り物なのである。いちばん重要なことは，会社が売ろうとするものが，売手によって決められるのではなく，買手によって決められる，という点である[3]」と。レビットによれば，製品という考え方が事業戦略的な観点から検討されている。

　そこで今少し，製品とは何かについて検討してみよう。

　製品は，使用者・消費者の手元に渡り使用・消費されることによって自らの価値を発揮しうるものであり，そのためには，製品それ自体が人間の物質的・精神的欲望を充足するものでなければならず，また社会利益に貢献するものでなければならない。したがって，**図表6-1**に示すように，製品は有形・無形のものより成り立っており，パッケージング，スタイル，色，サイズも，さらには保証などのサービスのような無形のものも含められ，欲求充足能力と社会貢献能力を考慮に入れたものでなければならない。

(1) 出牛正芳「製品戦略」田内幸一・村田昭治編『現代マーケティングの基礎理論』同文舘,昭56年,199頁。
(2) W. J. Stanton, *Fundamentals of Marketing*, 6th ed., McGraw-Hill, 1981, p. 161.
(3) 土岐坤訳『マーケティングの革新』ダイヤモンド社,昭和58年,60—61頁。(T. Levitt, *Innovation in Marketing*, McGraw-Hill, 1962.)

第2節　製品戦略

第1項　市場細分化

　製品戦略とは,「異なる製品を提供することによって,サービスを受けるであろう市場のニーズを明確にする[1]」ことである。製品戦略の重要な柱は,市場細分化(market segmentation)と製品差別化(product differentiation)であるが,まず,前者について検討してみよう。

　市場細分化とは,市場を何らかの基準で人為的に分割し,少なくともそのひとつをそれに適合する製品とマーケティング・プログラムをもって全面占拠することを意図した戦略である。この市場細分化の理論は,1965年(昭和40年)にスミス(Smith, W.)が先駆的な論文を発表して注目されたものである。それ以前には,多くの企業は生産志向(production oriented)であって,市場を単一で均質的なものとしか捉えてこなかった。そのような概念を市場総体化論(market aggregation)と称することができるが,そこでは,単一の製品と単一のマーケティング・プログラムを開発するだけで充分であった。しかし,消費者の価値観が多様化し,その欲求が複雑化してくると,ターゲットとしての市場は,単一のものとしては把握しきれないことがわかってきた。すなわち,生産志向ではなく需要志向(demand oriented)のアプローチが必要となってきたのである。したがって,市場細分化とは,「個々の細分化された市場のニーズに,製品戦略あるいはマーケット戦略を適合させることによる需要志向のアプローチである[2]」といってもよい。

　なお,市場細分化の基準として,コトラー(Kotler, P.)は**図表6-2**に示すような諸変数を挙げている。大別すれば,①地理的変数,②人口動態変数,③心

第6章 製品戦略

図表6-2 コトラーによる「市場細分化の変数」

細分化変数	おもな細分化市場
地理的変数	
地域	西海岸，山岳部，西北中央部，西南中央部，東北中央部，東南中央部，東海岸南部，東海岸中央部，ニューイングランド
郡の規模	A，B，C，D
市あるいは標準大都市統計地域（SMSA）	5,000人以下，5,000～19,999人，20,000～49,999人，50,000～99,999人，100,000～249,999人，250,000～499,999人，500,000～999,999人，1,000,000～3,999,999人，4,000,000人以上
人口密度	都市部，郊外地，地方
気候	北部，南部
人口動態変数	
年齢	6歳未満，6～11歳，12～19歳，20～34歳，35～49歳，50～64歳，65歳以上
性別	男性，女性
世帯規模	1～2人，3～4人，5人以上
ファミリー・ライフサイクル	若者独身，若者既婚子供なし，若者既婚末子6歳未満，若者既婚末子6歳以上，高年既婚子供あり，高年既婚18歳以下の子供なし，高年独身，その他
所得	3,000ドル未満，3,000～5,000ドル，5,000～7,000ドル，7,000～10,000ドル，10,000～15,000ドル，15,000～25,000ドル，25,000ドル以上
職業	専門職，技術職，管理職，経営幹部，経営者，事務職，販売職，職工，工場主任，作業員，農業，退職者，学生，主婦，失業者
教育	中学卒業以下，高校中退，高校卒，大学中退，大学卒
宗教	カソリック，プロテスタント，ユダヤ教，その他
人種	白人，黒人，東洋人
国籍	米国，英国，フランス，ドイツ，スカンジナビア，イタリア，ラテン・アメリカ，中東，日本
サイコグラフィック変数	
社会階層	下の下，下の上，中の下，中の上，上の下，上の上
ライフスタイル	平均型，遊興型，芸術家タイプ
パーソナリティ	強圧的，社交的，権威主義，野心的
行動変数	
購買状況	通常の状況，特別の状況
求めるベネフィット	経済性，便宜性，プレステージ
使用者タイプ	非使用者，過去の使用者，潜在使用者，初めての使用者，常時使用者
使用率	少量使用者，中量使用者，大量使用者
ロイヤルティ・タイプ	ノンロイヤル，中ロイヤル，高ロイヤル，完全ロイヤル
購買準備段階	未認知，認知，理解，関心，欲求，購買意図
マーケティング要因に対する感応度	品質，価格，サービス，広告，販売促進

（資料）　図表3-2の文献（訳書），352-353頁。

理的変数（サイコグラフィック変数），④行動変数，である。しかし，最近では，ライフ・ステージや意識特性などによって市場を分割する方法も確立されており，オリジナリティに富んだ細分化の試みがいろいろとなされている。

(1) S. C. Jain, *Marketing Planning and Strategy*, South Western Publishing, 1981, p. 25.
(2) 梅沢昌太郎「製品戦略」宇野政雄編著『最新マーケティング総論』実教出版，昭和60年，31頁。

第2項 製品差別化

製品戦略のもうひとつの重要な柱である製品差別化とは，その企業自らの製品を競争企業の製品とは異なったものとして消費者に知覚させ，選好をもたせることであり，生産物分化ともいわれる。近年は，非価格競争がマーケティングの概念として重要になっているが，製品差別化戦略が成功すると，「企業は自社の製品が競合他社の製品と区分して認識され，より良い評価を得るという，非価格的な条件のもとで競争をすることが可能になる[1]」。

製品差別化の方法としては，製品の品質や性能といった物的側面以外にも，パッケージとか保証条件あるいは付属サービスの提供といった方法がある。なかでもパッケージは，マーケティング・ミックスの5番目のPであるともいわれているほどの効果をもっている。そのほか，販売促進手段とくに広告宣伝を利用したイメージによる差別化の方法もある。

なお，製品差別化が有効な戦略となるには，以下に示すようないくつかの状況が必要である[2]。

① 製品が，単なる物理的機能を提供するというよりむしろ，心理的な消費者のニーズあるいは用途に応えなければならない状況（たとえば，化粧品，医薬品）。

② 消費者が製品の違いを評価すべき能力を欠いている状況。たとえば，購買頻度が高くない製品（耐久消費財）については，消費者は自身の経験からブランド間の相対的な長所について正確な判断をすることは困難であり，このときに製品差別化の可能性がある。

③ 製品が本来的に複雑で，多くの属性をもつために，消費者の評価が分かれるような状況（たとえば，自動車，ステレオ）。

第6章 製品戦略

　以上，本節では，製品戦略の重要な柱となる市場細分化および製品差別化の概要を把握してきたが，両者の相違についても簡潔に把握しておこう。
　まず，市場細分化とは，「市場を総体としてのマスとしてみないで，いろいろな構成要素に分解して標的市場を発見し，それに合わせた製品を開発し，マーケティング・ミックスを計画することである[3]」。なお，後述するプロダクト・ライフ・サイクル上の成熟期においては，市場細分化がマーケティング戦略上重要となる。これに対し，製品差別化とは，「ターゲットとされたマーケットで，競合他社の製品と異なる好意をもった目で生活者が自社製品を認識して，より有利な価格でより多く売るための，マーケティング上の戦略である[4]」。プロダクト・ライフ・サイクル上の成長期では，企業は競争企業とその市場の分け前をめぐって争わなければならず，したがってそこでは製品差別化がマーケティング戦略上重要となる。

(1) W. J. Stanton, *Fundamentals of Marketing*, 6th ed., McGraw-Hill, 1981, p. 181.
(2) 久保村隆祐・荒川祐吉編『商業辞典』同文舘，昭和57年，169頁。
(3) 梅沢昌太郎「製品戦略」宇野政雄編著『最新マーケティング総論』実教出版，昭和60年，33頁。
(4) 同論文，同頁。

第3節　製品戦略を実施する組織

　組織には，①構造（structure），②システムまたはプロセス，③人間（people），という3つの要素が存在する[1]。これら3つの要素は，有機的に関連し合うが，経営者の意思あるいは企業の規模，製品の数や市場規模などによって，その重点のおき方が異なってくる。また，既存製品，新製品のいずれをマーケティング・マネジメントするのかによって，その組織形態は異なってくる。
　製品戦略を実施する組織として，一般的には，以下のものを挙げることができる。
　まずは，製造，営業，財務，管理などの「機能別組織」である。
　しかし，製品の多様化と複雑化に伴い，新製品の開発や市場移行，既存製品の改廃などの評価と拡大に際して，機能別組織では製品戦略を充分には実行で

第6章 製品戦略

きない傾向が強くなっている。そこで，その欠点を補い，製品ごとの事業責任を明確にするために登場したのが「事業部組織」である。

ところが，事業部内部にも多様化された製品が存在し，製品全部にわたる状況を事業部長が1人で把握することは不可能である。その欠点を補うために登場したのが，「プロダクト・マネジャー組織」であり，「プロジェクト・チーム」である。なお，プロジェクト・チームは，本来，目的に合わせた一時的・臨時的組織であるから，どのような組織にも採用されるものである。

さらには，近年，市場の細分化がより複雑かつ精緻化してきており，製品―市場のマトリックスの側面が多様になっている。そこで，たとえば事業部組織とプロダクト・マネジャー組織を組み合わせるといったように，複数の組織にまたがる組織形態，すなわち「マトリックス組織」が必要になってきている。図表6-3は，マトリックス組織を例示したものである。

なお，既存製品の維持・拡大あるいは新製品の開発・販売・拡大などのどれに重点をおくかで，組織形態が異なってくる。図表6-4は，各組織における目的の重点をウェイトづけしたものである[2]。

図表6-3　マトリックス組織（プロダクト・マネジャー制度の場合）

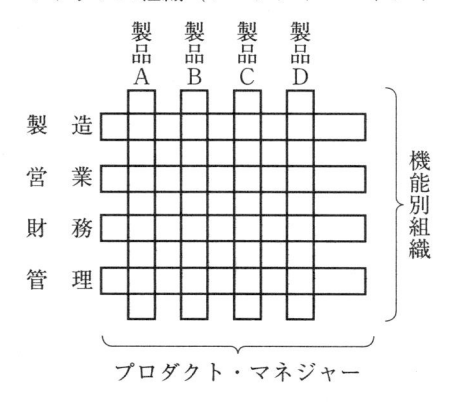

（資料）　梅沢昌太郎「製品戦略」宇野政雄編著『最新マーケティング総論』
　　　　実教出版，昭和60年，45頁。

第6章　製品戦略

図表6-4　組織と目的の重点のウェイト

	既存製品		新製品		
	維持	拡大	開発	販売	拡大
機能別組織	◎	○		○	
事業部組織	○	◎		○	
プロダクト・マネジャー組織	◎	○	◎	◎	◎
プロジェクト・チーム			◎	○	○
マトリックス組織		◎	○	◎	◎

（資料）　図表6-3の文献，44頁。

図表6-5　新製品開発のためのいくつかのアプローチ

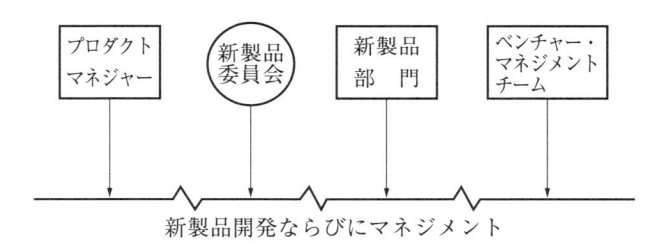

```
┌──────────┐  ┌──────┐  ┌──────┐  ┌──────────┐
│プロダクト│  │新製品│  │新製品│  │ベンチャー・│
│マネジャー│  │委員会│  │部　門│  │マネジメント│
│          │  │      │  │      │  │チーム      │
└────┬─────┘  └──┬───┘  └──┬───┘  └─────┬────┘
     ↓           ↓         ↓            ↓
─────────────────────────────────────────────
        新製品開発ならびにマネジメント
```

（資料）　図表6-1の文献，203頁。

　ところで，企業成長の鍵は新製品開発にあり，通常，企業は新製品なしには成長が難しいといわれている。しかし，新製品開発はきわめて困難であり，一説によると，全体的にみた場合，40％〜50％が失敗に終わっているという[3]。そこで，新製品の失敗をできるだけ最小限にくいとめるため，企業は，正式の製品開発手順を開発するとともに，専門の部門（departments）あるいは委員会（committee）が新製品開発過程を管理するために設けられる。その代表的な組織は，図表6-5にみる通りである。本図表中にみるプロダクト・マネジャー，ベンチャー・マネジメント・チーム（ベンチャー・チームとかプロジェクト・チームと称されるものである）については，先にも簡潔に触れたので，以下では，新製品委員会および新製品部門について概観していこう[4]。

　各部門の調整・統合を図るため，製品計画には，通常，種々の部門が参加する。すなわち，製品活動計画を調整し，責任を明確にする必要があるが，その

図表6-6　委員会の名称と構成メンバー

業　　種	委員会の名　　称	構成メンバー	備　　考
医薬品化粧品	商品委員会	企画部（企画課，推進課，宣伝課） 生産部（計画課，製品企画課，開発課） 技術部（中央研究所）	
医薬品化粧品	製品決定委員会	役員，企画課長，提案責任者	
医薬品化粧品	3種の委員会あり	学術部長，営業部長，研究部長，製品技術部長，工場長，生産部長，調整部長，ならびに各担当課長	
医薬品化粧品	製品企画委員会	開発，調査，販売企画，宣伝，営業などより委員を出し構成	アイディア段階は総合開発部，具体的段階は製品企画委員会
化　　学	開発委員会	委員長―社長 委　員―生産部長以下5名 　　　　営業部長以下5名	監事委員を随時任命
製　　菓	企画会議	社長，製造，販売，企画室，顧問	
製　　菓	製品計画委員会	常務，営業部長（各課長），製品計画室長または関係者，生産部長（課長），工場課長	その他必要に応じ関係者の出席を求める
繊　　維	新製品開発会　議	特務室，研究部，製造部，企画調査部，工務部，販売部	
窯　　業	新製品開発委員会	副社長，各工場長，研究所長，営業本部長，外国部長，内地販売部長，企画部長，商品設計部長，経理部長	それぞれに下部組織として専門部会を設ける
	研究開発企画委員会	研究所長，商品設計部長，内地販売部長，工場長，企画部長，施設部長，社長室長	
自 動 車	企画委員会	設計，企画，生産，経理の各部門	
木工機械	規格委員会	専務以下各部課長	専門委員会として ①工作委員会(課長,係長) ②管理委員会(課長,係長) ③技術委員会(課長,係長)

（資料）　図表6-1の文献，205頁。

ひとつが委員会システムである。

新製品委員会においては，新製品決定のため多数の者の協議が必要となる。それは新製品開発が複雑であるからにほかならないが，理想的には，製品決定をなす以前に，マーケティング，エンジニアリング，生産，および財務といった各領域から情報を入手すべきである。そのため，製品開発委員会または製品計画委員会を設置し，そこで製品計画機能を調整している。**図表6-6**に示すように，その名称は業種によって多少の相違はあるが，会社の製品計画に関する最高審議機関であることには変わりがない。また，委員会の構成メンバーは，製品計画に関係するあらゆる部課の者から構成されている。

なお，委員会システムは，各関係部門の者が集まる寄合世帯であるため，責任が不明確になったり，意思伝達が円滑でなかったり，決定するまでに時間がかかったりする場合があるので，その運営には充分の配慮が必要となる。

委員会に固有のこうした問題を打破するため，製品計画に関係ある主要機能領域のメンバーをもって構成する新製品部門を設けることも考えられる。理想的には，新製品部門のメンバーに選ばれた者は各機能領域にいる同僚と効果的に意思疎通を図っていかなければならない。なお，公式の新製品部門には権限と責任が委譲され，またそれは特定の個人に与えられている。

新製品部門の主要責任は，新製品目的とプログラムを勧告し，探索目的を計画し，新製品のコンセプトとアイデアを評価し，調査を調整し，また各部門のチームを指導することである。

なお，新製品開発のための組織で重要なことは，「①官僚的な雁字搦みの束縛から解放され，自由に働けるようにすること，②企業家的な雰囲気のなかで仕事ができるようにすること，③あらゆる機能領域から有能な人材が集められること，そして④新製品開発に関する広範な権限委譲とトップ・マネジメントと連繋がたもたれること[5]」である。新製品活動に成功している企業では，一般に，トップ・マネジメントが新製品戦略の策定と遂行の両者に直接的に関与しているケースが多い。

(1) C. M. Crawford, *New Product Management*, Irwin, 1983, p. 144.
(2) 以上は，梅沢昌太郎「製品戦略」宇野政雄編著『最新マーケティング総論』実教出版，昭和60年，44—47頁に負うところが大きい。

(3) 新製品失敗の理由は，市場ニーズの無視あるいは軽視にあるといわれている。したがって，新製品を成功に導くためには，消費者ニーズの完全な理解が必要である。
(4) 以下は，出牛正芳「製品戦略」田内幸一・村田昭治編『現代マーケティングの基礎理論』同文舘，昭和56年，204—207頁に負うところが大きい。
(5) 同論文，209頁。

第4節　新製品開発

　企業は，その順調な成長を確保するためには，既存製品のみに依存することはできない。すなわち，困難な問題ではあるが，市場の諸条件とその動向に適合した，製品改良ないし新製品開発をたえず組織的に実施していかなければならない。それは，時代の要請でもある。顧客は新製品や改良製品を欲し，また期待している。競争他社は，それらの製品を提供するためにベストを尽くしている。
　ところで，新製品開発の目標は，いかなる点に求められるのであろうか。それを箇条書にすると，以下の通りとなる[1]。
① 顧客の関心を呼び，売上高を増加することによって，市場占有率を維持あるいは拡大すること。
② 遊休生産能力ないし遊休販売能力を利用すること。
③ 企業の製品や製品ライン[2]の競争的地位を維持あるいは強化すること。
④ 季節変動や長期的変動の影響を減少させるために，製品ラインの多様化を行うこと。
⑤ 飽和もしくは衰退期に入ったため，または競争のため，利益をあげなくなった製品に代わるべき新製品を追加すること。

　以上のような諸目標の基礎にある中心的課題は，消費者の欲求と技術的発展の動向とを踏まえて，新製品の開発と市場導入を効果的に行うところにある。
　なお，新製品といっても，内容的にはさまざまなものが含まれている。コトラーによれば，新製品とは，独創的な製品，製品改良，製品の部分修正，および新ブランドを意味する[3]。また，オルダーソン（Alderson, W.）らは，「ある新製品の新しさの程度は，その製品の使用によって，どれほど大きな調整が

第6章　製品戦略

（消費者の）慣習的な行動パターンにもたらされるかに依存している[4]」と述べているが，このような点にも充分配慮しなければならない。

ところで，企業の内部的プロセスとしての新製品開発は，以下のような6つの段階を通じて進められる。

① 探索段階：企業目的に適合する製品アイデアの探索。
② 選別段階：アイデアの選別。
③ 事業分析段階：アイデアがもつ事業機会の分析。
④ 開発段階：紙上のアイデアを現実の製品に転化。
⑤ 市場テスト段階：市場実験ないし試販。
⑥ 市場導入段階：製品の本格的な生産と販売。

しかし，以上のような段階をすべて通過した新製品でさえ，それが商業的に成功する確率はきわめて低い。とくに，最後の市場導入段階は，これを誤るとそれまでに投入した資金と努力が水泡に帰してしまうという意味で，きわめて重要かつ危険な段階である。市場導入段階では，導入の時期や導入のためのマーケティング・ミックスの決定などが重要となる。

なお，新製品の評価に際しては，そのアイデアないし製品が企業の状態や市場的条件に適合しているか否かを，総合的に検討しなければならない。そのためのチェック・リストとしては，たとえば，以下のようなものを挙げることができる[5]。

① 既存の需要が存在するか。
② 需要は将来とも増加し続けるであろうか。
③ 既存製品の売上にどのような効果をもたらすであろうか。
④ それは競争力のある価格で販売できるであろうか。
⑤ それは既存の販売経路を通じて販売できるであろうか。
⑥ 既存の生産設備が利用できるであろうか。
⑦ 従来の原材料が利用できるであろうか。
⑧ 従来の人員で生産可能であろうか。

　(1)　三浦信「製品管理」三浦信・来住元朗・市川貢『新版マーケティング』ミネルヴァ書房，平成3年，164頁。
　(2)　製品ラインとは，企業が生産・販売する製品のなかで，物理的特性，用途，顧客層，

販売経路などのうちいずれかを同じくするグループを指す。たとえば，ハンマー，カンナ，ノコギリは大工道具という製品ラインを形成する。さらに，それはハンマー・ライン，カンナ・ラインといった下位ラインに分けることも可能である。以上，久保村隆祐・荒川祐吉編『商業辞典』同文舘，昭和57年，171頁参照。
(3) 宮澤永光・十合眈・浦郷義郎訳『マーケティング・エッセンシャルズ』東海大学出版会，昭和61年，264頁。(P. Kotler, *Marketing Essentials*, Prentice-Hall, 1984.)
(4) W. Alderson & M. H. Halbert, *Men, Motives, and Markets*, Prentice-Hall, 1968, p. 53.
(5) 詳しくは，三浦信，前掲論文，166—169頁を参照されたい。

第5節　製品のライフ・サイクル

第1項　製品ライフ・サイクルの段階と特徴

　一度，製品が開発され市場に導入されたならば，製品のライフ・サイクルに入る。人間の寿命と同じように，製品は成長し，成熟し，ついには市場から姿を消す。製品ライフ・サイクル（product life cycle，略称PLC）とは，すなわち製品の市場における寿命を指す。PLC概念は，結果論的な色彩が強く，現実にビジネスに従事している人々からの批判も多くある。しかし，製品の成長と発展を検討するための概念的基盤として役立ち，製品戦略を確立する基本的なフィロソフィとなる。

　さて，PLCは，一般に，**図表6-7**で示すような曲線を描く。しかし，すべての製品が，本図表にみられるように誕生から消滅まで順調な歩みをみせるわけではない。むしろ多くの製品は導入段階で姿を消し，またファッド商品（流行品）のようなある種の商品には，数週間で全サイクルを経過するものもある。また，PLCの時間の長さは，製品により異なる。たとえば，酒類や食品のように数千年の歴史のなかで生き抜いてきた製品も存在する。

　図表6-8は，PLCの段階区分例を示したものであるが，PLCの段階は，一般に4段階または5段階に区分できる。しかし，ときにより3段階とか6段階などに区分することもある。PLCの各段階ごとに，消費者のニーズ，知識，選好の状態，競争の性質，市場構造，技術，あるいは生産の状態は異なり，したがって，展開されるマーケティング戦略の内容も各段階別に異なってくる。

第6章 製品戦略

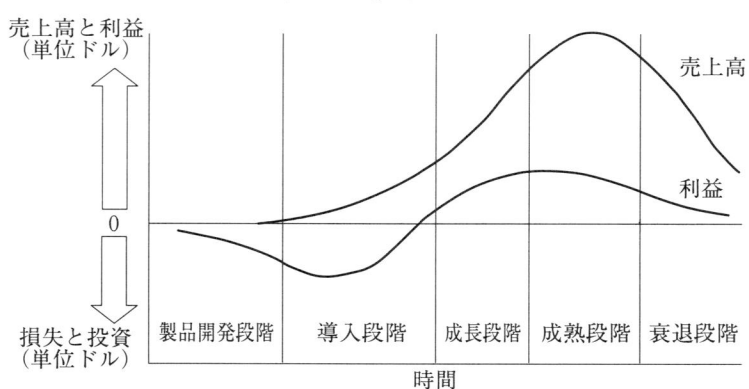

図表6-7 製品の一般的ライフ・サイクル

売上高と利益
（単位ドル）
↑
0
↓
損失と投資
（単位ドル）

| 製品開発段階 | 導入段階 | 成長段階 | 成熟段階 | 衰退段階 |

売上高
利益
時間

（資料） 宮澤永光・十合晥・浦郷義郎訳『マーケティング・エッセンシャルズ』東海大学出版会，昭和61年，274頁。（P. Kotler, *Marketing Essentials*, Prentice-Hall, 1984.）

図表6-8 PLCの段階区分例

3段階説＊	4段階説	5段階説
開 拓 期	導入期（開拓期，紹介期，誕生期）	開 拓 期
競 争 期	成長期（競争期，跳躍期）	
	┌前　期	成 長 期
	└後　期	
維 持 期	成熟期（維持期，飽和期）	競 争 期
	┌前　期	
	└後　期	成 熟 期
	減少期（減退期，消滅期，衰退期）	減 少 期

＊　3段階説は，従来広告の分野で用いられてきたもので，各段階それぞれの広告を開拓広告，競争広告，維持広告と呼んできた。

（注）　4段階説と5段階説は，論者によりいずれかが採用されるが，ときにより同一論者が，この両者を用いていることもある。

（資料）　図表6-1の文献，219頁。

ここでは4段階説を採用し，以下に，各段階の特質とそこにおいて展開されるマーケティング戦略の内容を概観しておこう。

第6章 製品戦略

(1) 導入期 (introduction stage)

製品が市場に導入されるにつれて,売上高がゆっくり増大する期間である。この段階では先行投資額が大きいため,利益はマイナスか,またはかなり低い。

製品の価格は,成熟期よりしばしば高い。生産量が少なく,潜在顧客に新製品を知らせ,また充分な販路を確保するため販売店に高マージンが必要となることなどから,プロモーション費やその他のマーケティング・コストが高くなるからである。したがって,適切な当初価格水準の設定がポイントとなる。

またこの段階では,一般に選択的需要(特定メーカーや特定ブランドに対する需要)よりもむしろ基本的需要(たとえば,特定メーカーや特定ブランドのテレビに対する需要ではなく,テレビそれ自体に対する需要)を刺激するため,種々のプロモーションが採用される。この場合は,新製品の存在,用途,利点などについて潜在顧客に情報を与える。

また企業は,製品が適正であることを確かめるため種々の調査が必要となる。技術革新が複雑で費用のかかるものであるなら,新製品が普及していく過程において,初期採用者が新製品の効果的デモンストレーターとして役立つよう働きかけることが必要となる。

さらに,導入期の間に,各企業はPLCの成長期以降における諸活動に重要な役割を果たすイメージの確立を行う必要がある。

ともあれ,導入期においては,潜在顧客や取扱業者にその製品を広く,かつよく知らせることがマーケティング戦略上のポイントとなる。

(2) 成長期 (growth stage)

急速に市場に受け入れられ,利益が増大する期間である。売上が伸びるため単位当たり利益は最高となり,新しい競争企業が機会の魅力にひかれて,市場に参入し始める。

需要が増大するので,価格は現状のままか,成熟期に近づくにつれ多少下落する。

この段階では,製品は知らせることから説得すること,すなわち,競争製品との間で自社ブランド品の利点を強調することに変わってくる。つまり,製品差別化戦略の展開がポイントとなる。

また,成熟期に近づくにつれ,市場は通常飽和状態への傾向をみせ始めるが,

飽和点に達する以前に，いかなる行動が成長期を拡大しうるかを知るため，企業は慎重に市場を検討する必要がある。このため，品質の改良，新モデルや新特徴の追加，新市場の探索，新販路の開拓，広告による選好の確立，価格引下げ，といった，市場の拡大と競争企業の増加に対応する多様なマーケティング戦略が必要となる。

(3) 成熟期（maturity stage）

潜在顧客の大半がその製品を購入してしまったために，売上高の増加がスローダウンする期間である。競争企業は，さらに増加する。そして，競争企業からその製品を防衛するために支出が増えるので，単位当たり利益は低下する。しかし，コストダウンとスケールメリットによって，総利益は最大となる。

価格は安定する。

この段階では，企業間の相互依存関係は強まり，また消費者の選好も生産者側の技術も安定する。また，製品の基本的差異はみられなくなる。したがって，利益や売上に対するマーケティング戦略の効果は相対的に低下する。そのような状態のなかでは，製品多様化戦略と市場細分化戦略が有力な戦略となる。

図表6-9　製品のライフ・サイクル：特徴と反応

	導入期	成長期	成熟期	衰退期
各段階の特徴				
売上高	低い	急成長	低成長	低下
利益	ほとんどなし	ピークに到達	低下	低いかゼロ
顧客	革新者	大衆	大衆	のろま
競合企業	ほとんどなし	増加中	多い	減少中
企業の反応				
戦略の焦点	市場拡大	市場浸透	シェア維持	生産性
マーケティング支出	高い	高い	低下中	低い
マーケティングの重点	製品認知	ブランド選好	ブランド・ロイヤルティ	選択的
流通チャネル	未整備	集約的	集約的	選択的
価格	高い	やや低い	最低	上昇中
製品	基礎開発	改良	差別的	合理的

（資料）　P. Doyle, "The Realities of the Product Life Cycle", *Quarterly Review of Marketing*, Summer, 1976. p. 5.

第6章 製品戦略

(4) 衰退期 (declin stage)

売上高が急激に下降する傾向を示し，利益が減少する期間である。競争企業の参入は急速に衰える。ただし，競争企業が去り独占的な市場が確保されると，「生き残り」企業としての利益を得ることができる。

価格は最低価格水準に落ちる。

この段階では，製品の特異性もほとんどなくなっているので，広告費支出は縮小し，価格競争やサービス競争を中心とする方策が広く採用される。そして，その製品についての撤退を含む戦略枠組の再検討が課題となる。

以上，PLCの4つの段階についての概説を行ってきたが，図表6-9は，各段階の主要な特徴と各段階における企業のマーケティング反応を示したものである。

第2項 製品ライフ・サイクルの延命策

あらゆる製品の寿命には限りがあり，経営者が適切な行動をとらなければ，結局は市場から姿を消すことになる。現実の企業行動としては，企業は，その製品が成熟期あるいは衰退期に達したと思ったとき，その廃棄は行わないで，効果的マーケティング戦略，すなわちリポジショニングを通じて，その製品の寿命の延長を図ろうとする[1]。

図表6-10は，新しい用途・使用者・製品特性を見出だすことによって，PLCのパターンを変えていくことを例示したものである。たとえば，ジョンソン・アンド・ジョンソン社は，育児用シャンプー・リポジショニングで成功し，近年では，これを乳幼児に対するだけでなく，頬の保護，脚部そり，洗顔，全身マッサージにも用いられるベビー・ローションとして推奨しているという。このように，リポジショニングはPLCの成長期に製品を再参入させうる。

また，図表6-11は，PLCの継続的延命策（リポジショニング）を例示したものである。リサイクルA，B，C，およびDは，リポジションにより製品寿命を延ばしていくことを例示している。しかし，いかなる延命策を講じても市場で受け入れられなくなったとき，その製品は市場から姿を消す。したがって，姿を消す以前に新しい製品を市場に紹介する努力が払われなければならない。

[1] 以下は，出牛正芳「製品戦略」田内幸一・村田昭治編『現代マーケティングの基礎

第6章 製品戦略

図表6-10　PLCのパターン変更

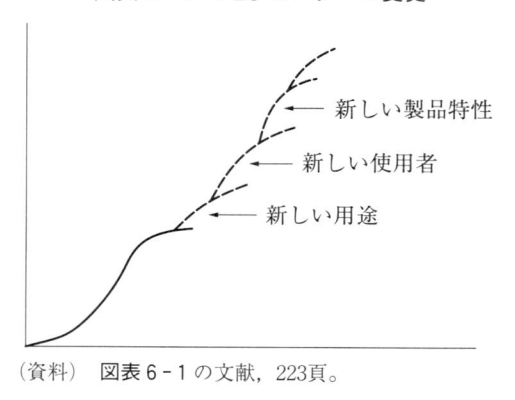

　　　　　　　　　← 新しい製品特性
　　　　　　　　　← 新しい使用者
　　　　　　　　　← 新しい用途

（資料）　図表6-1の文献，223頁。

図表6-11　PLCの継続的延命策

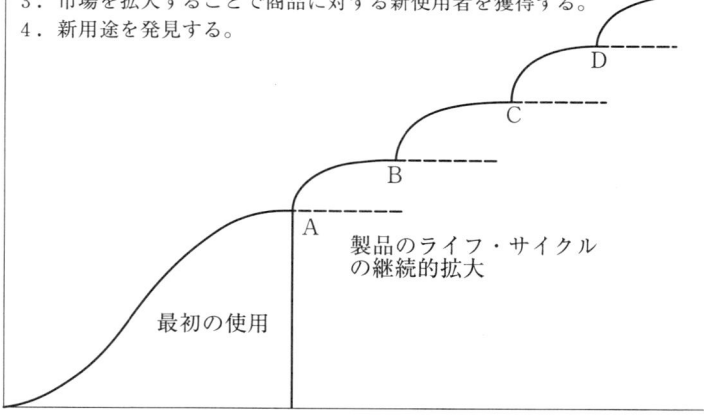

1．現在の使用者に商品の使用頻度・購入頻度を高めさせる。
2．現在の使用者に商品の新使用法を教える。
3．市場を拡大することで商品に対する新使用者を獲得する。
4．新用途を発見する。

A，B，C，D
製品のライフ・サイクルの継続的拡大
最初の使用

（資料）　図表6-10に同じ。

理論』同文舘，昭和56年，222—224頁を参考にしている。

第3項　プロダクト・ミックスの製品ライフ・サイクル

以上でみてきたように，ある製品のライフ・サイクルは無限ではなく，いかに継続的延命策を講じようと，いずれは市場から姿を消す。したがって，企業

第 6 章　製　品　戦　略

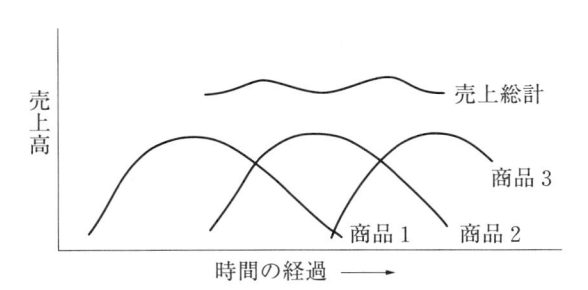

図表 6-12　プロダクト・ミックスの PLC

（資料）　図表 6-1 の文献，224頁。

はその成長・発展のために，既存製品の改良・改善，新製品の開発，あるいは既存製品の削除，といった製品ラインや製品アイテムの検討を常に加え，適切な製品構成を維持していかなければならない。

　図表 6-12は，プロダクト・ミックスの PLC を示したものである。プロダクト・ミックスとは，「企業によって販売に提供される製品構成」とか，「特定の売手が買手に提供するすべての製品ラインと製品アイテムの集合」と定義できる概念である[1]。本図表からもわかるように，それぞれの製品は，企業の売上総計が，一定水準以上であるか，あるいは企業の目標を達成するように導入されるべきである。

　⑴　久保村隆祐・荒川祐吉編『商業辞典』同文舘，昭和57年，257頁。

第7章　流通チャネル戦略[1]

第1節　流通チャネルの概念と類型

第1項　流通チャネルの概念

　チャネル（channel）とは何か。チャネルとは，「運河」を意味するカナル（canal）と同じ語源から生まれた用語で，「道筋」ないしは「経路」を意味する。ここで考察の対象としているのは，いうまでもなく，生産者から消費者に至る商品の流れの「経路」についてであるが，通常，それは商品の所有権移転の経路として把握される。

　しかし，生産者から消費者に至る商品の流れの経路には，もうひとつの側面がある。すなわち，商品それ自体の移転経路である。そこでの活動には，輸送，保管，荷役，荷造・包装，在庫管理，受注処理が含まれ，これらの活動を一般に物的流通（physical distribution）または物流と総称する。物流の諸活動は，図表7-1に示すように，個々ばらばらではなく，システムとして統合される必要がある。本図表からも明らかなように，物流システムの達成目標は，全体としてマーケティング戦略，マーケティング計画によって，対顧客サービスの水準の形で与えられる。なお，物流とは，企業のマーケティングの一機能として捉えた場合に，「製造業者から消費者まで製品自体を移動することにかかわる諸活動である[2]」と定義することができる。また，物流はロジスティックス（logistics）の一環をなす。ロジスティックスは，物流とともに資材調達活動を包含する概念である。

　なお，商品それ自体の移転経路は，一般のチャネル概念とは別に，「物的流通チャネル」として把握されるのが通例である。商品の所有権移転の経路と物的流通経路は，かつてはほぼ一致していたが，最近では，必ずしも一致しない

第7章　流通チャネル戦略

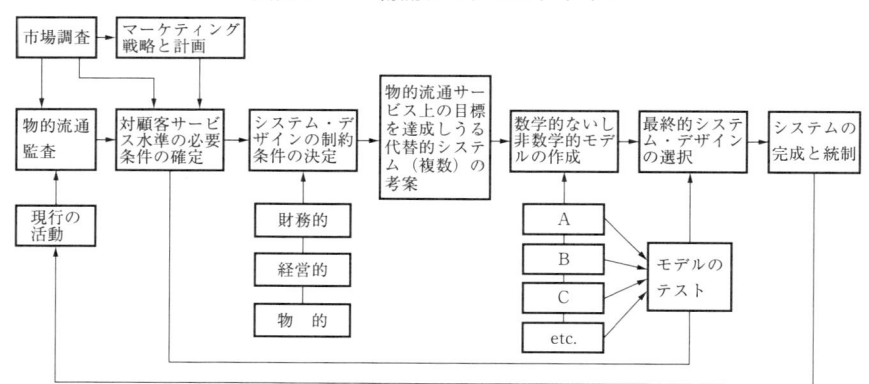

図表7-1　物流システムのデザイン

(資料)　W. B. Saunders, "Designing a Distribution System", *Distritbution Age*, Vol. 64, No. 1, 1965, pp. 32-33.

ことが多くなってきている。

　ところで，商品の所有権の移転経路として把握されるチャネル概念は，大きくは，社会経済的視点からみるマクロ的チャネル概念と，個別企業的視点からみるミクロ的チャネル概念に分けられる。

　まず，チャネルをマクロ的視点から捉えれば，それは流通機構（structure of distribution）を意味している場合が多い。コンバース（Converse, P. D.）は，「取引チャネルとは，商品が生産者から消費者へ移転する経路であって，それは商品の流通を取り扱う配給機関によって形成されている[3]」としているが，これは社会経済的な流通機構を意味している。

　一方，チャネルをミクロ的視点から捉えれば，それはマーケティング・チャネル（marketing channel）になる。マーケティング・チャネルは，商品が生産者から消費者に至るまでのひとつの具体的流通ルートを，生産者の視点からみた概念である。ハワード（Howard, J. A.）は，マーケティング・チャネルとは，「生産者である販売者が自社商品を最終使用者に流すための販売代理店の組合わせである[4]」としているが，これはミクロ的なチャネル概念を意味している。

　なお，一般的には，流通チャネル（channel of distrinbution, distribution channel）は，マーケティング・チャネル，取引チャネル（trade channel）と同義と解されている。AMA（アメリカマーケティング協会）の定義によれば，流通

第7章　流通チャネル戦略

チャネルとは，「商品，製品またはサービスがそれを通じて市場に出される，卸売および小売の，社内組織諸単位，ならびに社外代理店およびディーラーの機構である[5]」とされている。

(1) 本章は，拙稿「流通チャネル戦略」宇野政雄編著『最新マーケティング総論』実教出版，昭和60年を加筆修正し，再編成したものである。
(2) 宮澤永光「物流戦略」田内幸一・村田昭治編『現代マーケティングの基礎理論』同文舘，昭和56年，267頁。
(3) P. D. Converse & others, *The Elements of Marketing*, 6th ed., Prentice-Hall, 1958, p. 119.
(4) J. A. Howard, *Marketing Management : Analysis and Planning*, Irwin, 1957, p. 179.
(5) 日本マーケティング協会訳『マーケティング定義集』日本マーケティング協会，昭和38年，23頁。(American Marketing Association, *Marketing Definitions : A Glossary of Marketing Terms*, AMA, 1960.)

第2項　流通チャネルの類型

流通チャネルは，チャネル段階の数によって特徴づけることができる。すなわち，チャネルにおける段階の数が，その長さを規定することになる。

今，生産者をM，卸売商をW（1次卸売商W_1，2次卸売商W_2），小売商をR，消費者をCで表わせば，生産者段階から消費者段階までのチャネルのパターンは，基本的には以下のように表わすことができる。

① M——————————————C
② M————————————R——C
③ M——W————————R——C
④ M——W_1——W_2——R——C

最も短い流通チャネルは①の場合であるが，たとえば，化粧品メーカーの個別訪問販売方式がこれに該当する。②の場合は，中間業者の段階がひとつ存在する。消費財市場においては，それは一般に小売商であり，生産財市場においては，販売代理店またはブローカーである場合が多い。③の場合は，2つの中間業者の段階が介在する。消費財市場においては，それらは一般に卸売商と小売商であり，生産財市場においては，販売代理店と卸売商とで構成されることが多い。④の場合は，3つの中間業者の段階が介在する。たとえば，精肉業界においてその事例を見出せるが，そこでは，通常，1次卸売商と小売商との

間に2次卸売商（仲買商人）が介在する。なお，④の場合よりも多くの段階からなる流通チャネルも存在するが，一般的ではない。

第2節　流通チャネルの決定要因

流通チャネルの決定にあたって考慮すべき要因としては，コトラー（Kotler, P.）によれば，①顧客特性，②製品特性，③中間業者特性，④競争他社特性，⑤企業特性，⑥環境特性を挙げることができる[1]。これらの諸要因が，流通チャネルの決定にいかに関連するか検討してみよう。

(1) **顧客特性**

チャネル設計は，顧客特性によって大きく影響される。すなわち，顧客の数の多少，規模の大小，地理的分布密度の大小などがチャネルの長短に影響を与える。たとえば，最終顧客が少量の商品を頻繁に購入するようなところでは，チャネルは長く設定されよう。

(2) **製品特性**

製品特性もチャネル設計に影響を与える。たとえば，製品の技術度，アフターサービスの必要度，腐敗性・破損性，製品単価，グロス・マージンなどが大である場合には，チャネルは短くなる。

(3) **中間業者特性**

チャネル設計にあたっては，種々の業務を遂行する際に，異なった類型の中間業者の長所と短所を考慮に入れなければならない。すなわち，販売業者の有無とともに，その販売能力，資金力などがチャネルとしての中間業者選定要因として考慮される。

(4) **競争他社特性**

生産者のチャネル設計は，競争他社が利用するチャネルによって影響を受ける。たとえば，競争他社のチャネル政策，とりわけ系列化政策が強力にとられている場合には，自社のチャネル政策は大きな影響を受ける。競争他社のチャネル管理が強力な場合も同様である。

(5) **企業特性**

企業特性は，チャネル選択において重要な役割を果たす。すなわち，その企

業の規模，資金力，およびプロダクト・ミックスが大きな影響を与える。

(6) 環境特性

チャネル設計はさらに，環境諸要因によっても影響を受ける。たとえば，経済状況が後退しているようなところでは，生産者は，最終顧客に最も費用のかからない方法で，自社製品を市場に導入しようとする。また，法的規制・制約もチャネル設計に影響を与える。

(1) 詳しくは，P. Kotler, *Marketing Management*, 4th ed., Prentice-Hall, 1980, pp. 431-433（稲川和男・浦郷義郎・宮澤永光訳『続マーケティング・マネジメント』東海大学出版会，昭和55年，63—65頁）を参照されたい。

第3節　チャネル政策の主体と体系

第1項　チャネル政策の主体

1957年（昭和32年），オルダーソン（Alderson, W.）がチャネルを「組織された行動システム」として理解して以来，多くの研究者によってチャネルもひとつのシステムであると理解され，今日では，チャネルのシステム性は広く認められている。そして，チャネルもひとつのシステムとして理解するという考え方から，新しい概念がいくつか生まれてきたが，そのひとつが「チャネル・キャプテン」（channel captain）という概念である。チャネルがひとつのシステムである以上，システム全体を設計し，運営し，管理する責任者が必要とされるが，その責任者を，チャネル論では，チャネル・キャプテンと称している。なお，このチャネル・キャプテンは，チャネル・リーダー（channel leader）もしくはチャネル・アドミニストレーター（channel administrator）またはチャネル・コマンダー（channel commander）とも称されている。

さて，問題は，誰がチャネル・システムのリーダーシップをとるかである。理論的には生産者，卸売商，小売商，および消費者のいずれがチャネル・キャプテンになってもさしつかえないし，場合によっては，公的機関がチャネル・キャプテンになる場合もあろう。以下，それぞれのケースを概観しよう[1]。

(1) 生産者がチャネル・キャプテンの場合

寡占メーカーの供給するナショナル・ブランド（national brand）[2]商品の場合がこれに該当する。たとえば，家電品，有名ブランド化粧品，自動車などがそうである。

家電品の流通は，一般にそれを生産したメーカーによって組織化され，それはしばしば「メーカー系列化組織」の形態をとる。卸売段階は，メーカーによって選別された業者が代理店化され，小売段階では，これら卸売業者と密接な関係をもつ企業群が選ばれて特約店となる[3]。なお，卸売段階は現実にはメーカーの別機関たる販売会社，商事会社が該当するケースが多い。有名ブランド化粧品の場合も，家電品の場合に類似する。自動車の場合は，卸売段階と小売段階が合体し，メーカーの販売会社や専売権（franchise）を得た販売店が製品を流通させる。

こうした諸般の形態における組織化のもとで，トータル・フローの統合はもっぱらメーカーが担当する。

なお，寡占メーカーがチャネル・キャプテンの場合，その経路運営は，**図表7-2**に示すような4つの手順を踏むことになるといわれている[4]。すなわち，①経路運営に関する目標の設定→②チャネル・キャプテンの経路統率力の強化と発揮→③経路内衝突の管理→④経路構成員の意欲喚起，という手順である。

いわゆる販売店援助（ディーラー・ヘルプス）は上記の各手順に関わりをもち，経路運営活動のなかで大きな部分を占めている。ディーラー・ヘルプスの内容については次章でも触れるが，要約すれば以下の3つになる[5]。

① 割引き，リベート，プレミアムなど，販売店を刺激して，その自社製品仕入高を増加させる諸活動。

② 店頭広告資材の提供，共同広告，販売員の派遣，販売店やその店員の教育・訓練など，販売店の自社製品販売活動を援助する諸活動（狭義のディーラー・ヘルプス）。

③ 経営全般の指導，出資，役員派遣など，販売店と自社との一体化を図る諸活動。

以上①〜③のうち，①は最も古くから行われていたが，寡占メーカーの経路

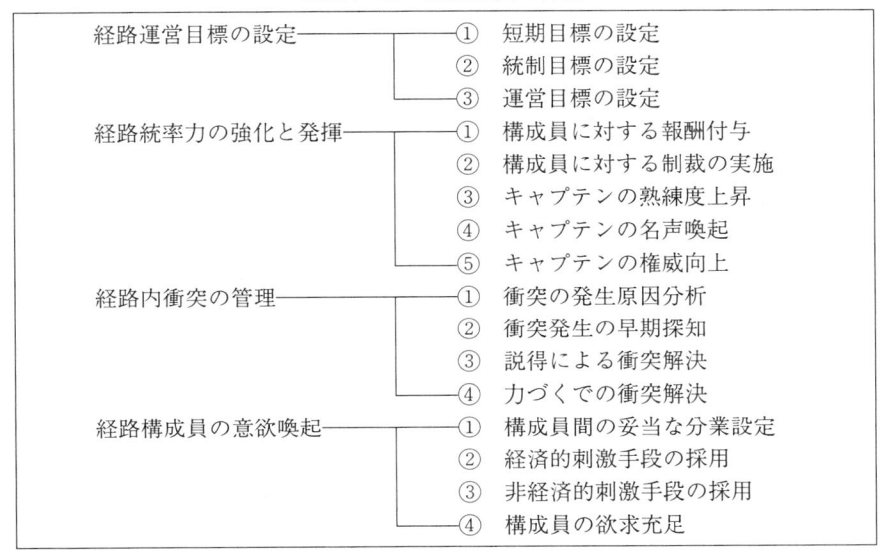

図表7-2　経路運営の体系

```
経路運営目標の設定 ──────── ① 短期目標の設定
                          ② 統制目標の設定
                          ③ 運営目標の設定
経路統率力の強化と発揮 ───── ① 構成員に対する報酬付与
                          ② 構成員に対する制裁の実施
                          ③ キャプテンの熟練度上昇
                          ④ キャプテンの名声喚起
                          ⑤ キャプテンの権威向上
経路内衝突の管理 ─────────── ① 衝突の発生原因分析
                          ② 衝突発生の早期探知
                          ③ 説得による衝突解決
                          ④ 力づくでの衝突解決
経路構成員の意欲喚起 ─────── ① 構成員間の妥当な分業設定
                          ② 経済的刺激手段の採用
                          ③ 非経済的刺激手段の採用
                          ④ 構成員の欲求充足
```

（資料）　江尻弘『マーケティング思想論』中央経済社，平成3年，153頁。

支配の進展と垂直的マーケティング・システムの形成は②，③に属する諸活動の重要性の増大と高度化を推進している。

(2) **卸売商がチャネル・キャプテンの場合**

書籍・雑誌，家内工業的生産の繊維品，地方の特産物，小規模メーカーによる加工食品などがこれに該当する。書籍・雑誌の出版元はときとして巨大な企業であるが，チャネル・システムの実質的なリーダーシップはいわゆる取次店（卸売段階）が発揮している。家内工業的生産の繊維品，地方の特産物，小規模メーカーによる加工食品の場合も，卸売商が全体のフローをとりまとめる。

(3) **小売商がチャネル・キャプテンの場合**

例は少ないが，大規模小売業たる百貨店，量販店チェーン本部，ボランタリー・チェーン[6]本部などが自ら商品を開発し，その商品にプライベート・ブランド（private brand）[7]を付与して販売する場合がこれに該当する。

(4) **消費者がチャネル・キャプテンの場合**

これも例は限定されるが，消費生活協同組合が自ら製品を計画し，クミア

イ・ブランドを設定してメーカーに製造を依頼する場合，このパターンが発生する。

(5) 国・地方自治体がチャネル・キャプテンの場合

ガス，水道，電力などのいわゆる公益事業の生産物がその典型である。この場合，チャネル・キャプテンは，国や地方自治体である。

- (1) 以下は，清水滋『マーケティング機能論』税務経理協会，昭和55年，148—149頁に負うところが大きい。
- (2) メーカーが自らの製品に付与する商標のことである。全国的に単一のブランドで売られるところから，このように呼ばれる。
- (3) もっとも，近年は，家電量販店や大手ディスカウントストアの発展により，こうした形態も形骸化しつつある。
- (4) 江尻弘『マーケティング思想論』中央経済社，平成3年，152頁。
- (5) 市川貢「流通管理」三浦信・来住元朗・市川貢『新版マーケティング』ミネルヴァ書房，平成3年，212頁。
- (6) 独立の小売商が大規模小売業とくに連鎖店に対抗し，自主的に協力して結成する組織体である。ボランタリー・チェーンには卸売商主宰と小売商主宰の2つの形態があるが，最近では，卸・小売共宰ともいうべき形態も現われている。
- (7) 流通業者が自らの商品に独自に付与する商標のことである。ストア・ブランドともいい，卸売業者や小売店がメーカー・加工業者に製造を依頼した商品，あるいは自ら加工した商品に付与される。

第2項 メーカーのチャネル政策

以上概観してきたように，チャネル・システムのリーダーシップは誰が発揮してもいいのであるが，現状のマーケティング論においては，チャネル・キャプテンの座はメーカー，とりわけ現代的大量生産体制を築き，市場支配力を有する寡占メーカーが占めるとされるのが一般的である。

したがって，以下では，メーカーのチャネル政策に論点を絞り，検討を進めよう。

チャネル政策のうち最も基本的な政策は，以下の3つである。

① 開放的チャネル政策 (extensive channel policy, extensive distribution policy)
② 選択的チャネル政策 (selective channel policy, selective distrbution policy)
③ 専属的チャネル政策 (exclusive channel policy, exclusive distribution policy)

①の開放的チャネル政策とは，流通業者を差別・選択しないで，できる限り多くの販売窓口を設定する政策である。この政策は，最寄品（convenience goods）[1]や産業用消耗品（industrial supplies）について，しばしば採用される。また，この政策は，生産者の市場支配力が弱く，系列化を考えない場合に採用されることが多く，チャネル・コントロールはほとんど行われない。

　②の選択的チャネル政策とは，あらかじめ一定の協力的な流通業者を差別・選択し，選定された業者に自己の製品を優先的に取り扱わせたり，優遇措置をとったりする政策である。この政策は，製品のあらゆる範疇に適合する。また，この政策は，寡占メーカーの支配力が強く，後発メーカーや中小メーカーがディーラーの協力を得にくい場合に採用されることが多いが，メーカーはある程度のチャネル・コントロールを行う。

　③の専属的チャネル政策とは，選択的チャネル政策の場合よりもさらに選択性（限定性）が強く，特定販売地域で特定の販売店のみを選定し，これに自社製品の専売権を与える政策である。この政策において，特定販売地域で1店のみの販売業者に専売権を与えるときは，一手販売代理店契約（single exclusive agency agreement）が結ばれ，数店の販売業者に専売権を与えるときは，共同専売代理店契約（joint exclusive agency agreement）が結ばれる。前者は中小都市，後者は大都市において多くみられる。この専属的チャネル政策は，ある種の買回品（shopping goods）[2]や，より高価な専門品（specialty goods）[3]に最適である。この政策においては，販売店がメーカーの系列になるので，メーカーの支配力は最も強く，また流通業者のメーカーに対する忠誠度も最も高い。メーカーのチャネル・コントロールは，きわめて強力である。

図表 7-3　各チャネル政策の特徴

比較項目 ＼ 各チャネル政策	開放的チャネル政策	選択的チャネル政策	専属的チャネル政策
チャネルの長さ	長い	中	短い
流通段階の数	多い	中	少ない
中間業者の数	多数	数社	1社
販売窓口の数	多数	中	少数
系列化の程度	弱いまたはなし	中	強い
系列化の形態	系列化なし	製品系列	会社系列

以上3つのチャネル政策の特徴を表示すると，**図表7－3**の通りとなる[(4)]。

なお，以上3つのチャネル政策はいずれも，流通業者が一応，独立を保持していることが前提となっているが，メーカーの系列支配がさらに進展すると，メーカーは流通業者を吸収合併するようになる。この場合の流通政策は，資本統合的流通政策（integrated distribution policy）と称される。

(1) コープランド（Copeland, M. T.）による商品の古典的な3分類法であるが，商品を消費者の購入慣習・動機から分類すると，最寄品，買回品，専門品に大別される。最寄品は最寄りの店舗で習慣的に購入される商品である。たとえば，タバコ，洗剤，薬品，新聞・雑誌，多くの食料品などがこれに該当する。

(2) 買回品とは，消費者が選択と購入の過程において，適応性・品質・価格・スタイルなどを比較・検討するような商品をいう。たとえば，家具，婦人服，紳士服，装身具類などがこれに該当する。

(3) 専門品とは，消費者が特定のブランドに価格以外の点で特別の魅力を感じて，それに固執し，特別の購入努力をしようとする商品をいう。たとえば，高級時計，自動車，高級家具，絵画などがこれに該当する。

(4) 詳しくは，橋本勲『現代マーケティング論』新評論，昭和48年，255―256頁を参照されたい。

第3項　チャネル政策の体系（メーカーの場合）

チャネル政策を考察するとき，従来のチャネル論では，チャネルの設計ないし構築に重点がおかれがちであった。しかし，1960年代から1970年代にかけて，すでに構築されたチャネルを的確に管理することの重要性が，チャネル論の主要なテーマとなるに至った。

さて，チャネル政策の内容は，メーカーの立場と流通業者の立場とでは，大きく異なる。しかし，すでに前項で検討したように，現実には寡占メーカーがチャネル・キャプテンの座を占めているとする見解が一般的であったということから，ここでは，メーカーの立場からチャネル政策のあり方を検討しよう。

チャネル政策のあり方は，**図表7－4**の通りであるが，以下，これに基づいて具体的に検討を進めよう。

図表7-4　チャネル政策の体系

チャネル政策の基本構想───┬── チャネル設計政策
　　　　　　　　　　　　├── チャネル管理政策
　　　　　　　　　　　　└── チャネル修正政策

(1) チャネル政策の基本構想

今日，チャネル・キャプテンがチャネル政策を企画・立案するとき，その構想のなかで支柱となる基本的な考え方は，江尻弘氏によれば，以下の3つのものがあるという[1]。

第1は，垂直的マーケティング・システムの構築を目指すべきだ，という考え方である。流通系列化の問題については，さまざまな見解があるが，現実において垂直的マーケティング・システムがますます深く進展しつつあることは否めない。

第2は，価格競争一辺倒の時代は終わり，非価格競争手段も重視されるべき時代を迎えたので，それだけ競争が深化し複雑になってきた，という考え方である。現に，競争手段は多元化してきているが，江尻氏によれば，そればかりか，競争の主体という観点からみれば，個別企業ではなく，垂直的チャネル・システムこそ現代の競争の主体となっているという。

第3は，チャネル政策の究極目標を消費者利益[2]の確保に求めるべきだ，という考え方である。

以上3つの考え方を支柱としてチャネル政策が構想されることになるが，では，基本構想を立案する際，具体的にはいかなる手順を踏めばよいのであろうか。ローゼンブルーム（Rosenbloom, B.）によれば，①チャネル構築のニーズ確認，②チャネル政策の目的の明確化，③チャネル政策の課題の選定，という手順を踏んで，チャネル政策の基本構想が立案されるべきだという[3]。

以下，チャネル設計政策，チャネル管理政策，およびチャネル修正政策について，コトラーの流れ[4]に沿って検討を進めよう。

(2) チャネル設計政策

流通チャネルに関する決定は，企業が直面する最も複雑かつ困難な決定のひとつである。

適切なチャネル設計は，チャネル諸目標，チャネル代替案，利益の見込値を明確にすることから進めるべきである。チャネル目標は，顧客，製品，中間業者，競争他社，企業，および環境の各特性によって条件づけられる。チャネル代替案は，通常多く存在するが，それは中間業者のタイプの多様性，市場支配力の差異，チャネル業務がチャネル構成員間に配分されうる方法の多様性，取引関係ミックスの可能性が大であるという理由に基づく。

(3) チャネル管理政策

基本的なチャネル設計が決定されると，次にメーカーは，効果的なチャネル管理という課題に取り組むことになる。具体的には，協力して仕事を行う特定の流通業者を選定するか，または進んでそうしようとする流通業者を見出ださなければならない。また，取引関係ミックスを通じて，チャネル構成員に与えられる動機づけを，特別の誘因と監督によって補わなければならない。さらには，チャネル構成員の売上高，販売割当に対する個々のチャネル構成員の業績を定期的に評価しなければならない。

(4) チャネル修正政策

市場とマーケティング環境はたえず変化しているので，メーカーはチャネルを変更する準備をしていなければならない。すなわち，個々のチャネル構成員が解約されたり，追加されたり，あるいは特定市場のチャネルが変更されたりするかもしれない。また，場合によっては全チャネル・システムを再設計しなければならないこともあるであろう。

「チャネル変更」に関する最も困難な決定は，チャネル・システム全体の修正に関わる問題についてである。たとえば，ある自動車メーカーが，独立したディーラーを自社専属のディーラーに置き換えようと考えていたとする。これは，最高レベルで行われる意思決定，すなわちチャネルを変更するだけでなく，メーカーがこれまで慣例としてきたマーケティング・ミックスの諸要素とマーケティング諸政策との大部分の修正を求める意思決定と連動し，したがって，最も困難な決定となる。

(1) 詳しくは，江尻弘『流通系列化』中央経済社，昭和58年，108—109頁を参照されたい。
(2) 「消費者利益」という用語の概念はきわめて曖昧である。たとえば，価格のあり方

について，①「どこで購入しても同じ」なのが消費者の利益，②「安ければ安いほどよい」のが消費者の利益，③「需給関係によって変わる」のが消費者の利益，という3つの考え方があろうが，一致した理解を求めるのは困難である。

しかし，近年，消費者のなかにコアとなるべき消費者，すなわち「自覚的消費者」が増えつつある動きに注目したい。消費者といっても，企業が生産する商品の受け手として，単純に「安ければ安いほどよい」と考える消費者と，たとえば，大気汚染を防ぐ立場から，少量の商品を何度もトラック輸送するような配送システムは許さない，というような市民社会の一員としての「自覚的消費者」が存在する。自覚的消費者であれば，街並みが破壊され，街そのものが破壊されていくような動きは認めないであろう。こういう自覚的消費者の利益こそ，真の意味での消費者利益と考えたい。

なお，図表7-5は，「生活者」，「消費者」，および「自覚的消費者」の相関関係を示したものであるが，そもそも消費者行動は人間行動の一側面であるにすぎない。人間は「消費」のみを行って生きているのではない。人間は働きもすれば，飯も食う。日々の暮らしがある。また，地域社会とのつき合いもある。こうした営みの全体が生活である。営みの主は「生活者」であり，消費者は生活者の「一部」であるにすぎない。そして，消費者のコアとなるべき存在が自覚的消費者である，ということである。

以上詳しくは，拙著『現代日本の中小商業問題』信山社，平成11年，98頁および

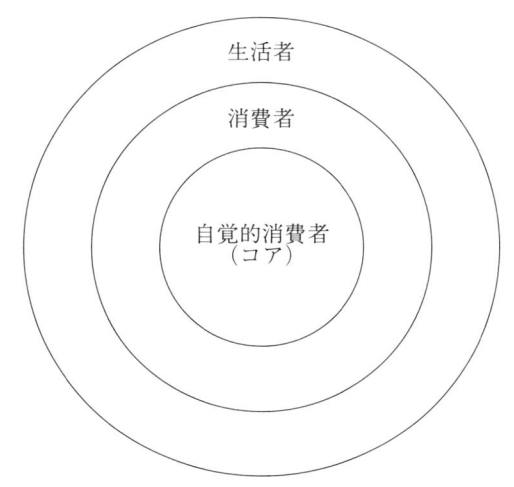

図表7-5　生活者，消費者，および自覚的消費者の相関関係

（同心円図：外側から「生活者」「消費者」「自覚的消費者（コア）」）

（注）　生活者と消費者は同一人物であるが，消費者と自覚的消費者は同一人物の場合もあれば，そうでない場合もある。
（資料）　拙著『現代日本の中小商業問題』信山社，平成11年，135頁。

134—135頁を参照されたい。
(3) B. Rosenbloom, *Marketing Channels*, The Dryden Press, 1978, p. 108.
(4) 詳しくは，P. Kotler, *Marketing Management*, 4th ed., Prentice-Hall, 1980, pp. 430-444（稲川和男・浦郷義郎・宮澤永光訳『続マーケティング・マネジメント』東海大学出版会，昭和55年，61—85頁）を参照されたい。

第4節　流通チャネルの系列化

第1項　流通チャネル系列化の諸方式

すでに触れたように，チャネル政策の究極的な狙いは，チャネル・コントロールにある。しかし，開放的チャネル政策のように，市場カバリッジを広く確保することを主たる目的とする場合には，チャネルをコントロールすることは非常に難しく，また，当該政策者自身においても，コントロールするという意識はほとんどない。したがって，現実にチャネル政策を実施するうえで，チャネル・コントロールを重視する政策とあまり重視しない政策とを区別して，前者を「流通チャネルの系列化」ないしは，端的に「流通系列化」と称することが，一般化している。

さて，流通チャネル系列化（流通系列化）の諸方式は，**図表7-6**に示した通りであるが[1]，それは，「資本参加による方式」と「資本参加以外の方式」とに大別される。

流通チャネルの系列化がチャネル・コントロールをとくに重視しているという点からいえば，最も完全なコントロールを期待できるのは「資本参加による系列化」である。しかし，流通チャネルのすべての段階に資本を投下することは，投資効率の面からいってもまず不可能であり，したがって，資本参加による系列化は，現実には，主として卸売段階（とりわけ元卸段階）までがその中心となっている。

資本参加以外の方式による系列化としては，「管理的系列化」と「契約による系列化」がある。前者は，経済的刺激を中心とした種々の補助的政策を実施することによって，チャネルをコントロールしようとするものであり，「政策

図表7-6　流通チャネル系列化の諸方式

1.	資本参加による系列化
2.	資本参加以外の方式による系列化
	(1) 管理的系列化（政策的系列化） 　① 各種リベート 　② 各種アローアンス 　③ 各種ディーラー・ヘルプス
	(2) 契約による系列化 　① 個別的契約形態 　　a 排他条件付取引契約 　　b 再販売先制限契約 　　　・販売地域制限制 　　　・一店一帳合制 　　c 抱合せ販売契約 　　d 再販売価格推持契約 　　e 責任販売高制 　② 包括的契約形態 　　a 代理店・特約店制 　　b 販売会社制（販社制） 　　c 生産者主宰ボランタリー・チェーン 　　d フランチャイズ・システム

的系列化」とも称される。一方，後者には，大別して個別的契約形態と包括的契約形態とがあるが，個別的契約形態とは，特定の契約事項について個別に契約を結ぶことによって，その特定の事項を中心としてチャネル・コントロールの実をあげようとするものである。また，包括的契約形態とは，個別の契約を適切に組み合わせて，特定の目的に合致するように形成される包括的な取引契約であり，それぞれ，慣習的に特定の名称で呼ばれている。

以上に示した，①資本参加による系列化，②管理的系列化，③契約による系列化，という3つの基本方式が，単独で，あるいは適宜組み合わせられることによって，現実の流通チャネルの系列化が実施されていくこととなる。

(1) この点については，木綿良行「チャネル戦略」田内幸一・村田昭治編『現代マーケティングの基礎理論』同文舘，昭和56年，256—263頁が詳しい。

第2項　流通チャネル系列化の諸問題

　第2次世界大戦後，日本において，寡占メーカーの流通支配は，流通系列化政策として強力に推進されてきた。

　流通系列化が推進されてきたのは，以下のような要請からである[1]。

① 寡占メーカーの急速な成長とその生産力の拡大によって寡占的経済体制に移行し，激烈な寡占的競争が同一の卸売商（問屋）を併用することを許さなくなってきたこと。

② メーカーは自社製品の強力な販売のために，戦後，資本的，経営的に弱体化した卸売商に対し，資本的・経営的テコ入れを行う必要を生じさせたが，そのためには，その卸売商に競争他社が競合的に入っている事態を排除する必要が生じてきたこと。

③ 寡占メーカーのマーケティング戦略上，自社のマーケティング戦略に対し，ディーラーを可及的に忠実化させ，それによってメーカーの流通上に及ぼす管理・統制を強化する必要に迫られたこと。

④ 自社のマーケティング戦略上の機密が競争他社へ漏れないようにする必要があったこと。

　以上のような要請から流通系列化が推進されてきたのであるが，これには，さまざまな長所や短所がある。以下，その長所と短所について主要なものを列挙しよう[2]。

　（流通系列化の長所）

① 系列販売店に対し，メーカーのマーケティング戦略を浸透させることができる。

② 同一販売店内における競争他社のシェア・アップの心配がない。

③ 販売割当に対する販売店の協力を強化することができる。

④ 系列販売店の経営内容を容易に捉えられ，売上債権管理のうえで得策である。

⑤ 販売店に対する諸般の指導・教育が容易になる。

⑥ メーカーの生産計画，販売計画が容易になる。

第7章　流通チャネル戦略

⑦　以上の諸利点によって，メーカーの販売店に対する管理，統制力が強化され，メーカーによる流通支配が確立できる。

（流通系列化の短所）
① 　製品計画が安易に陥る弊害がある。
② 　製品ラインの過大拡張の弊害が生じる。
③ 　系列販売店の経営の自主性，主体性の減退ないし喪失の問題がある。
④ 　系列販売店の積極的な創意工夫を減退させ，活力のない販売店が増えてくる危険性がある。
⑤ 　系列化は，一般に流通コストの上昇を招来する。
⑥ 　系列化は，一般に販売資本の増大を促進し，それはメーカーの資本固定化の現象を招来する。
⑦ 　系列化は，一般にメーカーの人的要員の増大をきたし，人的固定化の弊害を招来する。
⑧ 　系列ディーラー全体の維持のための負担増大という弊害が生じる。
⑨ 　販売増大に対する阻害となる危惧すらある。
⑩ 　過度の系列化政策は，経営志向の本命たるべき消費者の利益を害することもありうる。

以上のようにみてくると，流通系列化政策は，必ずしも最良のチャネル政策ではない。むしろ今日では，その弊害の方が大である。すなわち，流通系列化によるチャネル・コントロールは，チャネル・キャプテンたるメーカーのマーケティング力を強化し，当該メーカーにとっては有利にみえるが，長期的には，チャネル構成員および消費者に対し不利益を被らせる。では，今日のチャネル政策はいかにあるべきか。次節で検討を進めよう。

　(1)　三上富三郎『現代マーケティングの理論』ダイヤモンド社，昭和49年，285頁。
　(2)　詳しくは，同書，285—288頁を参照されたい。

第5節　複合的チャネル政策の展開

従来，流通チャネルは，生産段階の小規模分散性ゆえに，製品種類別に分化

した商業組織が確立し,生産者は製品の販売をこのような商業者に依存していた。しかし,生産段階における寡占化の進行に伴い,寡占メーカーを主体とする企業別流通チャネルの再編がもたらされた。さらには,大手スーパーなど大規模小売業の抬頭による流通革新の進展は,新たな流通チャネルを生み出してきた。

日本において,メーカーをチャネル・キャプテンとするチャネル・システムは昭和28年頃（1953年頃）から寡占メーカーによって急速に形成され,いわゆるメーカー主導型流通が確立された。メーカー主導型チャネル・システムは,日本の流通近代化にそれなりの役割も果たしたが,他方では,それはたえず批判の対象とされてきたのも事実である。

メーカー主導型チャネル・システムにおいて,常に批判の対象とされてきたのは,管理価格の問題である。すなわち,価格が水平的にも垂直的にも一定水準に保たれ,流通段階は価格形成機能を失い,特定メーカーの代弁者に転じてしまっている,という批判である。しかし,実は,このような価格戦略に疑惑をもたらしたより根元的な原因は,大手スーパーなど大規模小売業の抬頭であった。管理価格に敏感になっている消費者に対して,大規模小売業の抬頭とその価格戦略は強い印象を与えるとともに,メーカー主導型チャネル・システムへの疑惑をもたらす契機となった。

国内においては大規模小売業のさらなる発展,コンシューマリズム[1]の高まり,そして国外からの流通系列化への批判もあって,メーカー主導型チャネル・システムは,今,大きな転換期を迎えている。では,日本の流通が急速な変容を遂げつつある現在,いかなるチャネル政策が有効であろうか。

三上富三郎教授は,かつて,「いまや,——中略——対立型マーケティング・チャネルは,消費者主権統合型マーケティング・チャネルへと移行せざるをえず,このパターンのなかに,真の『マーケティング』が誕生してくるものと思われる[2]」とされたうえで,図表7-7に示すようなチャネル類型化を行われた。

以下,三上教授の主張を要約しよう[3]。本図表において,対立型チャネルとは,そのタイプがどれであれ,いずれもメーカーに対立するものとなっている。

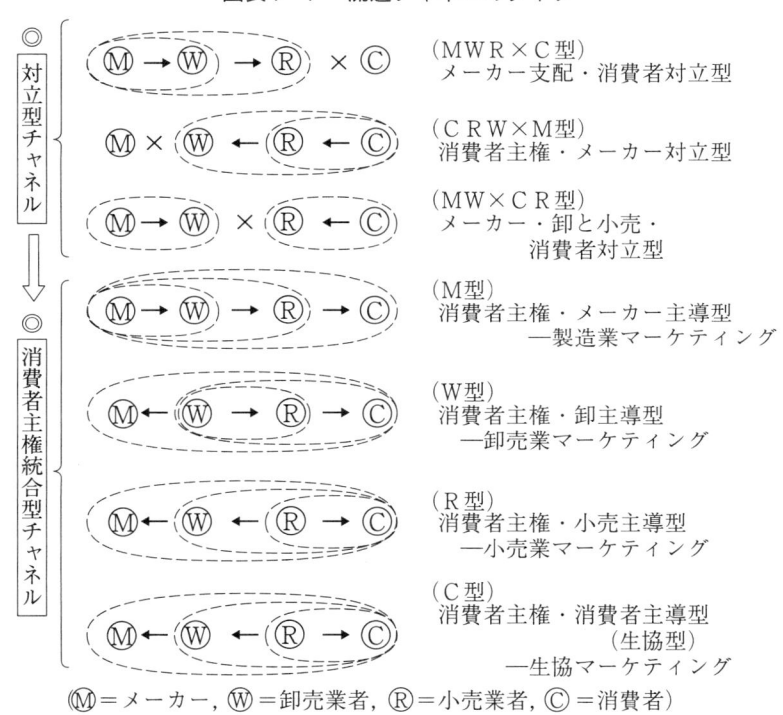

図表7-7 流通チャネルのタイプ

```
         ┌ ◎ ( M → W ) → R  × C      (MWR×C型)
         │                              メーカー支配・消費者対立型
対立型    │
チャネル  │   M × ( W ← R ← C )      (CRW×M型)
         │                              消費者主権・メーカー対立型
         │
         └   ( M → W ) × ( R ← C )   (MW×CR型)
                                        メーカー・卸と小売・
    ⇩                                   消費者対立型

         ┌ ◎ ( M → W → R → C )      (M型)
         │                              消費者主権・メーカー主導型
         │                                ―製造業マーケティング
消費者    │
主権     │    ( M → W → R → C )      (W型)
統合型    │                              消費者主権・卸主導型
チャネル  │                                ―卸売業マーケティング
         │
         │    ( M ← W → R → C )      (R型)
         │                              消費者主権・小売主導型
         │                                ―小売業マーケティング
         │
         └    ( M ← W ← R ← C )      (C型)
                                        消費者主権・消費者主導型
                                        （生協型）
                                          ―生協マーケティング
```

(M=メーカー，W=卸売業者，R=小売業者，C=消費者)

（資料）　三上富三郎『現代マーケティングの理論』ダイヤモンド社，昭和49年，280頁。

これは，メーカーのいう消費者志向が必ずしも消費者の利益と合致しないことから発生している。したがって，今後は，消費者主権統合型マーケティング・チャネルに移行しなければならない。消費者主権統合型マーケティング・チャネルには，M型，W型，R型，およびC型という4つのタイプがある。M型は，消費者主権に立脚しつつ，メーカーがマーケティングの主導権をとっているタイプである。W型は，強力な自主的卸売業が，消費者主権に立脚しつつ，マーケティングの主導権をとっているタイプである。R型は，自らシステムを形成するだけの規模・能力のある小売業が，消費者主権に立脚しつつ，マーケティングの主導権をとっているタイプである。C型は，生協型マーケティングである。

三上教授の以上のような主張は，今日，現実のものとなりつつある。たとえば，大規模小売業によるプライベート・ブランド商品の開発，ダブル・ブランド（double brand）[4]などにみられるように，CRW×M型ないしMW×CR型の対立型チャネルは，R型チャネル・システムへの移行を部分的にせよ現実化しているし，生協運動の活発化もC型チャネル・システムを拡大しつつある。

さらには，いわゆる製販同盟の動きも活発化している。現在，大手消費財メーカーの多くは，流通をコントロールできる既存の流通チャネルを維持しつつも，同時に，強大な販売力をもつ大手流通企業との取引拡大を図る戦略を併用している。すなわち，小売企業の上位集中化による高度集中度販路時代を迎え，大手消費財メーカーによる従来のチャネル政策が限界となり，強大な販売力をもつ特定の大手流通企業と提携し，流通コストの低減や共同商品開発などを行う動きがみられるようになっている。日本においては，こうした動きは1990年代に入ってからみられるようになったが，そこでは，製・販による新しい協働関係が構築されている。これが製販同盟であるが，その展開は，流通チャネルを主宰する機関と流通システムのあり方を根本から変え，新たな流通システムを生み出す可能性を秘めている。なお，**図表7-8**は，日本における製販同盟の代表的なケースを示したものである。本図表によると，製販同盟の共通目標は，大きくは①流通コスト削減，②商品開発にあることがわかる。

ともあれ，こうして，消費者主権に立脚した複合的チャネル・システムが進行し，さらには製販同盟の動きも活発化している現在，流通チャネル戦略もかかる前提のもとに展開されなければならない。そこでの有効な戦略はチャネル・ミックス戦略である。すなわち，複合的チャネル・システムの形成に対応する複合的なチャネル政策の展開である。そして，複合的チャネル・システムの登場は，究極的には消費者の要求を反映したものであり，流通チャネル戦略も消費者主権理念に立脚して展開されなければならないのである。

(1) コンシューマリズムについては第16章で詳述する。
(2) 三上富三郎『現代マーケティングの理論』ダイヤモンド社，昭和49年，279頁。
(3) 詳しくは，同書，279—282頁を参照されたい。
(4) ひとつの商品にメーカーと販売業者などとの商標を併用する場合に，これらの商標

のことをいう。メーカーのブランド力を販売業者などのブランド力で補うために設定されることもあり，その逆のこともある。

第 7 章 流通チャネル戦略

図表 7-8 製販

		アオキインターナショナルと東レ，帝人	イトーヨーカ堂のチームMD	岩田屋とワコール
取り組みの共通目的		商品開発	商品開発 流通コスト削減	流通コスト削減
取り組みの参加者		小売（専門店）と素材メーカー	小売（GMS）と素材，ニットメーカー	小売（百貨店）とアパレルメーカー
商品分野		紳士服（スーツ・コート）	セーター，ポロシャツ等	下着類
商品特性		デザインでの差別化が難しい	差別化が難しく，輸入比率が高い	アイテム数（サイズ）が多い
取り組みの主導者		小売り	小売り	アパレルメーカー
成果	小売り	・商品差別化 ・イメージアップ ・平均単価向上	・他社との差別化により売上増	・リードタイム短縮による売り逃し，ロスの低下
	メーカー卸	・ロット拡大 ・取引拡大	・取引拡大	・受発注業務の効率化
	消費者	・値頃な高機能商品の購入	・値頃な高機能商品の購入	・品切れの低下
課題	小売り	・在庫リスク	・売れ筋追求による商品同質化	・社内システムとの整合性
	メーカー卸	・既存チャネルからの反発	・コスト削減要請 ・交渉力の低下	・システム開発コストの回収
取り組み拡大の可能性		・開発テーマごとに複数メーカーとの取り組み	・商品ごとに取り組み先の拡大 ・企画力のある製造卸の取り組み	・オープンな運営による双方の取り組み先の拡大

（原資料）　長銀総合研究所編『全解明・流通革命新時代』東洋経済新報社，176-177頁によ
（資料）　鷲尾紀吉『現代流通の潮流』同友館，平成11年，206-207頁。

同盟の主な事例

	サンリットグループのQR	ジャスコと花王	相鉄ローゼンと菱食	セブン-イレブンの弁当・惣菜	コンビニの出来立てパン
	流通コスト削減	流通コスト削減 カテゴリーマネジメント	流通コスト削減 カテゴリーマネジメント	商品開発 流通コスト削減	商品開発
	小売り(特約店)とアパレルメーカー	小売り(GMS)とメーカー	小売り(中堅スーパー)と大手食品卸	小売り(CVS)と供給業者(素材,包装材等)	小売り(CVS)と製パンメーカー
	ユニフォーム	日用雑貨	加工食品	弁当・惣菜	パン(菓子パン)
	納期が厳しいサイズが多い	価格競争になりやすい	多品種・短サイクルの商品が多い	新商品開発,鮮度が競争力	鮮度重視 商品サイクル短い
	アパレルメーカー	メーカー	卸	小売り	小売り
	・在庫リスクの低下	・発注業務効率化 ・品揃えの最適化 ・在庫圧縮	・検品,陳列業務の効率化 ・在庫回転率の向上 ・欠品率の低下	・売り逃し,ロスの低下	・顧客層の拡大 ・売上増
	・返品率の低下	・納品業務の計画性向上	・取引の拡大と効率化	・取引拡大 ・商品開発力の向上	・取引の拡大
	・納期の確実化	・品切れの低下 ・価格の低下	・価格の低下	・品質保証 ・新鮮な商品購入	・新鮮な商品購入
	—	—	—	—	・取り組み相手の確保
	・受注生産と工場の稼働平準化の両立	・提携先が単独ではメリット少ない	—	・取引自由度の制限 ・専用投資負担増	・採算が取り難い ・既存自社商品の浸食
	・商品開発は複数のクローズなサークル化	・オープンな運営による双方の取り組み先の拡大	・小売りの取引先卸の選別拡大 ・提携は固定的ではない	・小売りチェーンごとにクローズなサークル化 ・大手メーカーの子会社も参入	・メーカーは地域単位で限定参画 ・低採算性からメーカーは消極的

り作成。

第8章　人的販売戦略

第1節　人的販売の概念

人的販売（personal selling）[1]とは，「販売員と消費者との直接的な人的接触を通じての，製品およびサービスに関する情報の伝達と購買の説得を行うコミュニケーション活動[2]」をいう。なお，AMA（アメリカマーケティング協会）の定義によれば，人的販売とは，「売上げをつくる目的で，ひとり，または，ひとり以上の見込客との会話により，口頭の提示を行うことである[3]」とされている。

さて，第3章ですでに触れたように，人的販売は，他のプロモーショナル・ツール（広告，パブリシティ，狭義の販売促進）とともにプロモーション・ミックスを構成しており，それらツール間には相互依存的な関係が存在している。とりわけ，人的販売と広告は，プロモーション・ミックスの両輪として，商品の販売促進においてきわめて重要な役割を果たしている。しかし，両者の間には，以下に示すようないくつかの質的差異がある[4]。

第1に，人的販売は「販売員」という人的手段を通して行われる人的コミュニケーション（personal communication）であるが，広告はテレビ，新聞，カタログなどを用いて行われる，人的手段によらないコミュニケーション（non-personal communication）である。

第2に，人的販売は，販売員と消費者（見込客）が直接に対面して行われる「双方的コミュニケーション」であるので，販売アプローチに対する消費者の反応を即時に知ることができる。これに対して，広告は「一方的コミュニケーション」であるので，消費者の反応を即時に把握することができない。この「柔軟性」ないし「適応性」という特質ゆえに，人的販売は見込客に対する最も効果的なコミュニケーションとなりうる。

第3に，広告は不特定多数の人々にメッセージを伝達するのに対して，人的販売は，あらかじめ選定された特定の見込客に標的を絞って重点的に情報の伝達と購買の説得を行うことができるので，販売活動に必要な時間・コストの無駄を排除できる効率的なコミュニケーション手段である。

第4に，人的販売は，製品・サービスに対する消費者（見込客）の欲求を喚起するとともに，その場で同時に注文を受けて，直ちに販売を完結することができる。これに対して，広告は消費者の需要は喚起することができても，それと同時に注文を獲得することはできない。

こうした利点だけではなく，人的販売は，一方では以下に示すような欠点も合わせもっている。

① コスト面からみれば，広告よりも単位当たりの費用が高くなる。
② 広告に比べて，情報の伝達量と伝達範囲が限られており，またメッセージの内容に適した媒体を選択することができない。
③ 販売成果が個々の販売員の資質によって大きく左右されることになるが，優れた資質をもつ販売員を得ることは困難である。

以上のように，人的販売も広告もそれぞれに利点・欠点をもっている。したがって，両者がうまくかみ合うことによるシナジー効果（相乗効果）によって，円滑なプロモーション活動が展開されうるのである。

なお，人的販売を始めとしたプロモーショナル・ツール間に相互依存的な関係が存在していることは前述した通りであるが，人的販売を含むプロモーションが，他のマーケティング・ツール（製品，場所，価格）と相互依存的な関係をもっていることはいうまでもない。「プロモーション・ミックス」，ひいては「マーケティング・ミックス」の最適な構築が必要とされる理由もここにある。

また，今日では，「販売」の性格や内容は過去のそれとは大きく異なり，かつ幅広くなっており，それに伴って，販売員の担うべき役割・責任やその活動領域も多様化している。端的にいえば，現代では，人的販売は「マーケティング・コミュニケーションの一環として認識され，消費者（見込顧客）との間に良好なコミュニケーション関係を確立することが基本的な機能であると考えられているのである[5]」。人的販売の重要性は，ますます高まっているといえよう。

(1) 接客販売または販売員活動ともいう。また，日本では，人的販売の主体を，セールスマン，店員，販売員などと称している。これら3通りの名称は，相互互換的に用いられることもあるし，峻別されることもある。なお，「セールスマン」という用語について，コトラー（Kotler, P.）は，販売活動の責任を担っている女性の数が増加してきたために，時代遅れとなりつつあるとし，これに代わって，「販売担当者」（sales representative）ないし「販売員」（salesperson）という用語を用いる方が適切であるとしている〔村田昭治監修，和田充夫・上原征彦訳『マーケティング原理』ダイヤモンド社，昭和58年，667頁。(P. Kotler, *Principles of Marketing*, Prentice-Hall, 1980.)〕。
(2) 来住元朗「販売員管理」三浦信・来住元朗・市川貢『新版マーケティング』ミネルヴァ書房，平成3年，231頁。
(3) 日本マーケティング協会訳『マーケティング定義集』日本マーケティング協会，昭和38年，44頁。(American Marketing Association, *Marketing Definitions : A Glossary of Marketing Terms*, AMA, 1960.)
(4) 詳しくは，来住元朗，前掲論文，231—232頁を参照されたい。
(5) 同論文，233—234頁。

第2節　販売員の役割と課業

　「販売員」（salesperson）とは，「製品に対する見込顧客の欲求を喚起し，購買の説得を行ない，販売を完結させる業務を継続的に遂行する個人[1]」を指し，この販売員によって構成されるグループを「販売部隊」（sales force）という。
　販売員は，プロモーション活動の中心的な担い手として，昔から多くの企業において重要な役割を果たしてきた。それにもかかわらず，販売員に対する社会的評価は低いままであった。すなわち，「『販売志向』の時代においては，販売員は単なる『製品の販売人』ないし『注文取り』として認識されているにすぎなかったのである[2]」。また，販売員の強引な活動の仕方がしばしば批判の的にされてきたのも事実である。
　しかし，「マーケティングの時代」ないし「市場志向の時代」と呼ばれる現代においては，古いタイプの販売員はほとんど姿を消してしまっているし，また，販売員の役割やその担うべき責任・課業も複雑多岐にわたっている。
　今，現代の販売員に求められている役割と課業をまとめてみると，以下のようにいえる[3]。

第8章　人的販売戦略

　第1に，販売員は，見込客に直接に接触して，製品を提示し，購買の刺激・説得を行い，売買契約を締結して販売行為を完結させる，という本来的な意味での「販売活動」を遂行する。しかし，現代の販売員には，所与の製品の「売り込み」や既存顧客の維持という活動だけでなく，潜在的顧客の探索や新規顧客の開拓，すなわち「市場（顧客）開発」という課業を遂行することが求められている。そして今日では，むしろ後者のタイプの活動の方が販売員の課業としては重要視されている。

　第2に，市場的環境はたえず大きく変化しているので，販売員は消費者の欲求・行動や競争企業の動向などについて的確に調査・分析し，その結果を企業内にフィードバックしなければならない。そのためには，販売員は，充分な教育訓練を受けることによって，「市場をみる眼」，すなわち市場を分析・理解する能力を養わなければならない。かくして現代の販売員は単なる販売担当者ではなく，いわゆる「フィールド・マン」（field man）としての役割を担うことになる。

　第3に，現代の販売員は，製品について充分な技術的専門知識をもち，消費者（見込客）が自己の問題を解決する方法を発見する手助けをすることによって，見込客にとっての「技術コンサルタント」の役割を果たすことが求められている。いいかえれば，いわゆる「セールス・エンジニア」（sales engineer）としての役割を果たすことが求められている。今日のように，新製品がたえず開発され，また，製品の複雑性・多様性がますます進展している状況のもとでは，消費者は，製品についての的確な（技術）情報を提供したり，使用上の助言を与えてくれることを企業に求めてきているので，セールス・エンジニアとしての役割は，ますます重要になっていくであろう。

　第4に，販売員は，製品の販売に付随して多様なサービスを提供しなければならない。そのためには，販売員は製品の価格，配達条件，クレジットの条件などについて熟知していなければならないが，そこでは，いわゆる「セールス・コンサルタント」（sales consultant）としての役割を担うことになる。

　第5に，販売員は，単に売上高の増大にのみ関心を払うのではなく，自己の担当地域をひとつの企業のように運営し，自己の時間と費用を効率的に使用することによって，企業の収益に貢献しなければならない。すなわち，販売員は，

かつての「販売志向の時代」においては，目的とする売上高を達成することおよびそれの増大を図ることだけを志向していればよかったが，「マーケティング志向の時代」ないし「市場志向の時代」と呼ばれる現代においては，いわゆる「アカウント・マネジャー」(account manager) ないし「財務上のアドバイザー」としての役割を果たすことが求められているのである。

　以上のように，今日，販売員は単なる販売業務だけではなく，種々の課業を遂行することが要請されている。また，1人の販売員がそれらの課業のすべてを単独で遂行するのではなく，企業内の他の要員（トップ・マネジメント，技術要員，事務スタッフなど）との密接な連繋のもとに遂行することが必要とされるようになってきている。そして，企業が「販売志向」から，「マーケティング志向」ないし「市場志向」となるにつれて，「販売員は，もはや単なる販売という技術的操作の担当者ではなく，企業のマーケティング・コンセプトの代弁者であり，マーケティング機能の遂行者でなければならな[4]」くなっている。

(1)　来住元朗「販売員管理」三浦信・来住元朗・市川貢『新版マーケティング』ミネルヴァ書房，平成3年，234頁。
(2)　同論文，235頁。
(3)　詳しくは，同論文，236—238頁を参照されたい。
(4)　同論文，238頁。

第3節　人的販売管理における主要意思決定

第1項　人的販売管理における意思決定のフロー

　すでに述べたように，現代では，人的販売（販売員活動）はマーケティング・コミュニケーションの一環として認識され，消費者（見込客）との間に良好なコミュニケーション関係を確立することが基本的な機能であると考えられている。したがって，現代の販売員活動は，かつてのように個々の販売員の能力や技量にのみ依存した個人的な活動としてではなく，統合的なマーケティング・コミュニケーション・システムのなかに組み込まれ，組織的に統一された活動として展開されなければならない。そのためには，「いわゆる『セールス

マン・シップ[(1)]』（salesmanship）を客観的に整備・体系化するとともに，販売員活動と他のマーケティング諸活動との相互作用関係を的確に把握し，それらとの連動のもとで，統一的かつ効率的な販売員活動ができるように，販売員を組織，管理，統制しなければならない[(2)]」。人的販売管理が必要とされる理由もここにある。

図表 8 - 1 は，人的販売管理における意思決定のフローを示したものである。

本図表にみるように，人的販売管理は，まず販売部隊の目的を設定することから始まる。販売部隊の目的は企業によって異なるが，一般的には，①新規顧客の発見と開拓，②自社製品やサービスについての情報提供，③アプローチ，提示，問題の解決，販売の終結といった一連の活動からなる販売過程の遂行，④サービスの提供，⑤市場調査等の実施と訪問報告書の作成，などを挙げることができる。

そして，販売部隊の目的が設定されると，次に，販売部隊の戦略，機構，規模，および報酬をどうするかが課題となる。

これら人的販売管理を行うための大枠が決定された後，人的販売にまつわるより具体的な決定や管理，すなわち，販売員（販売担当者）の募集・選定，教育・訓練，監督，評価などが行われる。さまざまな戦略および政策が，これらに関わる決定を方向づけるが，以下では，人的販売の構造と規模，すなわち販売部隊の組織形態と規模に限定して考察を進めよう。

なお，人的販売管理は，これまでのような自由放任の「成り行き管理」では

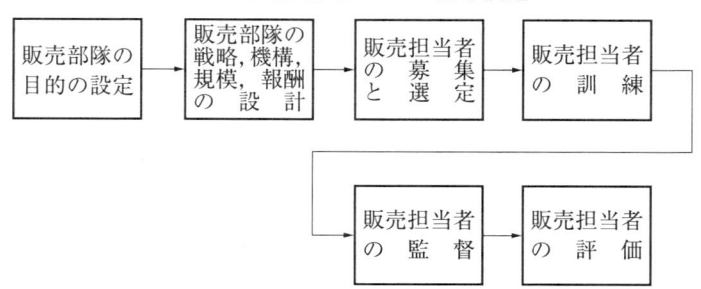

図表 8 - 1　人的販売管理における意思決定のフロー

販売部隊の目的の設定 → 販売部隊の戦略，機構，規模，報酬の設計 → 販売担当者の募集と選定 → 販売担当者の訓練 → 販売担当者の監督 → 販売担当者の評価

（資料）　図表 3 - 2 の文献（訳書），669頁。

第8章　人的販売戦略

なく，客観的で統一のとれた管理でなければならない。しかも，単なる「部門管理」ではなく，企業活動全体のマーケティング的視点からする「統合管理」ないし「全体管理」である，マーケティング管理（マーケティング・マネジメント）の一環として位置づけられなければならない。

(1)　顧客または見込客が適当なベネフィットを得ることができ，それによって，彼らの全体的な満足が増大するよう，製品・サービスを購買しようとする顧客または見込客を上手に説得する技術である。そのためには，商品に関する知識，顧客に関する知識，販売方法に関する知識，そしてそれらの知識を相手に抵抗なく伝達する技術を身につけておくことが必要となる。

(2)　来住元朗「販売員管理」三浦信・来住元朗・市川貢『新版マーケティング』ミネルヴァ書房，平成3年，234頁。

第2項　販売部隊の組織形態の決定

すでに述べたように，現代の販売員活動は，個々の販売員の個人的な活動としてではなく，チームワークによる展開を必要としている。したがって，いわゆる「販売部隊」をどのように構築・設定するかが，現代の人的販売管理における重要な課題のひとつになってきている。

さて，販売部隊を構築・設定する方法はいくつかあるが，一般的には，①テリトリー別，②製品別，③顧客別，の3つの形態に分化されることが多い[1]。以下，これら3つの組織形態について簡潔に説明していこう。

(1)　テリトリー別組織

これは市場の地域的区分に基づいて，販売部隊をテリトリー別に分化させ，そこで全製品ラインを販売させることを志向する組織形態である。この組織設定の方法は，最も単純であるので，多くの企業，とりわけ全国市場を対象として販売活動を展開している大企業においてはしばしば採用されている。

この組織形態は多くのメリットをもっている。第1のメリットは，販売員および販売部隊の責任が明確に規定できることにある。すなわち，個々の販売員および販売部隊は担当地域における販売の全責任を負うことになり自己の販売努力が販売実績に直接的に反映されるので，販売員の生産性の向上を促すことになる。第2に，テリトリーでの責任は，担当地域における販売活動や顧客との継続的な関係維持に対する販売員の意欲と努力を促進できる。第3に，販売

員の活動領域が特定の地域内に限定されているので，交通費が比較的少なくてすむ。

テリトリー別組織は，以上のようなメリットのほか，問題点も抱えている。すなわち，この組織形態は，製品の種類や数が少なく，また，あまり専門的な技術知識を必要としない製品を販売する場合にも有効であるが，製品の多様性・複雑性が増してくるにつれて，その有効性が減少するという問題点である。

(2) 製品別組織

これは製品ないし製品グループごとに販売部隊が分化している組織形態である。この組織形態は，製品の異質性が高く，その種類や数が多く，また，それぞれの製品の複雑性・技術性が高いために独自の専門的技術知識とサービスが必要とされるような，生産財の大規模メーカーなどにおいて多く採用されている。

製品や製品ラインの数が多くなると，1人の販売員のみではそのすべてを扱えない。そこで，この組織形態が採用されるのであるが，販売員を特定の製品群に専門化させることによって，顧客ニーズへのより適切な対応と競争者への対応が可能となる。

しかし，製品別組織には，欠点もある。すなわち，種々の製品が同一の顧客によって購買される場合には，同じ企業に属する別々の販売員が同じ顧客を訪問するという無駄や不合理が生じ，時間やコストの浪費につながるという欠点である。

(3) 顧客別組織

これは見込客ないし市場別に販売部隊が部門化されている組織形態である。この組織形態は，見込客が比較的大規模で少数である場合，また，同一ないし類似の製品であっても，一方では生産財として他の産業へ，他方では消費財として流通業者を経て最終消費者に販売しているような場合に有効である。

この組織形態は，見込客のニーズが多様であるとき，それに最もよく適応する販売員活動が展開できるというメリットがある。しかし，見込客は通常，各地に散在しているので，各販売部隊による移動が広範囲になり，コストが高くつくという欠点ももっている。

以上のように，3つの販売部隊の組織形態はそれぞれに長所・短所をもって

いる。また，製品ラインや顧客のタイプなどが複雑に絡んでくることもあって，どの組織形態を採用するかについては，一概には断定できない。通常は，各組織形態を単独で用いるよりも，いくつかのパターンを組み合わせて，複合的な組織が構築されることが多いようである。

(1) 詳しくは，宮澤永光・十合晄・浦郷義郎訳『マーケティング・エッセンシャルズ』東海大学出版会，昭和61年，465 — 466頁（P. Kotler, *Marketing Essentials*, Prentice-Hall, 1984.），および来住元朗「販売員管理」三浦信・来住元朗・市川貢『新版マーケティング』ミネルヴァ書房，平成3年，239—241頁を参照されたい。

第3項　販売部隊の規模の決定

販売部隊の組織形態が決定されると，次に，その規模をどの程度のものにするかが決定されなければならない。販売部隊の最適規模を決定する主要な方法としては，①ブレークダウン法（breakdown method），②ワークロード法（workload method），③増加法（incremental method）[1]，④損益分岐点分析[2]，などを挙げることができる。以下，これらの決定方法について簡単に説明していこう。

(1) ブレークダウン法

この方法は，それぞれの決定方法のなかで最も簡単であり，実際にもよく用いられている。具体的には，$n = \dfrac{S}{P}$という公式に基づいて販売部隊の規模が決定される。この場合，nは必要な販売員の数，すなわち販売部隊の規模であり，Sは予想売上高，Pは販売員1人当たりの予想販売額である。

この方法はきわめて簡便ではあるが，欠点もある。因果関係の逆立ちなどはその典型である。すなわち，「この公式では，人的販売の規模を売上高の結果として扱っているが，実際の関係は逆で，『人的販売の規模──→売上高』と考えるのが妥当である[3]」。

(2) ワークロード法

この方法は，ビルドアップ法とも呼ばれ，一定期間中に販売員が遂行すべき「課業」に基づいて，販売部隊の規模を決定するものである。なお，この方法の前提として，すべての販売員は同量の課業を負担・遂行する，ということが仮定されている。具体的には，下記の公式に基づいて販売部隊の規模が決定さ

れる。

$$販売部隊の規模 = \frac{(見込顧客数) \times (必要訪問回数)}{販売員1人当たりの平均訪問回数}$$

　この方法は、販売部隊の規模の決定においては最もポピュラーなものであり、①理解が容易である、②顧客のタイプごとに訪問回数を変えられる、といった利点がある。しかし、顧客訪問時において費やされた時間と販売実績（売上高）との関係や、訪問回数の変化と販売実績の変化との関係などが考慮されていないという問題点もある。また、販売員によって時間の使い方などは大きく異なっており、すべての販売員が同量の課業を負担・遂行するという仮定には、かなり無理がある。

(3) 増 加 法

　この方法は、経済学における限界分析を販売部隊の規模の決定に援用したものである。すなわち、販売員の新たな投入による利益が費用の増加分を上回る限りにおいて、販売員の数を増やす、ということを基本命題としている。その決定過程はきわめて精緻かつ理論的であるが、反面、テリトリーごとの潜在力をどのように推定するか、などという問題点も抱えている。

(4) 損益分岐点分析

　この方法は、販売地域ないし販売部門や製品における1人の販売員を維持するのに必要なコストと、そこから得られると期待される利益とを比較分析して、特定の販売部隊に必要とされる販売員の数を決定するものである。その決定過程は以下の通りである。

① 特定の管理単位（地域、製品など）における販売員活動に必要と思われる「平均コスト」を算出する。

② 各地域の潜在需要とそこで獲得可能な売上高および利益の推定値を算出する。

③ ②で算出した利益額から、（販売員の給与や維持費用を除いた）「総コスト」を控除して「期待利益」を算出する。

④ 以上のような手順を踏んで、期待利益がコストを上回っている場合には販売員の数を増加させることは可能であるが、その逆の場合には販売員の数を減少させなければならないという判断がなされる。

このように，損益分岐点分析による販売部隊の規模の決定は，「損益分岐点」の測定に基礎をおいている。しかし，それを測定するのに必要とされるデータを入手することは容易ではなく，したがって，この方法によって販売部隊の規模を決定するためには，市場潜在力やコストの分析のためのより精密な手法の開発が必要とされる。

以上，販売部隊の規模を決定するための主要な方法をいくつか概観してきたが，いずれの方法にも一長一短がある。販売部隊の適正規模を決定するための基礎的データである，販売コストや市場潜在力の算定は容易なことではないから，もともと，販売部隊の適正規模を決定することはきわめて困難である。今後，販売部隊の規模を決定するための精緻かつ普遍的なモデルを開発していくことが課題となる。

(1) ①〜③の各方法について詳しくは，G. A. Churchill Jr., N. M. Ford & O. C. Walker Jr., *Sales Forcse Management*, Irwin, 1981, pp. 160-167 を参照されたい。
(2) この方法について詳しくは，来住元朗「販売員管理」三浦信・来住元朗・市川貢『新版マーケティング』ミネルヴァ書房，平成3年，242—243頁を参照されたい。
(3) 篠原一寿「人的販売戦略」宇野政雄編著『最新マーケティング総論』実教出版，昭和60年，80—81頁。

第4節　人的販売管理の体系

第1項　人的販売管理の全体図

本節では，本章のまとめとして，人的販売管理の体系について吟味することとするが，その全体図は，**図表8-2**のように描ける。

本図表におけるさまざまな事柄は，3つの相互関連的過程に含まれるものである。すなわち，①人的販売計画の策定，②人的販売計画の実施，③人的販売業績の評価とコントロール，という過程であるが，それらは人的販売管理のみならず，マーケティング管理，さらには経営管理における基本過程とも通ずる。いわゆる「計画（plan）──→実行（do）──→統制（see）」という過程がそれである。

以下，これら3つの相互関連的過程についてそれぞれ検討していこう。

第8章 人的販売戦略

図表8－2　人的販売管理の体系

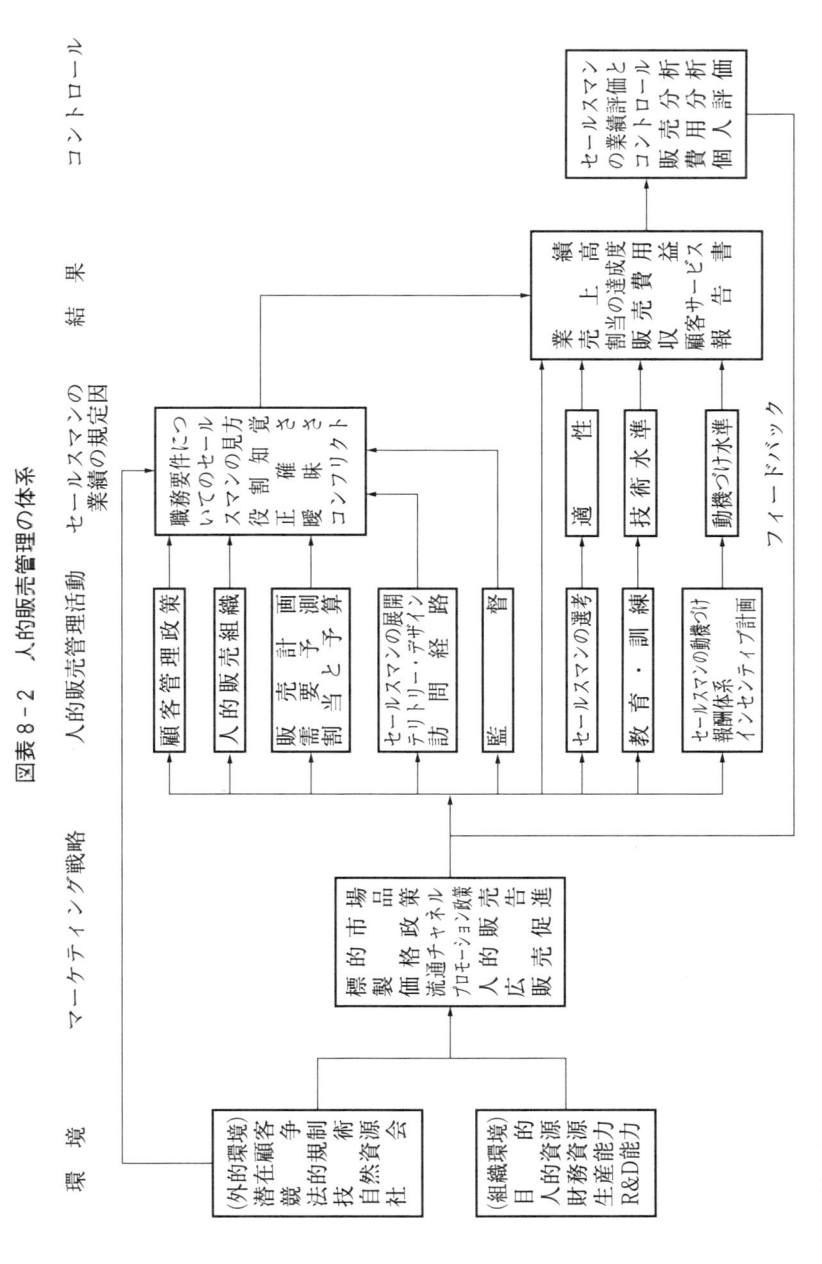

(資料)　G. A. Chilchill Jr., N. M. Ford & O. C. Walker Jr., *Sales Force Management*, Irwin, 1981, p. 19.

第2項　人的販売計画の策定

この段階では，5つの事柄が決定される。ひとつは，いかなる戦略を採用するかということである。残り4つは，**図表8-2**の人的販売管理活動のところで挙げられている。すなわち，①いかなる顧客管理政策を採用するか，②いかなる人的販売組織（販売部隊）を採用するか，③販売予測に基づき販売割当を行い，販売予算を作成する，④販売員の配置・展開やテリトリー分け，あるいは顧客を訪問する経路を決定する，などといったことである。

いうまでもなく，以上のようにして策定された人的販売計画はマーケティング計画全体と一致していなければならない。そのためにも，前節で触れた人的販売の目的と戦略とが，まず明確化されていなければならないのである。

第3項　人的販売計画の実施

人的販売計画を実施に移すためには，販売員を動機づけ，その行動を監督しなければならない。そのためには，管理者としては，販売員の行動様式をはっきり掌握しておく必要がある。販売員の行動様式を把握するには，一般的には，販売員の職務行動や業績に影響を及ぼす要因を明確化するのが早道である。それらの要因としては，**図表8-2**にみるように，①役割知覚，②適性，③技術水準，④動機づけ水準，を挙げることができる。

以下，これらの要因について簡潔に説明していこう[1]。

(1) **役割知覚**

販売員が自らの職務内容をどの程度理解しているかということは，その行動や業績に大きな影響を及ぼす。また，職務行動や職務理解は，販売員を取り巻く企業内外の人々の期待や要求によっても影響される。

つまり，販売員としては，自らに対する役割期待を的確に把握しておかなければならない，ということである。

(2) **適　性**

販売員の職務遂行能力や業績が，先天的な素質（パーソナリティ特性，知力，分析力など）によって影響されることはいうまでもない。そのため，今日では，販売員としてどのようなタイプの人が優れているかを明らかにするための方法

が，いろいろと開発されている。

(3) 技術水準

販売員は，職務を効果的に遂行するのに必要なさまざまな技術や知識をもたなければならない。具体的には，製品知識，プレゼンテーション方法などを修得する必要がある。とりわけ，コンピュータ業界，薬品業界などの販売員には，高度の技術水準が要求されているのは周知の通りである。

(4) 動機づけ水準

販売員が職務を効果的かつ完璧に遂行するには，そのために必要な努力を行うように動機づけられなければならない。販売員の動機づけは，通常，業績達成によって得られる報酬の内容と魅力（より多くの賃金の取得とか，昇進機会の存在など）を通じてなされる。したがって，報酬計画の立案と内容は，動機づけ水準を決定するきわめて重要な要因となる。

以上のように，販売員の行動に影響を与える要因はさまざまな内容を有しているが，これらの要因をコントロールするためには，以下の諸事項の立案がなされなければならない。

① 募集技術や選考基準の開発，すなわち採用計画の立案（これは主に適性要因に関わる）
② 教育・訓練計画の立案（これは主に販売技術要因に関わる）
③ 報酬計画の立案（動機づけ要因に関わる）
④ 監督方法および政策の立案（役割知覚，とくにコンフリクト[2]の発見・解消に関わる）

<small>(1) 詳しくは，篠原一寿「人的販売戦略」宇野政雄編著『最新マーケテイング総論』実教出版，昭和60年，77―78頁を参照されたい。
(2) たとえば，顧客がより安い価格を望むのに対して，販売管理者が定価の厳守を望むときがあるが，その際に発生するコンフリクトを指している。</small>

第4項　人的販売業績の評価とコントロール

販売員活動を有効に管理・統制し，その効率を高めるためには，販売員の職務達成または業績を評価することが基本的な必要条件となる。なぜなら，業績評価によって，販売員活動の問題点が明らかになり，それに基づいて販売員が

いかなる役割・責任を担うべきか，彼らをどのように訓練すべきか，さらには彼らにいかなる報酬を与えるべきかなどの人的販売管理のあり方や，人的販売計画および人的販売戦略のあり方を模索することができるからである。

評価の対象となる業績事項は，**図表8-2**の「結果」に該当するものである。すなわち，売上高，割当の達成度，販売費用，収益，顧客サービスの質，訪問報告書の作成などによって，販売員の業績は評価されるのである。

なお，販売員の業績を評価するためには，評価のための基準が確立されていなければならない。販売員の業績を評価するための基準ないし指標としては，以下のものが挙げられる[1]。

（量的基準）
① 「売上高」基準（製品別，顧客別，販売地域別の売上高ないし売上数量など）
② 「利益」基準（製品ライン別，顧客別，注文規模別の粗利益）
③ 「費用」基準（顧客訪問費用，顧客1回当たりの接待費用など）
④ 「顧客接触」基準（平均顧客訪問回数，顧客と過ごした時間など）

（質的基準）
① 自企業のマーケティング戦略，製品特性，市場環境などについての販売員の知識
② 販売員の自己管理能力
③ 顧客関係における適応性ないし柔軟性
④ 販売員のパーソナリティや態度

以上のような基準に基づいて販売員の業績が評価されるのであるが，その際，できるだけ多くの基準で評価することが望ましい。また，質的基準によって評価する場合には，評価担当者の主観と個人的偏見を最小化するように努めなければならない。

こうした基準に基づいて販売員の業績を評価する主要な方法としては，以下のものを挙げることができる[2]。

(1) 相対的販売成果の比較

これは，ある販売員が一定期間にあげた販売実績を他の販売員のそれと比較して，販売員間の相対的な業績を評価し，そのランクづけを行う方法である。

この方法によると，販売員ごとの能力や活動の仕方の差異を把握することが

ある程度可能となる。しかし、市場の潜在需要や競争の程度などは地域間においてかなりの格差があるので、販売成果はそれによって影響を受けることも多い。したがって、この方法は、需要や競争などに地域間のバラツキがない場合にのみ有効である。

(2) 過去の販売成果と現在のそれとの比較

これは、当該販売員の過去（前年ないし前期）の販売実績と現在のそれとを比較することによって、販売員を評価する方法である。

この方法によると、当該販売員の足跡が明確に把握できるが、他の販売員のそれとの関係を明らかにすることはできない。

(3) 地域の潜在的需要と販売成果との比較

これは、特定地域の潜在的需要と当該販売員がその地域において達成した販売実績とを比較することによって、販売員を評価する方法である。

しかし、市場（地域）の潜在力は種々の要因によって規定されるし、予期しえない要因によっても変動するので、この方法は必ずしも適正とはいえない場合もある。また、販売員は潜在的顧客よりも現在の（顕在的な）顧客に自己の努力を振り向ける傾向が強いので市場（地域）の潜在需要と販売実績とが大きく乖離する場合もある。

(4) 販売割当による評価

これは、各販売員にあらかじめ割当てられた売上高などの目標と各販売員が達成した販売実績とを比較することによって、販売員を評価する方法である。

この方法は評価基準が明確なので、多くの企業において広く用いられている。しかし、市場的環境条件は不確実性が大きく、かつたえず変化しているので、業績評価に際しては、販売割当額を固定的な基準とするのではなく、弾力性をもたせることが必要である。また、販売割当は単に販売員の業績を評価したり、彼の給与・報酬を決定するための基準となるだけでなく、全体の販売計画の基準ともなるので、おろそかに決定すべきではない。なお、販売割当は一般に、①地域別の潜在需要量、②過去の販売実績、③景気動向、④マーケティング政策の変化、⑤競争他社の状況、などに基づいて決定される[3]。

以上のように、販売員の評価を行う方法にはさまざまなものがあるが、それぞれに一長一短がある。今日、販売員活動の内容は多様かつ多岐にわたってお

り，また，その活動が種々の異なった状況下で展開されるので，販売員の業績を客観的かつ適切に評価するのは容易なことではない。販売員活動の評価基準として，実際には，「売上」が用いられる傾向が強いが，むしろ，重要なのは，売上よりも「利益」とりわけ貢献利益である。したがって，評価担当者には，「マーケティング活動全体さらには企業活動全体の実績を的確に分析・把握し，それにもとづいて適正な基準を設定して，個々の販売員や販売部隊がどれだけの貢献利益をあげたかを評価しなければならない[4]」，ということが要請される。

(1) 来住元朗「販売員管理」三浦信・来住元朗・市川貢『新版マーケティング』ミネルヴァ書房，平成3年，244頁。
(2) それぞれの方法の内容について，詳しくは，同論文，244—245頁を参照されたい。
(3) 池上和男「セールスマン販売」田内幸一・村田昭治編『現代マーケティングの基礎理論』同文舘，昭和56年，299—300頁。
(4) 来住元朗，前掲論文，246頁。

第9章　広告戦略

第1節　広告の定義と機能

　広告（advertising）[1]は，現代の高度情報化社会のなかで，企業と消費者をつなぐ太いパイプである。企業がいくら良い製品を開発し，それに適切な価格をつけ，消費者がそれを容易に入手できるように効率的な流通網を形成させていたとしても，その製品の存在が消費者に知らされ，それに対する欲求を喚起させることができなければ，その製品は消費者にとっては存在しないも同然である。ここに，現代マーケティングにおいて，製品やサービスに関する情報を消費者に伝達し，それに対する購買欲求を喚起させるための活動が必要となる。その活動のひとつが「広告」である。

　広告とは，定義すると，「明示された送り手が有料の媒体を通じ，多数の受け手を対象に商品やサービスなどの名称，機能，特長を知らせる情報伝達活動であり，それは受け手の意識，態度，行動に変容を与える目的で伝播される説得活動である[2]」といえる。この定義から，広告には，「情報伝達」と「説得」（購買欲求の喚起）という2つの機能があることをみてとれる。

　ところで，前述の2つの機能は，広告以外の他のプロモーション活動（人的販売，狭義の販売促進，パブリシティ）も有しているが，企業の観点からすれば，その本質的機能は「説得」にある。この「説得」は，広告およびその他のプロモーション活動によって伝達される情報の内容が，それの発信者である企業の意図したように，受信者である消費者に認知・理解された時に初めて達成される。その意味において，「説得」とは，情報の発信者としての企業と受信者としての消費者との間に，「意味の共有[3]」を確立させることにほかならない。そして，「このような『二つ以上の主体相互間において意味の共有を確立させる過程ないし作用』をコミュニケーション（communication）というのである

が、それからすれば，広告およびその他の販売促進活動は『コミュニケーション活動』として認識されなければならないのである(4)」。

なお，「PR」という用語があるが，これは Public Relations（公衆関係）の略語である。この PR と広告とを混同して使用しているケースが少なくない。しかし，両者は，情報の伝達手段の面では共通する点があったとしても，目的がまったく異なる。すなわち，広告は，商品を販売する目的をもって行われる非人的なプロモーション活動であり，その多くはマス・メディアを通じて行われるコミュニケーション活動である。一方，PR は，公衆(5)との諸関係を良好にすることを目的とし，多くの人々に伝達するという面では，マス・メディアをコミュニケーション手段として利用することもある。つまり，マス・メディアの利用という点で PR と広告は共通するところがあり，そこに両者が混同される一因を見出だすことができる。

(1) なお，「広告物」の英訳は advertisement,「宣伝」は propaganda である。
(2) 根本昭二郎「広告戦略」宇野政雄編著『最新マーケティング総論』実教出版，昭和60年，83頁。
(3) 「意味の共有」について詳しくは，ザルトマン著，広瀬芳弘・来佳元朗訳『行動科学とマーケティング』好学社，昭和46年，111－161頁を参照されたい。
(4) 来住元朗「広告管理」三浦信・来住元朗・市川貢『新版マーケティング』ミネルヴァ書房，平成3年，216頁。
(5) 公衆は，企業内公衆と企業外公衆に大別される。前者は，従業員，労働組合，従業員家族を含んでいる。一方，後者は，株主，金融機関，産業界，チャネル参加者，顧客，消費者（とくに消費者団体），地域住民，オピニオンリーダー，報道機関，政府および地方公共団体，政党・政治団体，学界，諸外国を含んでいる。なお，以上は，数多くある分類法のうちのほんの一例にすぎない。

第2節　マーケティング・コミュニケーション

第1項　広告コミュニケーション

マーケティング・コミュニケーションは，2人ないしそれ以上の人々あるいはグループ間の相互伝達活動であり，マーケティングの諸活動を促進し，円滑にする役割を果たす。そして，マーケティング・コミュニケーションの体系

第9章　広告戦略

(system) のなかに組み込まれ，その中心的役割を果たしているのが広告である。

ところで，コミュニケーション (communication) とは，ラテン語の communicátió, つまり common に由来する。それは，2つ以上の主体が意味 (meaning) を共有することによって意思を疎通し，情報や思想，態度などを共有する状態またはその過程を指して用いられることばである。コミュニケーションの過程は，送り手によって特定の意味を付与されたメッセージが，チャネルを通して目的とする受け手に伝達され，受け手が送り手にとって好ましい態度や行為をとることを期待されている一連のプロセスである。端的には，それは情報の体系的伝達のプロセスであるといえよう。

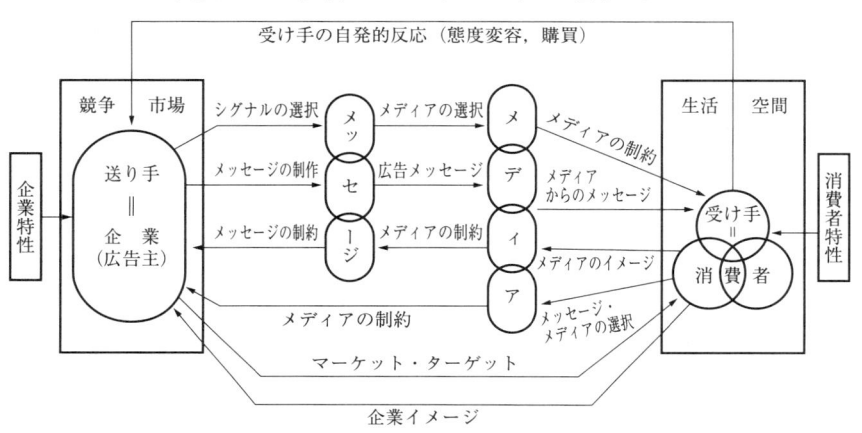

図表9-1は，広告コミュニケーションの基本モデルを示したものであるが，広告コミュニケーションは，メッセージの送り手 (communicator) としての企業，広告メッセージ (message) とその内容，メッセージを伝達するチャネルとしてのメディア (media)，受け手 (audience) である消費者，という4つの構成要素から成り立っている[1]。

4つの構成要素の特性は，以下の通りである。

図表9-1　広告コミュニケーションの基本モデル

(資料)　川島行彦「広告」田内幸一・村田昭治編『現代マーケティングの基礎理論』同文舘，昭和56年，309頁。

第9章　広告戦略

　企業特性は，企業目標，業種と規模，競争形態，マーケティング・ミックスの状態などによって特徴づけられるが，とくに広告コミュニケーションとの関連で重要なのは製品特性である。製品特性は，メッセージの内容を規定するばかりでなく，メッセージの伝達対象である消費者のセグメントに最も効果的に接近できるメディアの選択にも影響を与えている。

　メッセージは，ことばや映像，図形，絵画，音楽などのシグナル（signals）を組み合わせることによって，ひとつの意味を構成している。広告コミュニケーションにおけるメッセージは，通常，さまざまなシグナルの組合わせと象徴的なイメージの形成によって構成されている。なぜなら，限られた時間とスペースで，「メッセージは，送り手の目的とする受け手との間に，共通の意味

図表9-2　4大媒体の主要な特性

媒体	長所	短所
テレビ	・映像，音声，動きの総合的組み合わせにより，視覚と聴覚の両方に訴求できる ・注目率が高い ・到達範囲が広い ・同時性・即時性がある	・費用が高い ・瞬時的で広告寿命が短い ・視聴者の受信の選択性が小さい
ラジオ	・地域や聴取者層の選択性が高い ・多数の人々を対象にできる ・テレビにくらべて費用が安い ・同時性・即時性がある	・聴覚への訴求しかできない ・瞬時的で広告寿命が短い ・テレビより注目率が低い
新聞	・地域の選択性が高い ・タイムリーな広告メッセージを送れる ・地域市場のカバレッジが高い	・印刷の質が雑誌やDMにくらべて劣る ・広告寿命が短い ・広告メッセージの閲読率が小さい
雑誌	・地域や読者層の選択性が高い ・広告寿命が長い ・回覧率が高い	・広告が掲載されるまでに時間がかかる ・発行部数と購買部数が一致しない ・メッセージ・コピーの修正や変更についての弾力性がない

（資料）　来住元朗「広告管理」三浦信・来住元朗・市川貢『新版マーケテイング』ミネルヴァ書房，平成3年，230頁。

を生み出すものでなければならず，さらに送り手の意思が受け手に共鳴し，期待される態度や行為を誘発することが必要である[2]」という目的を達成することが要求されるためである。

広告コミュニケーションのマス・メディアは，電波媒体と印刷媒体に大別され，テレビ，ラジオ，新聞，および雑誌を4大媒体と呼んでいる。4大媒体の主要な特性は，**図表9-2**の通りである。

消費者特性は，年齢，性別，職業，所得などの社会的属性のほか，ライフ・スタイルやパーソナリティによる分類も重要である。とりわけ，近年は，ライフ・スタイル分析の相対的重要性が高まっている。

以上の広告コミュニケーションの各要素にみられるそれぞれの特性は，個別の広告コミュニケーションをさまざまに変化させている。実際の広告活動は，各特性の組合わせによる無数の可能性のなかのひとつを示しているにすぎない。

(1) 詳しくは，川嶋行彦「広告」田内幸一・村田昭治編『現代マーケティングの基礎理論』同文舘，昭和56年，308-310頁を参照されたい。
(2) 同論文，309頁。

第2項　マーケティング・ミックスとコミュニケーション・ミックス

マーケティング活動は，これをいくつかの要素的活動（または手段）の統合体，すなわちマーケティング・ミックスとしてみることができるが，そのひとつを構成するものとして，主としてコミュニケーションの形態をとるマーケティング・コミュニケーションまたはプロモーション活動がある。

このマーケティング・コミュニケーション活動についても，それを構成するいくつかの要素的活動（または手段）の統合体としてみることができ，これをコミュニケーション・ミックスと呼んでいる。コミュニケーション・ミックスは，市場へコミュニケートするために用いられるすべての説得的かつ情報的な要素から構成されているが，具体的には，人的販売，広告，狭義の販売促進，パブリシティの4つから構成されており，製品，流通，価格についてのミックスと並列されるものである[1]。

以上から明らかなように，企業は，その目標を達成するために，また最も効

果的なマーケティング戦略を遂行するためにも，マーケティング・ミックスの最適化を図らなければならない。また，広告を含むプロモーション活動を最適かつ有効に展開するためには，他のマーケティング諸活動との調整・統合が図られなければならない。さらには，ここで課題となっているコミュニケーション活動を円滑かつ効率的に展開するためには，コミュニケーション・ミックスの最適化が図られなければならないのである。

(1) 以上は，久保村隆祐・荒川祐吉編『商業辞典』同文舘，昭和57年，95頁を参照している。

第3節　広告予算の決定

広告活動を円滑かつ効果的に展開するためには，それに支出する予算を科学的かつ合理的に決定しておかなければならない。そして，広告予算を決定するにあたっては，まず，それに影響を与える諸要因についての検討をしておくことが肝要である。影響を与える主要な要因としては，①需要動向，②競争企業の動向，③（①と②以外の）社会経済的環境条件，④当該製品の差別化の程度およびライフ・サイクルの段階，⑤流通経路，などを挙げることができる。

さて，広告予算の決定方法にはさまざまなものがあるが，以下では，主要なものについてのみ簡単に説明しておこう[1]。

(1) 売上比率法

これは，売上実績または売上高予算に比例した広告予算を設定する方法である。

比率の基準としては，前期の実績売上高，当期の予定売上高，あるいは次期の予想売上高が用いられるが，いずれの基準を採るかは一定していない。さらに，売上高として売上金額を採るか売上数量を採るかという問題があるが，前者を採る場合はそれに一定の百分率を乗じ，後者を採る場合はそれに一定の単価を乗じて広告予算を決定する。

売上比率法の利点は広告費の決定が簡単にできることにあるが，問題なのは，広告と売上高との間に直接的な因果関係をおいていることである。売上高はさまざまなマーケティング努力の総和であって，単に広告のみによって達成され

るものではないし，また，それは市場的環境要因の動向によっても左右されるものなのである。したがって，売上比率法は必ずしも論理的根拠のある，合理的な広告予算の決定方法であるとはいえない。

(2) 対抗企業法

これは，競争企業の広告費を基準にして，それに対抗する形で当該企業の広告費を決定する方法である。

この方法は簡単であり，競争企業の広告費を目安にすれば，その産業の総合的な基準，妥当な水準になるという点から，実際にも広く用いられている。しかし，広告目標や広告資源は企業ごとに異なっており，他企業の広告費をそのまま自社の広告予算の決定基準として採用することは必ずしも適切ではない。また，これは，あくまでも他企業中心の受動的かつ防御的な予算決定方法であるから，積極的な広告戦略を展開しようとする際には，不向きである。

(3) 目標—課業法

これは，まず企業のマーケティング活動における広告目標（object）あるいは課題（task）を設定し，これを達成するのに必要とされる広告予算を計上する方法である。

具体的には，以下のような手順を踏んで広告予算が決定される。

第1段階：一定の広告目標を設定しなければならないが，目標としては，「売上高の増加」といった目標だけではなく，「知名率や記憶率の増大」といったコミュニケーション目標も設定しなければならない。

第2段階：設定した目標の達成のために必要と思われる広告活動の種類と量を決定する。

第3段階：それらの広告活動に必要とされる費用（媒体費，広告コピー費[2]など）を推計し，広告予算を決定する。

この方法は，「先に必要な金額が決定され，その範囲内でなされるべき目標や活動が決定される」という従来の主客転倒的な考え方を改めたものとして，広告予算決定法の合理的手法のひとつであるとされている。しかし，広告目標それ自体をどのように設定するのか，またその目標がコストをかけるだけの価値があるのか否かについて，明確な基準や論理的根拠が必ずしも見出だせない，という問題点を抱えている。

図表9-3　広告予算の編成とその統制との関係

```
┌─────────────────────────────────────────────────────────────┐
│  (広告管理)                                                   │
│           ┌──→ 広告計画に基づく広告作業 ──┐                    │
│  (広告計画)│                              │                   │
│   の立案) │                              ↓                   │
│ マーケティ ─→ 広告  ⇒  広告  ⇒  広の告実 ─→ 広告               │
│ ング計画  ─→ 計画 (予算編成) 予算 (広告費の支出) 活施動    効果 │
│           ─→ 広告                                             │
│              目標                                             │
│              ↑─────────────(広告予算統制)──────┘              │
└──────↑──────────────────────↑────────────────────────────────┘
    (広告意思決定)        (広告管理情報)
           └──→ 広告マネジャー ←──┘
```

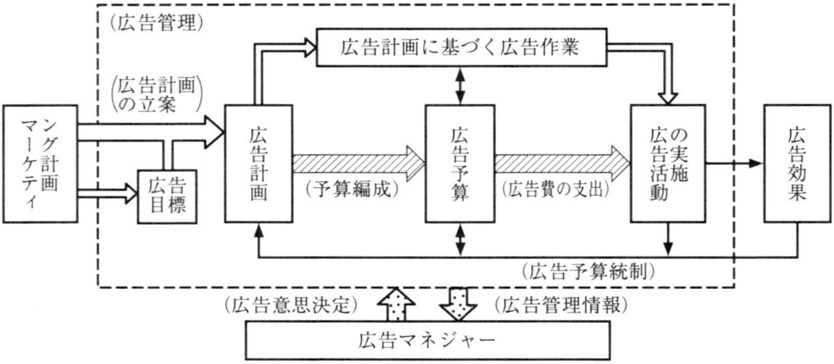

（資料）　久保村隆祐・荒川祐吉編『商業辞典』同文舘，昭和57年，78頁。

(4) 見込購買者数法

これは，見込購買者1人当たりの広告費を推定し，これを基準として単位費用に見込購買者数を乗じ，一括総計した金額を広告予算として決定する方法である。

(5) 利益比率法

これは，広告予算の基準を利益額比率によって求めるものである。利益額としては，売上総利益，当期純利益などが用いられる。

(6) 投資収益法

これは，広告の投資的効果と広告費支出との関係から算定した割引利益率に基づいて広告予算を決定する方法である。

以上，主要な広告予算決定法を概説してきたが，そのほかにも，「支出可能額法」，「任意法」，「増加法」，「役員会決定法」など種々の方法がある。しかし，いずれの方法も利点と欠点を有しており，普遍的な方法はまだ開発・確立されていない。

なお，**図表9-3**は，広告予算の編成とその統制との関係を図示したものである。

　　(1)　詳しくは，①チャールズ Y. ヤン『広告――現代の理論と手法――』同文舘，昭和48年，98-131頁，②来住元朗「広告管理」三浦信・来住元朗・市川貢『新版マーケティング』ミネルヴァ書房，平成3年，219-221頁，③根本昭二郎「広告戦略」宇野

政雄編著『最新マーケティング総論』実教出版，昭和60年，99－100頁を参照されたい。なお，広告予算の決定方法とその評価について，とくに①の文献は，きわめて詳細かつ優れた分析を行っている。
(2) 広告コピーとは，広告の文章のことである。コピーには見出し（ヘッドライン）と本文（ボディ・コピー）とがある。イラストレーションを加えて広告原稿の３要素という。なお，広告原稿全体を広告コピーということもある。

第４節　広告媒体の選択

第１項　広告媒体の種類

　広告メッセージが消費者の注意をひき，認識され，記憶されるためには，それが適切な手段を通して提示・伝達されなければならない。広告メッセージを提示・伝達するための手段を「広告媒体」というが，ここに，媒体選択の問題が広告戦略において重要となってくる。
　図表９－４は，広告媒体の形態を分類したものである。
　新聞，雑誌，テレビ，およびラジオを４大媒体と称することについては第２節でも触れた通りであるが，そのほかSP広告媒体（sales promotion media）としてのDM広告，折込広告，屋外広告，交通広告，映画広告，POP広告などもある。また，最近はインターネット広告（これには，①バナー広告，②電子メール広告，③プッシュ型メディア広告，と３つの種類のものがある）も登場している。
　なお，衛星メディアやインターネットに代表されるニューメディアの登場とその進展は，今後さらに，マスコミ界と家庭での情報授受を一新させていくものと思われる。なぜなら，ニューメディアは，「パーソナル・メディアといえるもので，既存メディアと比べ，一方向から双方向性，選択的媒体として社会的にも新しい伝達媒体といえる[1]」からである。また，ニューメディアのさらなる進展は，「グローバル・コミュニケーションを成立させ，インターナショナル・マーケティングからグローバル・マーケティング（地球的視点からの企業活動）への転換を迫って[2]」こよう。なお，**図表９－５**は，1980年代前半時点におけるニューメディアの今後の展開方向を展望したものである。

第9章 広告戦略

図表9-4 広告媒体の形態分類

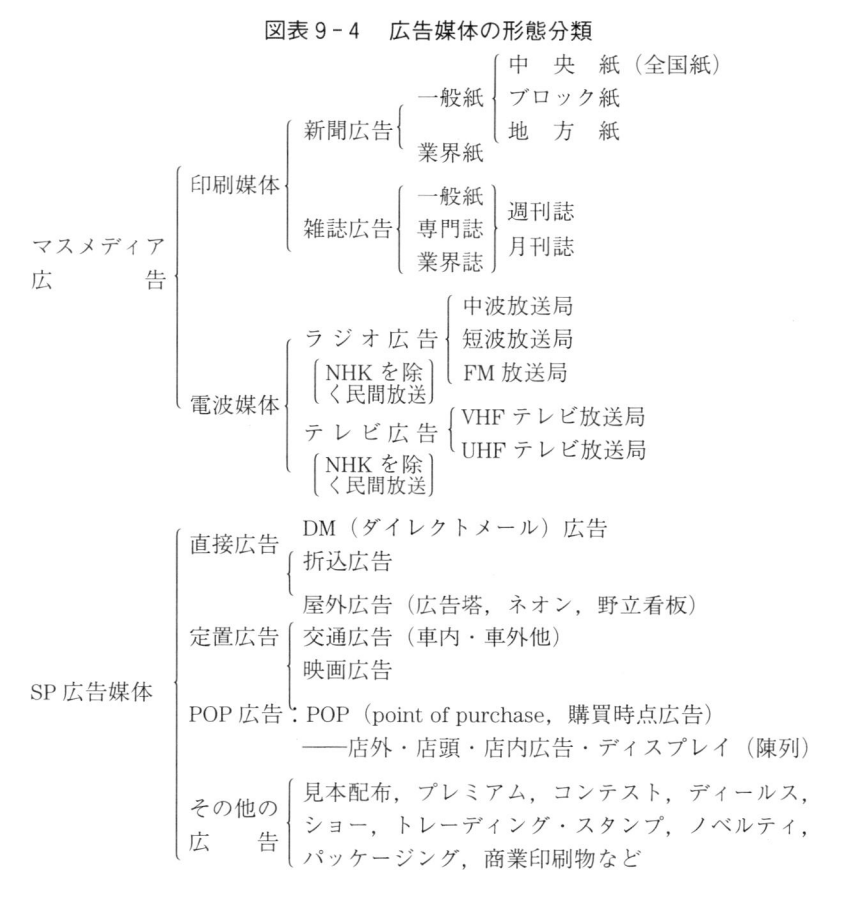

- マスメディア広告
  - 印刷媒体
    - 新聞広告
      - 一般紙
        - 中央紙（全国紙）
        - ブロック紙
        - 地方紙
      - 業界紙
    - 雑誌広告
      - 一般紙
      - 専門誌
      - 業界誌
      - （週刊誌／月刊誌）
  - 電波媒体
    - ラジオ広告〔NHKを除く民間放送〕
      - 中波放送局
      - 短波放送局
      - FM放送局
    - テレビ広告〔NHKを除く民間放送〕
      - VHFテレビ放送局
      - UHFテレビ放送局
- SP広告媒体
  - 直接広告
    - DM（ダイレクトメール）広告
    - 折込広告
  - 定置広告
    - 屋外広告（広告塔，ネオン，野立看板）
    - 交通広告（車内・車外他）
    - 映画広告
  - POP広告：POP（point of purchase，購買時点広告）
    ——店外・店頭・店内広告・ディスプレイ（陳列）
  - その他の広告
    - 見本配布，プレミアム，コンテスト，ディールス，ショー，トレーディング・スタンプ，ノベルティ，パッケージング，商業印刷物など

（資料） 根本昭二郎「広告戦略」宇野政雄編著『最新マーケティング総論』実教出版，昭和60年，87頁。

(1) 根本昭二郎「広告戦略」宇野政雄編著『最新マーケティング総論』実教出版，昭和60年，97頁。
(2) 同論文，同頁。

第2項 広告媒体の選択基準

媒体形態の選択，すなわち種々の媒体のなかから，自社の製品やサービスについての広告メッセージを提示・伝達するのに最も適切と思われる媒体が選択

第 9 章　広 告 戦 略

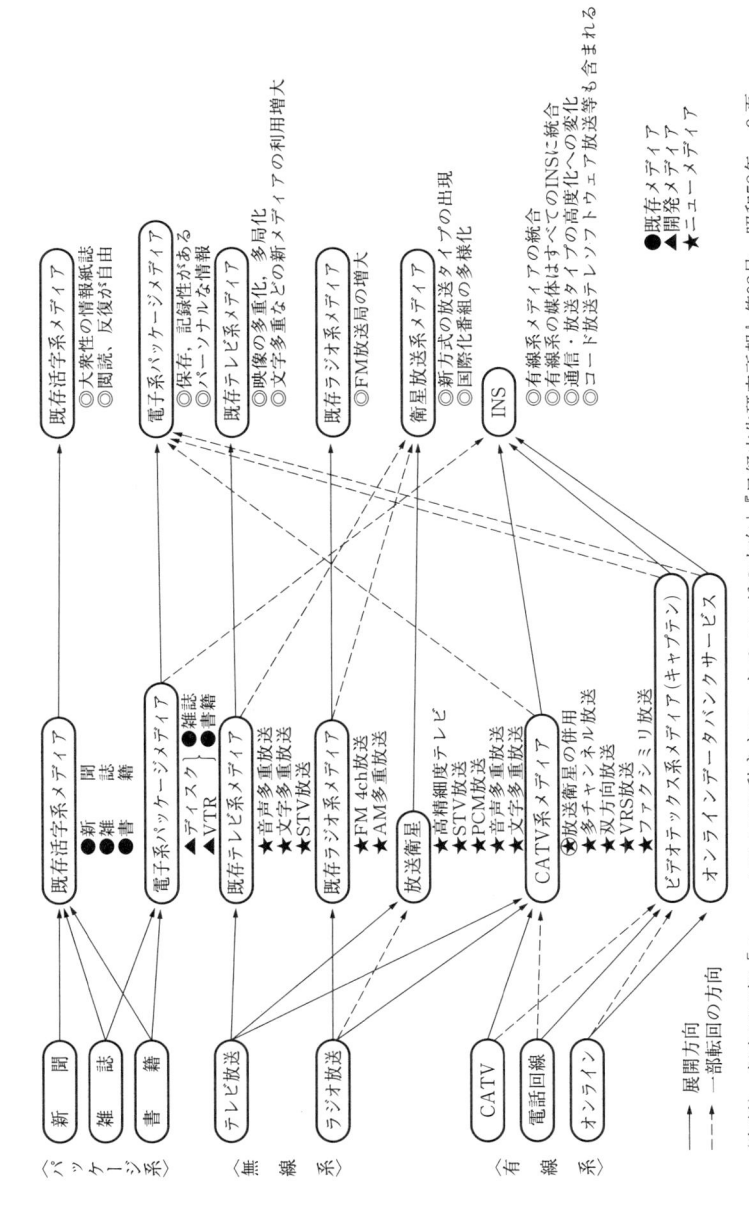

図表 9 - 5　ニューメディアの今後の展開方向（サービス態様の高度化と融合化）

既存活字系メディア
○大衆性の情報紙誌
○閲読、反復が自由

電子系パッケージメディア
○保存、記録性がある
○パーソナルな情報

既存テレビ系メディア
○映像の多重化、多局化
○文字多重などの新メディアの利用増大

既存ラジオ系メディア
○FM放送局の増大

衛星放送系メディア
○新方式の放送タイプの出現
○国際化番組の多様化

INS
○有線系メディアの結合
○有線系の媒体はすべてのINSに統合
○通信・放送タイプの高度化への変化
○コード放送テレソフトウェア放送等も含まれる

● 既存メディア
▲ 開発メディア
★ ニューメディア

既存活字系メディア
● 新　聞
● 雑　誌
● 書　籍

電子系パッケージメディア
▲ ディスク　● 雑誌
▲ VTR　　　● 書籍

既存テレビ系メディア
★ 音声多重放送
★ 文字多重放送
★ STV放送

既存ラジオ系メディア
★ FM 4ch放送
★ AM多重放送

放送衛星
★ 高精細度テレビ
★ STV放送
★ PCM放送
★ 音声多重放送
★ 文字多重放送

CATV系メディア
◎ 放送衛星の併用
★ 多チャンネル放送
★ 双方向放送
★ VRS放送
★ ファクシミリ放送

ビデオテックス系メディア（キャプテン）

オンラインデータバンクサービス

〈パッケージ系〉
新　聞
雑　誌
書　籍

〈無線系〉
テレビ放送
ラジオ放送

〈有線系〉
CATV
電話回線
オンライン

──→ 展開方向
---→ 一部転回の方向

（資料）根本昭二郎「ニューメディアの動きとマーケティングの方向」『日経広告研究所報』第92号、昭和58年、9頁。

されると、次に、その形態のなかから、最も適切な特定媒体の選択がなされなければならない。特定媒体の選択とは、たとえば、A社が、「新聞」媒体のなかから、特定の新聞（たとえばB紙）を選択・使用することをいう。

こうした媒体選択を行う際の基準は、以下のような「量的基準」と「質的基準」に大別される。

(1) **量的基準**

① リーチ（到達率）：特定期間内において、その広告媒体に何人（何世帯）が接触するかの程度を示す指標。具体的には、テレビの「視聴者数」や新聞・雑誌の「購読者数」などをいう。

② 到達範囲：その媒体が到達できる地理的範囲ないし市場領域。たとえば、テレビやラジオのサービス・エリア、新聞の配布地域などをいう。

③ フリーケンシー（平均接触頻度）：特定期間内において、広告メッセージの受け手であるオーディエンスが、特定の媒体に提示されたそれに何回接触したかをみるもので、その平均接触頻度を指す。

④ GRP（延べ視聴率）：リーチとフリーケンシーとから算出され、放送広告の到達効果を測る指数。GRP（gross rating point）＝リーチ（到達率）×フリーケンシー（平均接触頻度）として表示される。

⑤ 単位当たりコスト：特定の媒体に広告メッセージを出稿する場合に必要な1回当たりの費用。

(2) **質的基準**[1]

① 認知率：広告メッセージがオーディエンスに認知される確率。たとえば、これはテレビでは大きいが、屋外広告では小さい。

② 持続期間：広告メッセージがオーディエンスに認知・記憶されている期間。たとえば、ある種の絵入りの雑誌などはこの期間が長い。

③ 影響力の程度：特定の媒体を通して提示・伝達される広告メッセージがオーディエンスに与える衝撃（impact）の強さ。たとえば、テレビは視覚と聴覚の両方を刺激するから、ラジオよりもインパクトが大きい。

④ 表現・訴求力：特定の媒体がもっている色彩、音像、映像などによる広告メッセージの表現・訴求力。テレビはこの能力が高い媒体である。

ところで、媒体選択に際しては、前述の基準だけではなく、「製品特性、企

業特性,広告目標,広告戦略,対象とする消費者層など,他の多くの要因についても考慮することが必要である[2]」。しかし,媒体選択の基本的志向は,リーチ（到達率）とフリーケンシー（平均接触頻度）との最大化におかれなければならない。なぜなら,到達率という「広がり」と接触頻度という「深さ」との最大化こそが,広告の最終目標である「売上増進」に結びついていくからである。

なお,広告媒体は,複数の媒体を組み合わせて使用する方がメッセージの伝達のためには効果的である。複数の媒体を組み合わせて使用することにより,シナジー効果（相乗効果）が発揮されるが,その意味において,「媒体ミックス」(media mix)の最適化を図ることが肝要である。

(1) 来住元朗「広告管理」三浦信・来住元朗・市川貢『新版マーケティング』ミネルヴァ書房,平成3年,223頁参照。
(2) 同論文,同頁。

第5節　広告効果の測定

広告の最終目標が売上増進であるとすれば,広告効果は広告が売上増進にどの程度寄与したかで測定されるべきものである。しかし,ひと口に広告効果といっても,その意味するところは多様である。すなわち,「広告の効果を広告活動による影響や成果の現われ方としてみると,広告の社会的効果[1],広告の経済的効果[2],広告のコミュニケーション効果,広告の売上高効果などさまざまなレベルや局面が考えられる[3]」。

しかし,一般に広告効果の測定という場合の広告効果とは,個別企業の広告目標の達成度を意味しており,「コミュニケーション効果」と「売上高効果」に焦点がおかれる。この場合,コミュニケーション効果とは,広告によって引き起こされた,消費者の心理的変化の程度を指し,売上高効果とは,売上高に対する広告の貢献度を指す。

企業の最大目標が長期利潤の極大化にあり,それが収益の増大によってもたらされるとすれば,広告効果は売上高との関係でみなければならない。企業にとっても,売上高効果の測定が中心的な課題であると考えられることが多い。

第9章　広告戦略

図表9-6　マーケティング・コミュニケーション・スペクトル（DAGMAR）

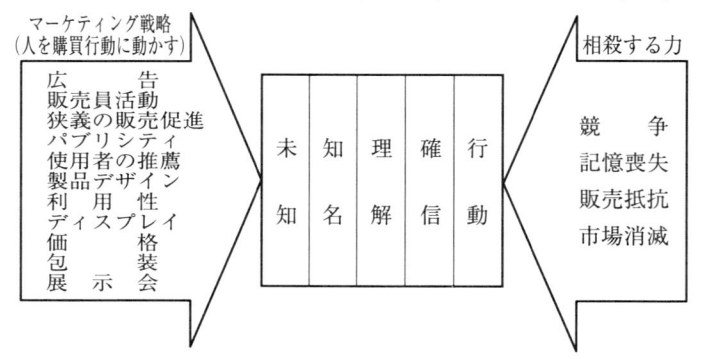

```
マーケティング戦略                                    相殺する力
（人を購買行動に動かす）
  広　　　告         ┌──┬──┬──┬──┬──┐    競　　争
  販売員活動         │未 │知 │理 │確 │行 │    記憶喪失
  狭義の販売促進     │  │  │  │  │  │    販売抵抗
  パブリシティ       │知 │名 │解 │信 │動 │    市場消滅
  使用者の推薦       │  │  │  │  │  │
  製品デザイン       └──┴──┴──┴──┴──┘
  利　用　性
  ディスプレイ
  価　　　格
  包　　　装
  展　示　会
```

（資料）　八巻俊雄訳『目標による広告管理』ダイヤモンド社，昭和41年，98頁。（R. H. Colley, *Defining Advertising Goals for Measured Advertising Results*, Association of National Advertisers, 1961.)

　しかし，売上高は製品それ自体の良し悪しや，広告とそれ以外の要素（マーケティング・ミックスを構成する，広告以外の諸要素）との相互作用のあり方によっても，また，市場的要因の動向によっても左右されるものであり，そのなかで広告だけの効果を取り出すことはきわめて困難である。したがって，広告の売上高効果は，「（売上高を左右すると思われる）広告以外の多数の要因の作用が一定である」，というきわめて限定的な条件のもとでなければ，測定困難である[4]。

　かくして，現代では，広告効果の測定は，「売上高効果」よりも，むしろ「コミュニケーション効果」の測定に中心がおかれるようになっている。広告のコミュニケーション効果を測定するにあたって，とくに，**図表9-6**で示したコーレイ（Colley, R. H.）による「DAGMAR」モデルは，広告目標の設定と広告効果を未知→知名→理解→確信→行動の各レベルで捉えようとする考え方を示し，その後の広告効果の測定に大きな影響を与えた。

　ところで，広告のコミュニケーション効果の測定方法にはさまざまなものがあるが，以下では，主要な方法についてのみ簡潔に説明しておこう[5]。

(1) **意見法**

　これは，当該製品または類似製品の広告に接触したオーディエンスのなかから一定数の回答者を標本抽出し，広告についての「意見」を聞くことによって，

広告の知名度や選好順位を測定する方法である。主要なものとして，グループ・ディスカッション法，一対比較法，順位づけ法，格づけ尺度法などがある。

(2) 認知法

これは，特定の広告物を回答者に示して，彼らがその広告物のなかから「何を」，「どの程度」認知しているかを測定する方法である。そこでは，主として，①注目率（その広告物を見聞したことがあるオーディエンスの割合），②閲読率（その広告物に表現されているもののうち，どんな部分でもいいから，それを見聞したことがあるオーディエンスの割合），③精読率（その広告物の内容を少なくとも半分以上は知っているオーディエンスの割合），という3つの指標について測定される。

(3) 想起法

これは，特定の広告媒体の接触者に，その媒体において提示されている広告メッセージの内容（「広告主」や「製品」など）を思い出してもらう方法である。これには，まったくヒントを与えない「純粋想起テスト」と，事前に何らかのヒントを与える「助成想起テスト」とがあるが，通常，後者が採用されることが多い。

(4) 照会法

これは，広告物にクーポンをつけ，その回収量によって広告に対する関心度を調べる方法である。代表的なものに「スプリットラン・テスト」があるが，これは，表現内容が一部分異なる2種類のクーポンつきの広告物を，同一発行日付の新聞または雑誌の同一ページに印刷部数の半分ずつ分割掲載し，それぞれに添付したクーポンの回収量によって，広告メッセージの相対的関心度を測定するものである。

(5) 投影法

これは，臨床心理学の分野で開発された技法を応用したもので，消費者に購買動機について直接質問するか，何らかの漠然とした刺激（たとえば，不完全な文章，絵画，課題など）を与えることによって消費者の反応を調べるか，のいずれかの方法によって消費者の真の購買動機を探り，広告がそれにどのくらい貢献しているかの程度を測定しようとする方法である。主要なものとして，ロールシャッハ・テスト，文章完成法，単語連想法，課題統覚法などがある。

図表9-7　消費者の購買心理過程と広告効果の測定方法

関連行為の次元	購買への段階	各段階に関連のある販売促進または広告の型	各段階でもっともよく利用されている調査技法
動機的―動機の領域 　広告は欲求を刺激するかまたは方向づける	購買 ↑ 確信	購買時点広告；小売店広告；特別販売；価格訴求；証明書	市場テストまたは売上高テスト；スプリットラン・テスト；購買意欲テスト；投影法
感情的―感情の領域 　広告は態度と感情を変化させる	↑ 選好 ↑ 好意	競争的広告；理屈っぽいコピー；「イメージ」広告；ステイタスや魅力を強調する訴求	ブランド選好の順位付け法；格付け尺度法；イメージ調査（チェック・リスト法と意味差分別技法を含む）；投影法
認知的―思考の領域 　広告は情報と事実を提供する	↑ 知識 ↑ 意識	告知；写実型コピー；項目別広告；スローガン；ジングル；空中文字；じらしキャンペーン	情報を得るための質問；録音再生分析；ブランド意識調査；助成想起テスト

（注）　R. J. Lavidge & G. A. Steiner, "A Model for Predictive Measurements of Advertising Effectiveness", *Journal of Marketing*, Vol. 25, No. 4, 1961, p.61. に準拠。
（資料）　図表9-2の文献，228頁。

　以上のように，広告のコミュニケーション効果を測定する方法にはさまざまなものがあるが，**図表9-6**に示したコミュニケーション・スペクトルのそれぞれの段階において最も適切と思われる測定方法を選択・使用することが肝要である。これについては，**図表9-7**に示すように，ラビッジ（Lavidge, R. J.）とスタイナー（Steiner, G. A.）が提示したモデルが大きな参考となる。ラビッジとスタイナーは，消費者の購買心理過程の各段階ごとの，有効かつ利用可能な測定方法を提示している。

なお，売上高効果をもって広告効果を測定しようとする試みにはかなりの無理があったが，コミュニケーション効果をもって測定する試みにも問題点はある[6]。すなわち，第1に，コミュニケーションは広告のみによって果たされるものとは限らないから，コミュニケーション効果の要因を広告のみに帰することは，売上高と広告との間に直接的な因果関係を想定するのと同じ危険を犯すことになる。第2に，消費者はコミュニケーション・スペクトルないし購買心理過程のすべての段階を直線的に進行していくとは限らないし，その最終段階が購買という行為になるとは限らないということである。

広告効果の測定をより的確かつ有効に行うための，いっそう精緻な技法[7]の開発が望まれるところである。

(1) これには，新しい風俗やコマーシャル・ソングの流行，子供の教育に対する影響，浪費的な消費生活の蔓延，街の美観や騒音などがある。
(2) これには，需要創造効果，市場集中効果，参入阻止効果，流通費削減効果，雇用機会の提供などがある。
(3) 川嶋行彦「広告」田内幸一・村田昭治編『現代マーケティングの基礎理論』同文舘，昭和56年，321－322頁。
(4) なお，広告の売上高効果を測定する方法としては，「ネタップス法」，「実験計画法」，「解析法」などがある。詳しくは，小林太三郎『広告管理の理論と実際』同文舘，昭和53年，597－616頁を参照されたい。
(5) 来住元朗「広告管理」三浦信・来住元朗・市川貢『新版マーケティング』ミネルヴァ書房，平成3年，226－227頁参照。
(6) 詳しくは，同論文，227－228頁を参照されたい。
(7) 今後，とくに望まれるのは，よりいっそう精緻化された，「事前テスト」のための技法を開発することである。広告効果の測定は，かつては「事後テスト」に重点がおかれてきたが，適切な広告計画を策定するためには，事前テストがきわめて重要な意味をもっている。

第10章 セールス・プロモーション戦略

第1節 セールス・プロモーションの定義とその重要性

これまですでに説明してきたように,セールス・プロモーションとは,広義の販売促進活動(人的販売,広告,パブリシティ,セールス・プロモーション)の一環をなすものであり,一般的には,狭義の販売促進活動を指す[1]。AMA(アメリカマーケティング協会)によれば,セールス・プロモーションとは,「人的販売,広告,パブリシティを除く,消費者の購買や販売業者の効率を刺激するマーケティング活動[2]」であると定義されている。いいかえれば,人的販売と広告とを有機的に連結させ,需要刺激・喚起の総合的効果を増大させる連結弁的役割を果たすものがセールス・プロモーションである。

ところで,こうしたセールス・プロモーションは,人的販売や広告を補完し調整する活動であるという性格からか,かつては企業のプロモーション活動全体あるいはマーケティング活動全体のなかでは,それほどウェイトの高いものではなかった。しかし,図表10-1に示すように,近年,セールス・プロモーション支出の伸びが広告支出のそれを上回っている。本図表はアメリカの傾向

図表10-1 セールス・プロモーション支出と広告支出の伸びの比較 (米国)

	1980年度	1981年度	1982年度	1983年度	1984年度	1985年度	1986年度	1987年度	1988年度
セールス・プロモーション支出の伸び	15%	18%	11%	13%	17%	14%	13%	9%	7.5%
広告支出の伸び	10%	11%	8%	11%	16%	9%	7%	7%	6.8%

(注) *Marketing & Media Decisions*, July 1989, p. 124. を一部修正。
(資料) 鈴木孝「SP活動の重要性の高まりと今後の方向」早稲田大学大学院宇野研究室編『新時代のマーケティング理論と戦略方向』ぎょうせい,平成4年,152頁。

第10章　セールス・プロモーション戦略

を示したものであるが，日本の場合においてもほぼ同様である。

　このように，セールス・プロモーション支出と広告支出との伸びを比較してもわかるように，近年，セールス・プロモーションの地位が相対的に上昇してきたのはなぜだろうか。それは，日本の場合，より直接的には低成長経済の定着とそれに伴う消費の低迷の時代の到来が契機となっているが，具体的には，以下のような諸事情に基づいている[3]。

① こうした時代に直面して，トップ・マネジメント・レベルで，効率的な販売促進手段としてセールス・プロモーションに対する理解が深められてきたこと。

② 販売担当者やプロダクト・マネジャーなどは，早く売上高を増加させなければならないというプレッシャーを受けており，そのため短期的に効果が期待できる販売促進手段として，セールス・プロモーションが重視されてきたこと。

③ 厳しい経済環境下にもかかわらず，新たな競合ブランドが増えており，それらにはセールス・プロモーションが多用され，また，対抗上既存のブランドもセールス・プロモーションをきわめて重視していること。

④ 品質の平準化が進み，それと関連して製品の差別化が困難になってきており，そのなかで，売上の増大を図るために，上記のようにセールス・プロモーション方策が多く採用されるとともに，「自社製品が実際に消費者に購入される場」に対する関心が高まり，そこでのセールス・プロモーション活動が注目されるようになってきたこと。

かくして，近年，セールス・プロモーション活動の重要性がますますクローズアップされ[4]，セールス・プロモーション活動全般にわたっての見直しが図られるようになっている。

(1) 一般に，広義の販売促進を「プロモーション」，狭義の販売促進を「セールス・プロモーション」とすることが多く，本書もこれに準じている。なお，一部では，セールス・プロモーションを広義の販売促進という意味で捉えているケースも見受けられる。

(2) 日本マーケティング協会訳『マーケティング定義集』日本マーケティング協会，昭和38年，51頁。(American Marketing Association, *Marketing Definitions : A Glossary of Marketing Terms*, AMA, 1960.)

(3) 鈴木孝「SP 活動の重要性の高まりと今後の方向」早稲田大学大学院宇野研究室編『新時代のマーケティング理論と戦略方向』ぎょうせい，平成 4 年，153頁参照。
(4) セールス・プロモーションの重要性が高まっていることについては，たとえば，下記文献も参照されたい。① H. W. Boyd Jr. & O. C. Walker Jr., *Marketing Management : A strategic Approach*, Irwin, 1990, p. 612. ② J. F. Engel, M. R. Warshaw & T. C. Kinner, *Promotion Strategy*, Irwin, 1987, pp. 439-440.

第 2 節　セールス・プロモーション戦略の展開手順

セールス・プロモーションを展開するにあたっては，以下のような手順を経なければならない。すなわち，①SP（セールス・プロモーション）の目的の設定，②SP 手段の選定，③SP プログラムの開発，④SP プログラムのプリテスト，⑤SP プログラムの実施とその管理，⑥SP の結果の評価，という手順である[1]。こうした手順を経てこそ，セールス・プロモーション戦略と呼べるものになる。

なお，販売促進については，他活動との有機的関係（広義販売促進においては製品，価格，チャネルなどの政策との関係，狭義販売促進においては人的販売，広告活動との関係）を考慮したうえで，それら他活動と合体させたトータル・マーケティングの視点に立つシステム的な統合を目指す，ということを常に重視していかなければならない。広義販促進にせよ，狭義販売促進にせよ，販売促進はそれだけが独走すべき性格のものではない。

以下，セールス・プロモーション戦略の展開手順の要点について説明していこう。

(1) SP の目的の設定

セールス・プロモーションの目的を決定するにあたっては，まず，当該企業の全体的なマーケティング戦略の枠組みが明確化されていなければならない。この枠組みに基づいてプロモーション戦略の目的が決定され，次いで，そうした目的を他のプロモーション活動とともに一体となって達成させるために，セールス・プロモーション戦略の目的が決定されることになる。

セールス・プロモーションの目的は以上のような脈絡のなかで設定されるが，その目的は製品についてのマーケティング目的に基づいている。セールス・プ

ロモーションのために設定される特定の目的は，標的市場のタイプによって異なる。

消費者に対する場合は，使用者の使用頻度およびその単位当たり購入量をより高めること，未使用者に製品を試用させること，競争他社のブランドの使用者を誘引すること，などがセールス・プロモーションの目的となる。

小売業者に対する場合は，自社の新製品アイテムを品揃えし，しかも自社製品をより多く扱ってくれるように誘引すること，シーズン・オフにもその製品を取り扱う意欲を高めさせること，関連品目を扱う意欲を高めさせること，競争他社のプロモーションに対抗してくれるようにすること，小売業者のブランド・ロイヤリティを確立すること，新たな小売販路への参入を促すこと，などが目的となる。

また，販売部隊に対する場合は，新製品やニュー・モデルの支援を促すこと，より多くの顧客を探し出すように勇気づけること，シーズン・オフにおける販売を刺激すること，などが目的となる。

(2) SP 手段の選定

セールス・プロモーションは多様な戦術的手段で構成される。それらの手段は，流通業者向け SP 諸手段，消費者向け SP 諸手段，および社内向け SP 諸手段に分類される。

諸手段の内容については次節で説明するが，SP 手段の選定にあたって重要なのは，それぞれの手段の性格をあらかじめ充分に把握したうえで，最適な手段を選定しなければならない，ということである。そして，実際には，複数の手段を上手に組み合わせて用いることが肝要である。

(3) SP プログラムの開発

採用すべき SP 手段が決まっても，それは最終的な決定ではない。すなわち，マーケティング計画担当者は，全体の SP プログラムを決定するために，さらに追加的な意思決定を行わなければならない。そのうち主要なものは，インセンティブ（刺激）の量，インセンティブを与える対象の条件，SP の伝達方式，SP の期間，SP のタイミング，SP の総予算，といったものである。

追加的な意思決定のうち，とりわけ留意しなければならないのは，SP 予算の決定についてである。採用したい SP 手段を展開する際には，あらかじめそ

れに必要なコストを綿密に算出しておかなければならない。そして，それに要する予算が企業のマーケティング予算全体から導き出されたSP予算を大幅に超過するならば，原則として企業はそれを採用すべきではない。ただし，そのSP手段を展開することによって，売上高や利益が見込みより増加するのであれば，ある程度の予算超過は問題とはならない。

こうして，SPプログラムを作成したならば，そのプログラムに手落ちがないか，再度点検してみることも肝要である。その際の点検の目安としては，次のプラニング要件項目が参考となる。すなわち，①目的に対する適合性，②企業体からみた実行可能性，③他の活動との連動性，④誰が，どのパートを担当するかの責任の明確性，⑤いつ，何が達成されていなければならないかの時間的な明確性，⑥コストの妥当性，⑦これまでの経験が充分にチェックされているという意味での系統性，などである[2]。

(4) SPプログラムのプリテスト

セールス・プロモーションの手段が適切か否か，インセンティブの量は適切か否か，また，プレゼンテーションの手法は効果的か否か，といったようなことについては，可能な限り，プリテスト（事前テスト）を実施すべきである。プリテストの実施によって，実際のSPプログラムの実施がより容易になる。セールス・プロモーションは通常，直ちに，しかも低費用で事前にテストできるものである。

(5) SPプログラムの実施とその管理

SPプログラムのプリテストを経ると，次はSPプログラムの実施である。プログラムの実施には，2つの重要な時間要素が考慮されなければならない。ひとつは「リード・タイム」，すなわちプログラムがセールス・プロモーションの発動時点に至るまでに必要とされる時間である。もうひとつは「セル・オフ・タイム」，すなわちセールス・プロモーションの開始時点から扱われた製品の90％〜95％が消費者の手元に到達し終わる時点までの時間である。

また，セールス・プロモーションを効果的に管理するには，個々のセールス・プロモーションについての目標とその実施計画とが明確にされている必要がある。

第10章　セールス・プロモーション戦略

図表10-2　SPプログラムの結果評価の手順

◎ SPプログラムの目標達成度
　　├─・SPプログラムは目標を達成したか
　　└─・SPプログラムの目標の達成はどの程度プロモーション（広義の販売促進）課題，当該企業のマーケティング課題に貢献したか

⇒　（達成し得なかった）
　　⇓
　　どこに問題があったか
　　・SPプログラム自体か
　　・市場を取り巻く環境の変化か
　　・担当者の活動か
　　・特別な問題が発生したか
　　・etc.

↓

個々のSP方策の有効性
　　├─・個々のSP方策は円滑に活動したか
　　└─・それは有効なものとなったか

↓

SPプログラムの目標以外に対する貢献
　　├─・目標以外で貢献したものがあったか
　　└─・それはどういったものであったか

↓

◎ 新たなSP課題の発見と確定

注，◎は最重要事項
（資料）　鈴木孝「セールス・プロモーション戦略」宇野政雄編著『最新マーケティング総論』実教出版，昭和60年，125頁。

(6)　SPの結果の評価

　セールス・プロモーション戦略の最終段階は，SPプログラムの結果の評価である。結果の分析・評価は，新たなSPプログラムの立案とその円滑な実施にあたっての重要な資料となり，また，これなしでは，企業のセールス・プロモーションに関するノウハウも蓄積されないから，戦略の展開上，きわめて重要な作業となる。

　結果評価の手法には，①販売実績の変動の分析，②消費者パネル[3]・データの分析，③消費者調査の実施，④実験による調査研究[4]，がある。

　また，結果評価の手順は，**図表10-2**の通りである。本図表に示されている事項を充分に検討することが，セールス・プロモーション・ノウハウの蓄積へとつながっていくのである。

第10章　セールス・プロモーション戦略

(1) 村田昭治監修，和田充夫・上原征彦訳『マーケティング原理』ダイヤモンド社，昭和58年，650頁。(P. Kotler, *Principles of Marketing*, Prentice-Hall, 1980.)
(2) 水口健二「販売促進の計画と展開」村田昭治編『現代マーケティング論』有斐閣，昭和48年，219頁。
(3) これは，消費者調査において，調査対象を固定し，反復して継続的に調査を実施する場合，その固定された調査対象の全体をいう。しかし，消費者パネルの長期的維持にはかなりのコストを要し，問題点となっている。
(4) たとえば，大手企業のうちのあるものは，いくつかの市場地域を選定し，そこで全国的セールス・プロモーションの戦略代替案の実験テストを行っている。

第3節　セールス・プロモーションの諸手段

第1項　流通業者に対するSP諸手段

　流通業者（卸・問屋，小売店）に対するセールス・プロモーション手段には種々のものがあるが，**図表10-3**は，それらのうちの主要なものとその実際の展開方式を示したものである。
　以下，本図表に示されている主要なSP手段について，簡潔に説明を加えていこう。

(1) **ディーラー・コンテスト**
　流通業者を対象に各種のコンテストを実施し，自社製品に対する販売意欲を増進させる方法をいう。
　なお，実際の展開方式のうちPOPコンテスト（point of purchase contest）とは，消費者が商品を購入する場所（＝購買時点）すなわち店頭・店内で実施されるコンテストをいう。

(2) **ディーラー・ヘルプス（販売店援助）**
　自社製品を扱う流通業者に対し，その営業力強化を中心とした経営改善に資する種々の援助を制度的に行う行為をいう。ディーラー・ヘルプ，ディーラー・エイドなどとも称する。

(3) **店頭販売助成（販売助成）**
　POP広告材料の提供，陳列用具の提供，陳列技法の提供，デモンストレー

図表10-3 流通業者に対する主要なSP手段とその展開方式

	SP の 手 段		展開内容の主要方式
流通業者に対するSP	① ディーラー・コンテスト		・売上高コンテスト ・陳列コンテスト ・接客技術コンテスト ・POPコンテスト
	② ディーラー・ヘルプス(販売店援助)		・店舗診断 ・経営診断 ・店主教育 ・店舗改善資金援助
	③ 店頭販売助成（販売助成）		・POP広告材料の提供 ・陳列用具の提供 ・陳列技法の提供 ・デモンストレーター派遣
	④ アローアンス提供		・陳列アローアンス ・広告宣伝アローアンス ・売上高アローアンス ・配送アローアンス
	条件付帯出荷	⑤ ディーラー・プレミアム	・招待（旅行など） ・物品・現金プレミアム
		⑥ 特別出荷（特売出荷）	・内増し付出荷 ・外増し付出荷 ・現金割引出荷 ・セット荷出荷

（資料） 鈴木孝「セールス・プロモーション戦略」柏木重秋編著『プロモーションの理論と戦略』白桃書房，昭和58年，171頁。

ター（推奨販売員）の派遣など，小売店の店頭での販売助成に関する活動をいう[1]。

なお，POP広告とは，購買時点広告ともいわれ，消費者が商品を購入する場所（＝購買時点）に掲出される広告をいう。具体的には，小売店の店頭・店内に掲出されるすべての広告物，すなわち品名プライスカード，ショーカード，スポッター，売り場案内，案内掲示を指す。

(4) アローアンス提供

メーカーがとくに要請した，特定の拡販（拡売）努力の実施に対する報酬として現金を提供することをいう。

よく用いられるものとしては，陳列アローアンス，広告宣伝アローアンスなどがある。前者は，自社製品のために特別の陳列を実施してくれた流通業者に報いるものである。後者は，自社製品を新聞，ラジオ，チラシなどで宣伝してくれた流通業者に報いるものである。

(5) ディーラー・プレミアム

流通業者に対してプレミアム（景品）をつけることによって，出荷を促進させることをいう。

(6) 特売出荷

平均マージン[2]率よりも低くした安い値段（特価）で販売することによって，出荷を促進させることをいう。

これには，下記のような諸方式がある。

① 内増し方式：たとえば10個を9個分の値段で出荷（1個分値引して出荷）することをいう。

② 外増し方式：たとえば10個を出荷するにあたって，1個多くつけて出荷（1個余分につけて出荷）することをいう。

③ 現金引き方式：たとえば1ダースに対して何％か引いて出荷するか，またはある金額を引いて出荷することをいう。

特売出荷は，実施が簡単であり，短期的に効果が出るため，多用されている。しかし，無計画に行うと，流通業者の末端在庫が増え，ひいては販売価格の混乱につながるので留意を要する。

　　(1) ディーラー・ヘルプスは，広義に解釈すると，店頭販売助成をも含むが，ここでは一般的である狭義の解釈に準じ，両者を区別して扱っている。

　　(2) マージンとは販売価格から仕入原価を差し引いたものであり，粗利益（グロス・マージン，利幅）ともいわれる。販売価格は仕入原価，営業費，純利益から構成され，仕入原価と営業費を合計したものが売上原価，営業費と純利益を合計したものがマージンになる。

第2項 消費者に対するSP諸手段

消費者に対するセールス・プロモーション手段にも種々のものがあるが，図表10-4は，それらのうちの主要なものとその実際の展開方式を示したものである。

以下，本図表に示されている主要なSP手段について，簡潔に説明を加えていこう。

(1) サンプリング

ある商品を販売したい場合，その有力な手段として，その商品をまだ購入したことのない消費者に対して試供品ないしは初期購入製品を無料で提供するこ

図表10-4 消費者に対する主要なSP手段とその展開方式

	SPの手段	展開内容の主要方式
消費者に対するSP	(1) サンプリング	① 添付サンプリング ② 店頭サンプリング ③ メディア・サンプリング ④ ダイレクト・メール・サンプリング ⑤ ドア・ツー・ドア方式
	(2) 消費者プレミアム	① 応募プレミアム ② パック・オン，パック・イン ③ 店頭プレミアム ④ クーポン
	(3) 値引	① 値引（プライス・ディダクション） ② 増量
	(4) 消費者教育	① デモンストレーション ② 講義方式
	(5) コンテスト	① クイズ方式 ② コンクール方式 ③ アンケート方式
	(6) スタンプ	① インセンティブ・スタンプ ② リテイル・スタンプ

（資料） 図表10-3の文献，176頁。

とによって，商品の価値を知ってもらおうという方策である。

これには，下記のような諸方式がある。
① 添付サンプリング：他の商品にサンプル（見本）を添付する方式。
② 店頭サンプリング：小売店に来店した消費者にサンプルを渡す方式。
③ メディア・サンプリング：広告などでサンプルの提供を知らせ，その応募者に郵送する方式。
④ ダイレクト・メール・サンプリング：ダイレクト・メールを用いて，直接，家庭にサンプルを配布する方式。
⑤ 面談サンプリング（ドア・ツー・ドア方式）：これも直接，家庭にサンプルを配布する方式であるが，消費者との面談を通じて配布する。

(2) 消費者プレミアム

景品を提供することによって，ある特定の商品の購入を促進させようとする方策である。

これには，下記のような諸方式がある。
① 応募プレミアム：たとえば箱の蓋のような，ある商品を購入したという証拠を送付した消費者に対して，景品を送付する方式。一般的には，先着方式と抽選方式が多く用いられる。
② 商品添付：ある商品を購入すれば，必ず景品がもらえるように，それを商品に添付しておく方式。商品のパッケージのなかに組み入れておくパック・イン方式と，その外に付加するパック・オン方式とがある。
③ 店頭プレミアム：小売店の店頭で商品に景品をつけて渡す方式。購入した消費者全員に景品を渡すことが一般的である。
④ クーポン方式：商品に添付されたクーポンを集めてもらい，まとまれば，それと引き換えに景品を渡す方式。

なお，消費者プレミアムは，適用を誤まると景表法〔不当景品類及び不当表示防止法，昭和37年（1962年）制定〕に触れる恐れがあるので，留意を要する。

(3) 値　引

ある商品の通常価格からの一定の値引を消費者に対して提供する方策である。その割引価格はラベルないしパッケージに表示される。値引は，短期的に販売を刺激するにはきわめて有効である。

(4) 消費者教育

消費者に対するセールス・プロモーション手段として比較的忘れられているのは，消費者教育である。たとえば，ひとつの調査活動（訪問面接や集団面接）といったようなものも，立派に消費者教育の役割を果たし，消費者に対する有力な SP 手段のひとつとなる。すなわち，たとえばある商品について市場調査を行った場合，面接の対象となった人，面接に参加した人に，その商品について以前とは異なった新たな認識を抱かせることもできる。あの企業の製品ならと，次に出る新製品に対しても，依頼感を喚起することができるわけである。

(5) 消費者コンテスト

新製品アイデア，既存製品の新用途，標語，ネーミングなどを広く消費者から募集し，そのことによって商品や自社に対する好意度・関心度を高めようという方策である。コンテストの方式には，クイズ方式，コンクール方式，アンケート方式があるが，いずれの方式であれ，それが充分な効果を発揮するためには，できるだけ多くの消費者の参加が必要となる。したがって，充分な広告や魅力ある報奨[1]が不可欠である。

(6) スタンプ

消費者がある商品を購入した際に，スタンプを押し，それがある程度まとまってから，景品カタログや交換センターを利用して自らが欲しい商品と交換させる方策である。それによって，自社製品の愛顧率を高めようとするものである。

[1] 通常，コンテストに参加した消費者の貢献度合に応じて表彰したり，賞金または物品を授与したりすることなどが行われている。

第3項　社内に対する SP 諸手段

社内に対するセールス・プロモーション手段としては，まず，広告部門と販売部門，販売部門と経理部門など，社内における部門間の活動を援助し調整する活動がある。具体的には，広告宣伝の進行状況や広告コピーの内容を詳しく報告し，販売政策の補足，修正あるいは調整を行い，それを各部門に周知徹底させて，目的を効果的に遂行する方向に引っ張っていく活動を指す。

社内に対する SP 手段としては，上記のような部門間調整活動のほか，セー

ルス・マニュアル（販売の手引書）の作成，顧客名簿の作成，社内向けハウス・オーガン（internal house organ）[1]の発行，社内コンテスト[2]の実施なども，重要な手段となる。

 (1) ハウス・オーガンとは，当該企業に関与する人々に自企業の実情・実態を知ってもらうために，継続的に特別に編集・発行される印刷物をいうが，社内向けハウス・オーガンは，そうしたもののうち，自企業の内部関係者向けに編集・発行されるものをいう。

 (2) 社内コンテストの種類としては，研究発表コンテスト，売上コンテスト，アイデア・コンテスト，販売改善コンテストなどがある。

第4節　小売業者のセールス・プロモーション

　前節までは，主として製造業者によるセールス・プロモーション活動について論じてきたが，本節では，小売業者によるセールス・プロモーションについて簡潔に触れておくこととする。

　通常，プロモーション・ミックスは製造業の立場で論ずるから，プロモーション・ミックスを構成する一要素としてのセールス・プロモーションについても，当然，製造業の立場から論じられることとなる。しかし，卸売業や小売業などの流通業，あるいは諸種のサービス産業についても内容の違いはあるが同様に考慮することができ，さらには業界や地域単位でも考えられ（例・自動車工業会，××県農業協同組合），また国家を主体とする外国への輸出を意図したプロモーション・ミックスも拡張的に理解することが可能である[1]。それらのいずれにおいても，相手方需要家集団の欲求刺激，需要喚起を促すセールス・プロモーション手段はきわめて多岐にわたっている。紙幅の都合もあり，それらのうち，とりあえずは小売業者のセールス・プロモーションについてのみ取り上げよう。

　さて，小売業で用いるセールス・プロモーションについては，AMAの定義によると，「顧客の購買を刺激するあらゆる方法が販売促進であり，そのなかに人的販売，広告，パブリシティも含まれる[2]」とされている。この定義は，プロモーション（広義の販売促進）と同じ意味に捉えているが，ここでは前節までと同じく，小売業者のセールス・プロモーション活動についても，人的販

第10章　セールス・プロモーション戦略

図表10-5　クレジットカードの仕組み

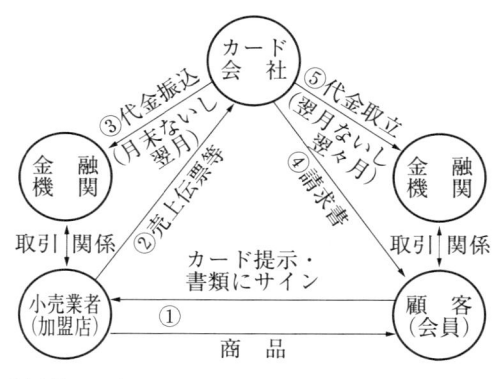

```
                        カード
                        会　社
          ③代金振込            ⑤代金取立
          (月末ないし           (翌月ないし
           翌月)                 翌々月)
    金　融                              金　融
    機　関      ②売上伝票等   ④請求書    機　関
    取引↕関係                        取引↕関係
              カード提示・
              書類にサイン
    小売業者  ←――――――→    顧　客
    (加盟店)      ①             (会員)
                 商　品
```

（資料）　図表1-2の文献, 37頁。

売，広告，パブリシティを除いた活動として把握しておく。

　このように小売業者のセールス・プロモーションを狭義の販売促進として把握した場合，そのSP手段としては，次のようなものを挙げることができる[3]。すなわち，さまざまな販売サービス（試用品の提供，配達，返品・取り替え，耐久性商品の技術的サポート・修理など），イベント（催し物），友の会など顧客の組織化，景品やスタンプ，金融的サービス（クレジット販売，ローン販売など）などである。

　上記の金融的サービスに関連し，とりわけ注目したいのはクレジットカードの発行とその普及である。今日，クレジットカードによる支払いが広く一般に普及しているが，その仕組みは**図表10-5**の通りである。商品の販売代金は，会員である顧客の預金口座から後日1回で，あるいは数回に分割して引き落とされる。クレジットカードによる支払いのサービスは，顧客の固定化，愛顧形式からもきわめて効果的なSP手段となってきている。

　(1)　久保村隆祐・荒川祐吉編『商業辞典』同文舘，昭和57年，236頁。
　(2)　日本マーケティング協会訳『マーケティング定義集』日本マーケティング協会，昭和38年，38頁。（American Marketing Association, *Marketing Definitions : A Glossary of Marketing Terms*, AMA, 1960.）
　(3)　小売業者のセールス・プロモーションの種類については，たとえば，B. Berman & J. R. Evans, *Retail Management*, Macmillan, 1979, pp. 444-447 が詳しい。

第11章　価格戦略

第1節　価格および価格戦略の概念

　価格とは何か。それは，①価値の尺度（製品やサービスの価値を貨幣単位で表現したもの）とみなされたり，②コミュニケーションの手段（マーケターが顧客とコミュニケーションをもつ方法のひとつ）や，③競争の手段（企業の利益や売上高に決定的な影響を与える重要な武器）として利用されたりするものである。また，価格は利益発生のしくみにも深く関わっている。

　以上のような意味から，価格は顧客に受け入れられる適正かつ魅力的なものでなければならないし，企業はそうした顧客志向の価格を提示しなければならない。また，企業は，場合によっては，競争状況の変化に応じて価格を修正・変更することにも努めなければならない。ダウニング（Downing, G. D.）がいうように，価格が静態的な数量であるのに対し，価格決定は戦略的でダイナミックなプロセスなのである[1]。価格決定がシステマティックで戦略的なアプローチを必要とする理由を，そこに見出だせる。

　では，価格戦略とは何か。ウェブスター・Jr.（Webster Jr., F. E.）によれば，「価格戦略は特定の市場状況や競争状況に対応するためのプランであ[2]」り，「競争相手と相対して市場における企業の位置づけを決定する[3]」ものである。

　また，木村立夫教授によると，価格戦略とは，売り手が市場の状況に応じて製品の価格を任意に設定することを内容とする一連の計画的・組織的活動であり，具体的には下記の2つの戦略から構成される，としている[4]。

　①　単一製品（もしくは多種製品）の価格決定に関わる過程ないし活動である価格設定戦略。
　②　このように設定された価格を，市場領域，顧客の流通段階上の位置，顧客の果たす機能，購買条件等の特定の状況に適合させていく活動である価

153

格管理戦略。

このようにみてくると，価格戦略とは，とりわけ競争相手を意識した外部環境志向型の価格に関する意思決定であるといえる。

(1) G. D. Downing, *Basic Marketing: A Systems Approach*, C. E. Merrill, 1971, p. 225.
(2) F. E. Webster Jr., *Marketing for Managers*, Harper & Row, 1974, p. 178.
(3) *Ibid*., p. 165.
(4) 木村立夫「価格戦略」田内幸一・村田昭治編『現代マーケティングの基礎理論』同文舘，昭和56年，227頁。

第2節　価格戦略の目標と考慮要因

第1項　価格戦略の目標

価格の決定にあたっては，まず価格決定の目標を明確化しなければならない。価格戦略の目標は，もちろん企業の全般的目標から導かれるものであるが，以下に，考えられる目標のうち主要なものを列挙しておこう[1]。

　（**価格決定の目標例**）
・長期利潤の最大化
・短期利潤の最大化
・成長
・市場の安定化
・価格に対する顧客の反応を鈍くする
・プライス・リーダー制を維持する
・新規参入を断念させる
・限界企業の退出を早める
・政府による調査・統制を回避する
・中間商人の忠誠を得て，販売上の援助を得る
・企業および提供物に対するイメージを高める
・顧客により公正だとみなされる
・製品ラインのなかの弱点品目の売上を補強する

第11章　価格戦略

・ほかの売り手の価格引下げを断念させる

　なお，一般的には，企業の価格決定の目標は利潤を最大化することにあるといわれている。長期的には，この目標はすべての企業にとって基本的なものである。しかし，短期的には，利潤をあえて犠牲にすることもありうる。たとえば，新規参入の恐れがある場合や，製品の市場へのすみやかな浸透を図ろうとする場合がそうである。

　(1)　詳しくは，A. R. Oxenfeldt, "A Decision-Making Structure for Price Decisions", *Journal of Marketing*, Vol. 37, No. 1, 1973, pp. 48-53 を参照されたい。

第2項　価格決定の考慮要因

　価格を決定するにあたっては，ハーパー（Harper, D. V.）の提示したモデル，すなわち**図表11-1**が参考になる。

　本図表は，企業が最適な価格決定を行おうとする場合，内部の考慮要因（統制可能要因）と外部の考慮要因（統制不可能要因）とを，できるだけ同時に満足

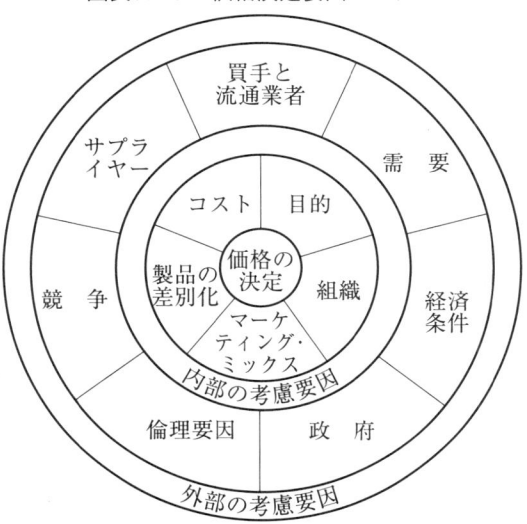

図表11-1　価格決定要因のモデル

（資料）　D. V. Harper, *Price Policy & Procedure*,
　　　　Harcount Brace Jovanovich, 1966, p. 293.

させうる価格を決定しなければならないことを示している。なかでもコスト，需要，および競争に関する要因は，第4節で述べる価格決定の基本的方法とも密接に関連し，価格決定に際して必要不可欠な考慮要因となる。

第3節　価格戦略決定のプロセス

第1項　価格とマーケティング・ミックス

すでに明らかなように，価格はマーケティング・ミックス（① product，② price，③ promotion，④ place）の構成要素のひとつであって，他の諸要素と相互依存の関係にある。価格は，独立に決定されてはならない。すなわち，価格が適切であっても他のミックスの欠陥があったり，逆に，他のミックスが完璧

図表11-2　価格の重要性に関する4つの研究

	セッドの研究（1980）	ロビコーの研究（1975）	パスの研究（1970）	ユーデルの研究（1964）
価格決定	1	1	6	6
顧客サービス	2	2	4	5
製品の研究開発	3	4	1	1
製品サービス	4	—	3	—
販売管理	5	3	7	3
物的流通	6	6	8	11
広告とセールス・プロモーション	7	9	5	4
マーケティング・リサーチ	8	7	2	2
マーケティング・コスト，予算と統制	9	5	11	9
流通経路の統制	10	10	9	8
顧客信用の拡大	11	11	12	10
パブリック・リレーションズ	12	12	13	12
組織構造	—	8	10	7

（資料）　市川貢「価格管理」三浦信・来住元朗・市川貢『新版マーケティング』ミネルヴァ書房，平成3年，185頁。(H. Said, "The Relevance of Price Theory to Pricing Practice: an investigation of pricing policies and practices in UK industry", Ph. D. dissertation, University of Strathclyde, 1981. in M. J. Baker, *Marketing Strategy and Management*, Macmillan, 1985, p. 290.)

であっても価格が適切でなければ，望ましい結果は得られない，ということである。重要なことは，マーケティング・ミックスをいかに有効に組み合わせていくかである。製品やサービスの価格は，「企業が苦心して組み合わせたマーケティング・ミックスの総合的な価値を表示したものである[1]」といえる。

さて，現実の市場において，価格戦略は企業の採る諸政策のなかでどのような位置を占めているのであろうか。マーケティング幹部の間でマーケティング・ミックスにおける価格の重要性が意識され始めたのは，1960年代半ば頃のことである。以来，価格の重要性に関するさまざまな研究が報告されているが，図表11-2は，各研究者による調査結果をまとめて整理したものである。ロビコー（Robicheaux, R. A.）の研究とセッド（Said, H.）の研究では，各マーケティング・ミックス要素のうち価格決定の重要性が第1位にランクされている。

競争に勝ち残る手段として，製品，広告，チャネル，物流などの非価格要素が従来高く評価されてきたのは事実である。しかし，1970年代から1980年代にかけてのインフレと不況，コストの急激な上昇，原油を始めとする資源の枯渇問題などを考慮すれば，安易な価格設定は許されないし，価格も有効な競争手段としての重要性を失うことはなかろう。

(1) 市川貢「価格管理」三浦信・来住元朗・市川貢『新版マーケティング』ミネルヴァ書房，平成3年，183頁。

第2項　戦略的価格決定のプロセス

前項で，価格は，他のマーケティング・ミックス諸要素と相互依存の関係にあるから，独立に決定されてはならない，ということが明らかになった。では，価格はいかなる手順を踏んで決定されるのであろうか。それを示したのが，図表11-3である。本図表は，ローゼンバーグ（Rosenberg, L. J.）による戦略的価格決定プロセスのモデルを示したものであるが，その特徴は，標的市場の選定とマーケティング・ミックスの形成を軸とするマーケティング戦略のプロセスを土台として，消費者行動，競争，コストと需要を考慮して戦略的な価格決定[1]を導いている点にある。

以下，ローゼンバーグのモデルに従いながら，価格決定の手順について概説していこう[2]。

第11章　価格戦略

図表11-3　戦略的価格決定のプロセス

```
ステップ1        ステップ2
標的市場    →   消費者行動  ─┐
                              ↓
                         ステップ4
                         マーケティング・  ─┐
                         ミックス           │
                              ↑            ↓
               ステップ3                ステップ6
               競　　争   ─┘           戦略的価格
                                          ↑
                         ステップ5     ─┘
                         コストと需要
```

（資料）　L. J. Rosenberg, *Marketing*, Prentice-Hall, 1977, p. 344.

(1)　**標的市場の選定**

価格を決定するためには，企業はまず，マーケティング努力を向けるべきひとつないし複数の標的市場を選定しなければならない。

標的市場の選定は，企業がどのようなタイプの消費者に製品を提供するかを決める，最も基本的なマーケティング意思決定である。

(2)　**消費者行動の研究**

標的市場の姿，すなわち購買動機，所在，価格感応性，マーケターや業界に対する事前の態度などを明らかにするために，市場調査を計画し，実施すべきである。

(3)　**競争の確認**

企業は，新規参入が見込まれる他の企業も含めて業界の競争相手を総合的に調査しなければならない。具体的には，競争企業は何社あり，プライス・リーダーは誰か，また，競争企業の価格，プロモーション，および他のマーケティング戦略の特徴は何で，その強みと弱みはどこにあるのか，といったことが調査されるべきである。

(4)　**マーケティング・ミックス形成における価格の役割の明確化**

この段階では，標的市場のニーズに適合するマーケティング・ミックスが検討される。そして，マーケティング・ミックス形成に際して，価格の果たすべき役割が明確化される。

企業がこの段階で行うべき作業は，2つある。第1は，マーケティング・

ミックスの非価格要素との調和を考えながら、さまざまな価格水準での販売数量を予測することである。第2は、予定された各価格決定戦略に対する競争者の反応を想定し、それに備えることである。

(5) コストと需要の関連

可能な生産高水準で製品を生産するために、生産コストが推定される。生産高水準は製品需要の見積もりを反映している（その需要は第4段階の価格の選択によって影響される）。

(6) 戦略的価格の決定

企業の目標と一致する戦略的価格が選定される。価格決定目標[3]は企業目標（売上高、利潤、投資収益率、およびグロス・マージン）と適合していなければならないが、適合していると判断されれば、ステップ(1)からステップ(5)までに現われた経済的現実に最もよく適合する価格が選定されることになる。

マーケターは、以上のような価格決定プロセスを経ることによって、企業の価格決定戦略を成功裡に遂行することができる。

(1) なお、価格決定が戦略的性格のものであるか、戦術的性格のものであるかは、研究者によって異なるようである。
(2) 詳しくは、L. J. Rosenberg, *Marketing*, Prentice-Hall, 1977, pp. 344-345 を参照されたい。
(3) 価格決定目標の内容については、本章第2節第1項を参照されたい。

第4節 価格決定の基本的方法

前節までは、価格戦略の考え方や目標、その戦略に到達するまでのプロセスについて概説してきた。本節では、価格戦略の基本的な考え方を適応した戦略的価格決定の具体的方法について概説することとする。なお、本節では、単一の製品やサービスの価格決定を想定している。

さて、すでに触れたように、価格決定にあたって考慮すべき要因は基本的にはコスト、需要、および競争である。これらの要因のうち、どれを重視するかによって、価格決定はコスト志向、需要志向、競争志向の3つのアプローチに大別される[1]。

以下，各アプローチ別に，戦略的価格決定法の代表的なものを紹介していこう。

(1) なお，多くの業界で行われている価格決定の実情をみると，とりわけ需要と競争の側面が正確に把握しがたいためか，各企業は個々の場面ごとにおよそ政策的な意味合いをもたない価格決定を行っているようにみえる。それゆえ，価格決定者の依拠するに足る，より精緻な価格決定のモデル・理論の開発が望まれる。

第1項 コスト志向型の価格決定

(1) コスト・プラス法（原価加算法）

コスト・プラス法は，単位費用（原価）にある一定の利幅を加えたものを価格とする方法である。これを算式で示せば，以下の通りとなる。

> 価格＝直接費＋間接費＋一定の利幅

直接費（変動費）は生産量や販売量の変化に直結した費用であり，労務費，原材料費，物流費などが含まれる。一方，間接費（固定費）は生産量や販売量の変化に関係なくかかる費用であり，減価償却費，税金，研究開発費，販促費，広告費，テナント料，俸給などが含まれる。

コスト・プラス法は簡便な方法であるために，さまざまな企業で幅広く利用されている。しかし，コスト・プラス法は需要や競争などの市場要因を無視してしまうという欠陥をもっている。すなわち，「顧客のニーズ，需要の弾力性，潜在的な顧客数，価格と品質の関係，競争者のリアクション，将来の価格調整などが考慮されていない[1]」，ということである。

なお，コスト・プラス法は，注文生産品や公益性の強いサービス産業（電力，ガス，水道，交通運賃など）の価格決定法としては適しているようである。

(2) マークアップ法

マークアップ法は，コスト・プラス方式の一変種であり，小売業者や卸売業者による売価決定法である。その売価は仕入原価に一定のマークアップを加算して算定される。算式は，以下の①または②の通りである。

> ① 売価＝仕入原価＋値入額（マークアップ）
> ② 売価＝仕入原価＋仕入原価×値入率（マークアップ）

なお，一般にマークアップとは，値入額〔利幅（営業費＋純利益）〕よりも値入率を意味するようである。値入率とは利幅（粗利益，マージン）の仕入原価に対する割合である。また，値入率は，下記に示すように，商品回転率，ブランド政策，および競争の程度などによって異なる[2]。

① 商品回転率の高い商品は値入率が低く，商品回転率の低い商品は値入率が高い。
② プライベート・ブランド商品は，ナショナル・ブランド商品よりも値入率が高い。
③ 競争が激化するほど，値入率は低くなる。

(3) 目標利益率法

目標利益率法は，損益分岐点分析を応用したコスト志向型の価格決定法であり，目標販売量のもとでの総費用に対するある目標利益率を与えるような価格を決定するものである。

損益分岐点分析は，総収入と総費用との均衡点に価格を求める方法であり，この価格で製品を販売すれば企業は黒字にも赤字にもならない。総収入は価格に販売量を乗じたものであり，総費用は固定費に変動費を加えたものであるから，次式が得られる。

価格×販売量＝固定費＋単位変動費×販売量

$$\therefore \quad 価格 = \frac{固定費＋単位変動費×販売量}{販売量} = \frac{総費用}{販売量}$$

上記の算式から明らかなように，黒字も赤字も発生しない価格を決めるには，ある一定の販売量が確保されなければならない。すなわち，ある一定量の製品が売れなければ理想的な価格は決まらないことになる。

目標利益率法による価格決定の手順は，以下の通りである。
① 実現しなければならない目標販売量を決定する。
② そのときの総費用を推定する。
③ この総費用に一定の目標利益率を乗じ，その値を総費用に加える。
④ 上記の数字を目標販売量で除し，単位価格を求める。

こうした目標利益率法の価格決定を算式で示せば，以下の通りとなる。

第11章　価格戦略

$$価格 = \frac{総費用（1 + 目標利益率）}{目標販売量}$$

目標利益率法は，競争の影響を大きく受けることのない大手企業に適した価格の決め方である。しかし，この方法では，価格を求めるのに販売量の推定値を用いたが，実は価格は販売量に影響を与える要因のひとつでもあることに留意しなければならない。目標利益率法の「最大の欠陥は需要関数を欠いていることである[3]」。

以上，コスト志向型の価格決定法の代表的なものについて概説してきたが，すでに明らかにしたように，これらの方法は需要面に対する考慮を欠いており，競争面もあまり考慮されていない。にもかかわらず，それらの方法が幅広く利用されているのは以下のような理由による[4]。

① 費用は需要より確定しやすく，したがって，単純にマージンを上乗せするだけで価格を算定できるという意味で簡潔な方法であること。とくに取り扱い品目の多い小売業では，この簡便さが尊ばれる。

② 同一産業内の企業の費用とマージンはほぼ同じようなものであるから，価格もほぼ同じ線に落ちつき，価格競争が回避されやすいこと。

③ 不安定な需要面から決めるより，費用を基準とした方が安定性があること。

④ 費用に一定のマージンを加えるという方法は適正な利潤を得ているのだという考えをもたせることができ，顧客に対しても PR 的効果があること。

(1) 市川貢「価格管理」三浦信・来住元朗・市川貢『新版マーケティング』ミネルヴァ書房，平成3年，186—187頁。
(2) E. J. Kelley & W. Lazer, *Marketing Management*, Houghton Mifflin, 1983, pp. 588-589.
(3) 木村立夫「価格戦略」田内幸一・村田昭治編『現代マーケティングの基礎理論』同文舘，昭和56年，233頁。
(4) 同論文，234頁。

第2項　需要志向型の価格決定

需要志向型の価格決定では，消費者のニーズ（需要）やウォンツ（欲求）が重視される。一般に，最終消費者の購買行動は需要の法則に支配されているが，

価格が安くなれば購買量を増やし，価格が高くなれば購買量を減らす。消費者の需要は，価格の変化に敏感である。しかし，高額所得者層や革新的な消費者層のように価格に鈍感な消費者層も存在する。

以下では，消費者の需要特性を基準にした価格決定について概説することとする。

(1) 高価格戦略

高価格戦略は，価格に敏感ではない高額所得者層や革新的な消費者層をターゲットとしたときの価格の決め方であり，製品の高品質イメージの高揚を狙いとしている。

高価格戦略は上層部吸収価格戦略に代表される。上層部吸収価格は新製品の開発コストを短期間で回収するし，高価格＝高品質イメージの醸成にも役立つ。しかし，高価格は消費者の強い反発を招くし，また，高マージンが保証されているので，競争者の参入の可能性を高める。

なお，名声価格も高価格戦略の一種であるが，主としてステイタス・シンボル的製品に応用されている。

(2) 低価格戦略

低価格戦略は，価格に敏感な消費大衆を対象とした価格の決め方である。

低価格戦略は市場浸透価格戦略に代表される。市場浸透価格戦略は，製品ライフ・サイクルの初期に低価格で市場を刺激し，より大きな市場占有率を確保しようとするものであるが，この戦略の最大の利点は，競争者を封じ込めるだけの充分大きな市場を確保できるところにある。しかし，長期にわたる投資回収は大きなリスクを伴うので，留意を要する。

なお，低価格戦略は，「安かろう悪かろう」式では成功しない。すなわち，「価格に見合った性能なり品質を備えた製品を，低コストで生産しうる仕組みが確立されていない企業や資金量に乏しい企業には，不向きな戦略である[1]」。

(3) 中間価格戦略

中間価格戦略は，価格にこだわりを残しながらも，ワンランク上位の製品やサービスを求める人々を対象とした価格の決め方である。

市場は価格にこだわらない層とこだわる層とに二極分化したといわれているが，中間派も多数存在する。こうした中間派の需要や欲求を満たす中間価格戦

略も，なお無視しえない重要な戦略である。また，前述した低価格戦略に比べて，短期間で投下資本を回収できるという利点もある。

 (1) 大須賀明「価格戦略」宇野政雄編著『最新マーケティング総論』実教出版，昭和60年，59頁。

第3項　競争志向型の価格決定

 競争志向型の価格決定では，価格は競争者の提示する価格に基づいて決定される。競争志向型アプローチの特徴は，「価格がコストや需要と直接の関係をもたないこと，および，競争情報の入手がコスト計算や需要予測にくらべてはるかに迅速かつ容易であることである[1]」。

 以下，競争志向型の価格決定法の代表的なものについて概説しよう。

(1) 現行市場価格による価格決定

 同質または似かよった製品を販売している市場においては，高度に競争的な市場であれ，寡占市場であれ，売り手は現行市場価格に価格を一致させる傾向がある。

 同質的製品を販売している高度に競争的な市場においては，売り手には価格決定にあたってほとんど選択の余地がない。業界の事情に精通した多数の売り手と買手の相互作用により決定された市場価格以上の高い価格を設定する売り手は，いかなる買手をもひきつけることはできないし，逆に，現行市場価格よりも低い価格を設定する必要もない。このような市場においては，価格に関する意思決定を行う必要はなく，本来的な意味での価格戦略は存在しない。この価格決定法が採用されるのは，「費用の測定や価格の相違に対する競争相手と買手の反応の予測が困難な場合の簡便な方法であること，および業界の調和が保たれるためである[2]」。

 同質的な寡占市場においても，売り手は競争企業と同一の価格を設定する傾向がある。寡占市場においては，競争が控えられ，価格が現行水準で硬直するから[3]，売り手は現行市場価格に価格を固定する方が有利となる。

(2) プライス・リーダー制（価格指導制）

 プライス・リーダー制は，寡占的な構造を有する産業内のプライス・リーダー（価格主導的企業）によって決定された価格に，残りの企業が自動的に追随

するときに成立する。このプライス・リーダー制は，血みどろの価格戦争に陥るのを避け，業界内の全企業が安定した共存を続けられうるような価格秩序を保つために行われる制度である。

　プライス・リーダーとしては，規模，技術，販売力，名声などに卓越した力を有する業界の有力企業が選ばれる。また，プライス・リーダーの役割は，「業界全体の利益，外国との競争，政府の調査と干渉などを考慮して，リーダー・プライスを定めることである[4]」。

(3) 入札制

　入札制とは，文書により価格を提示させ，最高の価格を提示した者に売り，最低価格を提示した者から購入する，という売買法である。土木・建築や造船から家庭用塗料に至るまで，さまざまな領域で入札制が採用されている。

　入札に参加する企業は，競争相手よりも低い価格を提示し，しかも発注者の潜在的ニーズに応えられるようなサービスの提供も考慮しなければ，仕事を取れない。したがって，提示する価格は，他の入札参加企業がどのような価格を提示するかという予想に基づいて決定することになる。

(1)　市川貢「価格管理」三浦信・来住元朗・市川貢『新版マーケティング』ミネルヴァ書房，平成3年，188頁。
(2)　木村立夫「価格戦略」田内幸一・村田昭治編『現代マーケティングの基礎理論』同文舘，昭和56年，238頁。
(3)　その理由について詳しくは，同論文，238—239頁を参照されたい。
(4)　市川貢，前掲論文，189頁。

第5節　新製品および製品ラインに対する価格決定

第1項　新製品に対する価格決定

　新製品に対する価格決定については，既存製品の場合と異なった配慮が必要となる。すなわち，「一つは，製品の市場受容をいかにはかるかであり，第二はやがて出現するであろう競争製品もしくは代替製品への対処である[1]」。これらの点については，製品ライフ・サイクルとの関連でみていくと明らかになる[2]。

図表11-4 新製品の価格決定の目的・効果・条件

	上層部吸収価格政策	市場浸透価格政策
目　的	○導入期における利潤最大化。	○市場へのすみやかな浸透と長期的市場の確保。
効　果	○多額の開発費を短期間に回収でき，急速な陳腐化政策にも耐えることが可能となる。	○低マージンであるため競争企業の参入を防ぐことができ，大きな自己の市場を固めることができる。
背景・条件 費用・生産	○経済的生産単位がそれほど大きくなく，生産設備を段階的に拡張できる場合。	○大量生産による節約が大きく，初期に巨額の設備投資を必要とする場合。
競　争	○パテントなどによる参入障壁がある場合。	○潜在的競争があったり，新規参入の脅威がある場合。
需　要	○需要の価格弾力性にちがいがあり，市場の分割が可能な場合。 ○需要の価格弾力性（とくに上の部分の）が低い。	○広い全体市場を相手にする場合。 ○需要の価格弾力性（とくに下の部分の）が高い。

（資料）　木村立夫「価格戦略」田内幸一・村田昭治編『現代マーケティングの基礎理論』同文舘，昭和56年，241頁。

　製品ライフ・サイクルが重要なのは，「ライフ・サイクルの各段階で消費者選好，競争状況，市場構造などに変化が生じ，企業のとるべきマーケティング戦略や価格決定戦略が異なってくるからである[3]」。ディーン（Dean, J.）は，製品がライフ・サイクル上を移動するのに合わせて，価格方策における継続的な調整が必要である，と説いた。新製品の価格決定については，ディーンは，これを製品ライフ・サイクルの開発期における価格決定として捉え，上層部吸収価格と市場浸透価格との類型化選択の問題として定式化した[4]。

　上層部吸収価格戦略（上層部吸収価格政策）は，多額の開発費を早期に回収するために，製品ライフ・サイクルの初期に高価格を設定し，高価格を支払う余裕のある市場の上層部に狙いを定めて，市場の「上澄みをすくい取る」方策である。これに対して，市場浸透価格戦略（市場浸透価格政策）は，利潤を当面犠牲にしても市場へのすみやかな浸透を図ろうとするものであり，製品ライフ・サイクルの初期に低価格で市場を刺激し，より大きな市場占有率を確保しようとする方策である。**図表11-4**は，この2つの価格戦略について，それぞれの目的，効果，および背景・条件を整理したものである。

　(1)　木村立夫「価格戦略」田内幸一・村田昭治編『現代マーケティングの基礎理論』同

第11章 価格戦略

文舘，昭和56年，240頁。
(2) 詳しくは，同論文，同頁，および市川貢「価格管理」三浦信・来住元朗・市川貢『新版マーケティング』ミネルヴァ書房，平成3年，189—191頁を参照されたい。
(3) 市川貢，前掲論文，189頁。
(4) 詳しくは，J. Dean, "Pricing Policies for New products", *Harvard Business Review*, Vol. 28, 1950, pp. 45-53 を参照されたい。

第2項　製品ラインに対する価格決定

　製品ラインの価格決定にあたっても，本章第4節の単一製品・サービスの価格決定でみたように，考慮すべき要因は基本的にはコスト，需要，および競争である。しかし，製品ライン内の各製品はコストおよび需要の面で相互に関連し合っており，またそれらのおかれている競争状態も異なる。したがって，製品がひとつの製品ラインを構成している場合には，単一製品・サービスの場合とは異なった価格決定上の配慮が必要となる。

　紙幅の関係もあり，この製品ラインの価格決定については，製品ライン全体の利益を極大化する価格構造を樹立することが必要であるという点を指摘するにとどめる[1]。

(1) 製品ラインの価格決定について，詳しくは，木村立夫「価格戦略」田内幸一・村田昭治編『現代マーケティングの基礎理論』同文舘，昭和56年，241—243頁を参照されたい。

第6節　価格管理

　前節までで，価格決定の基本的な仕組みが理解されたはずである。しかし，こうして決定された価格は，顧客や競争者の反応などさまざまな要因を考慮して，修正・変更されることも多い。ダウニングは，価格調整を引き起こす理由として，①利益増大，②コスト構造の変化，③市場浸透の強化，④ライフ・サイクルの段階，⑤ライバルの戦略と戦術，⑥間接的な競争，⑦市場需要，を挙げている[1]。また，各種購買事情に応じて価格を修正していくと，買手により異なった価格（price differentials）が設定されることになるが，こうした価格は，「間接費・共通費の費用配賦が難しく費用の差を正確に反映させることができ

図表11-5　市場区分と価格の修正・変更

市場区分の分類基準	価格決定の種類
①地理的条件	輸出港本船引渡し価格，工場渡し価格，均一運賃価格，運賃吸収価格，基点価格，地域別価格
②時間的要素	電話の料金率，夜間の電力消費，オフピークや週末の割引乗車券，オフシーズンの割引料金（航空運賃やホテル宿泊料金），タイム・サービス
③顧客の機能特性	現金割引，数量割引，業者割引，アローワンス，リベート
④買手の人間特性	子供や老人の運賃・入場料などの割引，婦人専用乗車券

（資料）　図表11-2の文献，192頁。

ないために，あるいは意図的に反映させないために差別価格（price discrimination）となることが多い[2]」。

さて，価格はどのように修正され，変更されるのであろうか。**図表11-5**は，地理的条件，時間的要素，顧客の機能特性，買手の人間特性に基づいて市場を区分し，それに応じて価格がどのように修正され，変更されるかを整理したものである。

(1)　G. D. Downing, *Basic Marketing: A Systems Approach*, C. E. Merrill, 1971, p. 271.

(2)　木村立夫「価格戦略」田内幸一・村田昭治編『現代マーケティングの基礎理論』同文舘，昭和56年，243頁。なお，差別価格の内容について，詳しくは，同論文，244—248頁を参照されたい。

第12章　マーケティング・リサーチ

第1節　マーケティング情報と意思決定

　近年，市場への創造的適応と競争上の差別的有利性追求とを目的として展開されるマーケティングへの関心が，各企業で強くなっている。その背景には，現代の企業経営が市場のあらゆる側面における変化の波動と，激烈な企業間競争に直面し，それを乗り越えていかなければならない，という経営上の課題があるものと思われる。
　ところで，マーケティングの発想の原点が市場への創造的適応にある以上，企業に求められる主要な活動のひとつは，市場のニーズに合致した意思決定をいかに行うか，ということである。しかし，マーケティング意思決定がこのようにきわめて重要な課題となっているにもかかわらず，それは市場の激しい変化を前にきわめて複雑かつ困難な問題となっていることも事実である。すなわち，マーケティング意思決定は単なる過去の経験とか勘に頼ることのできない不確実な分野として，大きなリスクを伴っている，ということである。近年，各企業において，マーケティング情報をめぐる議論が活発化しているが，これは，マーケティング意思決定のもつ不確実性，リスクを極小化し，効率的な意思決定を行うために，市場あるいは競争企業のマーケティング戦略に関連する情報をタイムリーに収集・分析し，その結果を自社のマーケティング意思決定の判断材料として活用していこうとする姿勢の表われでもある。そのために各企業が実施していることは，マーケティング部門のなかでのリサーチ・セクション機能の再評価とスタッフの育成である。
　今日，マーケティング・リサーチは比較的歴史の浅い分野にもかかわらず[1]，理論面では著しい進歩を遂げている。また，今後，企業内におけるマーケティング・リサーチ・スタッフの役割と期待は，ますます拡大していくものと思わ

れる。しかし，現実に実施されているリサーチ活動には，まだいくつかの問題が残されているように思われる。その意味で，以下の節では，マーケティング・リサーチの概念と手法を中心に整理していくこととする。

(1) 今日我々が知っているフォーマルなマーケティング・リサーチ活動の成立は，1911年（明治44年）にパーリン（Parlin, C. C.）がカーチス出版の広告部門の商業調査課のマネジャーに任命されたときに始まるといわれる。パーリンは，経営者の意思決定の基礎となる情報を初めてシステマティックに収集し，分析した。以上，H. W. Boyd Jr. & R. Westfall, *Marketing Research: Text and Cases*, revised ed., Irwin, 1964, p. 22参照。なお，1950～60年代にかけて，マーケティング・コンセプトの出現に伴い，マーケティング・リサーチは目覚ましい発展を遂げた。

第2節　マーケティング・リサーチの概念と領域

第1項　マーケティング・リサーチの概念

マーケティング・リサーチは，一般的には，「市場調査」とも称されている。しかし，市場調査とは，英語の marketing reseach または market research の訳語であり，両者を同意語として扱うか，あるいは明確に区別して扱うかについては，見解が分かれるところである。実際問題としては，これら両者を明確に区別することなく用いているのが現状であるが，あえていうなら，マーケティング・リサーチの方が意味が広く，総合的・動態的であるのに対し，マーケット・リサーチは単なる市場の把握であり，静態的で調査範囲は前者より狭く，現状の究明に力点がおかれている。近年の日本では，市場調査やマーケット・リサーチという用語よりも，マーケティング調査またはマーケティング・リサーチという用語を使用する場合が多い。マーケティング調査またはマーケティング・リサーチという用語は，単なる市場の調査ではなく，マーケティング意思決定のための調査ということを強調している表現である。すなわち，現在の市場調査は，「その調査手法や調査そのものの体系を考えることから，いかにマーケティング戦略運用に直結させるかを考える方向が強く望まれている[1]」，ということと対応した表現でもある。

さて，マーケティング・リサーチとは何か。AMA（アメリカマーケティング

協会）の定義によると，マーケティング・リサーチとは，「商品およびサービスのマーケティングに関する諸問題についての資料を組織的に収集し，記録し，分析することである[2]」とされている。しかし，この AMA の定義をめぐっては種々の議論がある。つまり，AMA の定義ではマーケティング・リサーチが単なるデータのコレクションであるかのように思われ，その目的が明確でないということである。また，この定義は調査技術面に偏っているきらいがあるが，マーケティング・リサーチの基本的性格としては，「第1に系統的，第2に客観的，第3に情報，そして第4に意思決定に関連するということが指摘されねばならない[3]」。

また，シューイ（Schewe, C. D.）とスミス（Smith, R. M.）はマーケティング・リサーチの定義について，次の4点を強調している[4]。①マーケティング・リサーチによる情報の収集と提供は体系的かつ計画的で，うまく組織されたプロセスである。②情報の獲得方法は客観的である。情報には面接者にも面接過程にもバイアスがかかってはならない。③データは情報の断片である。データはリサーチ・プロセスを経て初めて意味をもち，情報となる。④情報はある目的達成を目指すマーケティング・リサーチによって収集される。情報はマネジャーが正確な意思決定を行うために利用するものである。

以上のようにみてくると，マーケティング・リサーチとは，次のように定義づけることが妥当であるかと思われる。すなわち，「マーケティング・リサーチとは，市場のニーズ，戦略に対する反応などについてのデータを体系的に収集・記録・分析することであり，その目的はマーケティング問題解決のための経営者の意思決定過程に系統的かつ客観的な情報を提供することにある」。

(1) 新津重幸「市場調査」宇野政雄編著『最新マーケティング総論』実教出版，昭和60年，186頁。
(2) 日本マーケティング協会訳『マーケティング定義集』日本マーケティング協会，昭和38年，41頁。(American Marketing Association, *Marketing Definitions: A Glossary of Marketing Terms*, AMA, 1960.)
(3) 久保村隆祐・荒川祐吉編『商業辞典』同文舘，昭和57年，113頁。
(4) C. D. Schewe & R. M. Smith, *Marketing: Concepts and Applications*, McGraw-Hill, 1980, pp. 96-97.

第2項　マーケティング・リサーチの領域

前項でマーケティング・リサーチの概念が明らかになったが，それは具体的にいかなる調査を指しているのであろうか。そのためにはマーケティング戦略の領域を明確にしておく必要があるが，すでに第3章で明らかにしたように，マーケティング戦略は4つのサブ戦略から構成されている。いわゆる4P戦略

図表12-1　マーケティング・リサーチの領域

分類	調　査　目　的	
市場に関する調査	・景気予測 ・市場規模 ・需要変動 ・市場特性 ・消費者分布 ・購買行動 ・購買動機	・消費者の生活意識 ・ブランド選好 ・顧客要求 ・競争参入 ・消費者の価値観 ・購買慣習 etc
製品に関する調査	・製品ラインの決定 ・新製品開発 ・既存製品の改良 ・製品廃棄	・製品用途拡大 ・包装 ・商標とラベル etc
販売促進に関する調査	・セールスマン適正配置 ・広告媒体の選択 ・広告効果の測定 ・キャンペーン企画立案	・PR効果測定 ・広告頻度 ・広告コピーテスト etc
流通経路に関する調査	・チャネル選択 ・営業拠点数の決定 ・拠点の立地 ・倉庫配置 ・配送	・在庫 ・卸店経営 ・小売店経営 ・流通コスト分析 etc
価格に関する調査	・価格決定 ・価格変更	・価格維持 etc

（資料）　村田昭治『マーケティングシステム』（文部省認定社会通信教育テキスト），㈳日本マネジメントスクール，63頁。

図表12-2　アメリカ企業によるリサーチ活動

リサーチ活動の種類	1978年（％）	1983年（％）
〈広告調査〉		
・動機調査	48	47
・コピー調査	49	61
・媒体調査	61	68
・広告効果研究	67	76
〈企業経済／会社調査〉		
・短期予測（1年未満）	85	89
・長期予測（1年以上）	82	87
・景気動向調査	86	91
・価格決定研究	81	83
・工場／倉庫立地研究	71	68
・買収研究	69	68
・輸出／国際取引研究	51	73
・経営情報システム	72	80
・オペレーションズ・リサーチ	60	65
・従業員研究	65	76
〈会社責任研究〉		
・消費者の「知る権利」の研究	26	18
・生態学的影響の研究	33	23
・広告および販売促進の法規制研究	51	46
・社会的価値および政策研究	40	39
〈製品調査〉		
・新製品の受容と潜在力	84	76
・競合品研究	85	87
・既存製品テスト	75	80
・包装調査：デザインと物理的特性	60	65
〈販売および市場調査〉		
・市場潜在力測定	93	97
・市場占有率分析	92	97
・市場特性決定	93	97
・販売分析	89	92
・販売割当／担当地域決定	75	78
・流通経路研究	69	71
・テスト・マーケット／店舗監査	54	59
・消費者パネル調査	50	63
・販売報酬研究	60	60
・プレミアム，クーポン，見本など販売促進研究	52	58

（資料）　市川貢「マーケティング情報と意思決定」三浦信・来住元朗・市川貢『新版マーケティング』ミネルヴァ書房，平成3年，124頁。(D. W. Twedt, ed., *1978 Survey of Marketing Research*, AMA, 1978; *1983 Survey of Marketing Research*, AMA, 1983.)

がそれである。4Pという拡がりをもって展開されるマーケティング戦略の意思決定には，当然のことながらきわめて広範囲の情報が要求される。したがって，現実に行われているマーケティング・リサーチにはさまざまなタイプのものが含まれているが，これを調査目的によって分類すると，**図表12-1**のように整理することができる。

　なお，AMAは過去に何回か，アメリカ企業を対象に各リサーチ活動の実施状況を調査しているが，**図表12-2**は，1978年（昭和53年）調査と1983年（昭和58年）調査についてその調査結果の一部を比較したものである。本図表からは，マーケティング・リサーチの関連領域がアメリカ企業のマーケティング活動のほぼ全域に及んでいること，および，ごく一部の例外を除いてマーケティング・リサーチの実施比率が上昇傾向にあることが読み取れる。一方で，マーケティングの社会的側面が重視されているにもかかわらず，会社責任に関するリサーチ活動を行っている企業は少なく，しかも1983年（昭和58年）調査ではいずれの活動も1978年（昭和53年）調査を下回っていることが目をひく。しかし，ともあれ全体的には，マーケティング・リサーチ重視の傾向にある。

第3節　マーケティング・リサーチの手法

第1項　マーケティング・リサーチの種類

　最近のマーケティング・リサーチの特徴は，客観性，正確性，継続性を中心とする科学的方法の適用にあるが，その可能性は調査技法の開発，統計的手法の導入，コンピュータの活用などにより今後さらに拡大することが予想される。したがって，これからのマーケティング・リサーチ・スタッフには高度に専門化されたテクニックの習得が要求されるものと思われる。

　さて，マーケティング・リサーチの種類には，大別して以下の2つがある。

　第1は既存の社内・社外資料を中心に行う調査である。現在のように行政官庁を中心として公表されるデータが多くなっている状況のもとでは，この調査方法で充分な情報が得られる場合もある。

　第2は実態調査である。これは必要とする情報が既存資料の分析からは得ら

れない場合に行われる調査である。実態調査には種々の方法があるが，いずれの方法にも長所・短所がある。したがって，調査手法の選択は，調査条件を充分に考慮したうえで行わなければならない。

以下の各項で，実態調査のそれぞれの方法について概説していこう。

第2項 観察法

調査対象を調査員が観察し，その結果をレポートもしくは写真またはそれらを一定のパターンを示すよう図案化したもので分析する方法である。この方法を採用する場合は，事前に何について観察するのか，観察の方法，評価の基準，記述の方法を統一して示しておく必要がある。

この方法の長所は，①費用が安い，②状況がよくわかる，である。一方，短所は，表面的なことしかわからないことである。

第3項 定量調査

定量調査とは，一定量の標本（サンプル）を全数ないしは統計的な標本抽出法（サンプリング）によって抽出し[1]，数量をベースとした調査結果を求める調査をいう。代表的なものとして，以下のものがある。

(1) 個人面接法

調査対象となるサンプルと，原則として1対1で面接して調査する方法である。定量調査では，最も確実なものとされている。

長所は，①サンプルを確実に捉えられる，②サンプルが故意のカンニングにより意見を曲げることが少ない，③回収率が比較的良い，である。短所は，①費用，日数がかかる，②調査員の訓練が困難，③調査員による不正がある，である。

(2) 集合調査法

サンプルを1カ所に集めて，そこで調査表を配り，回答の仕方をいっせいに説明して，その場で調査する方法である。広告表現の量的評価に多く使われたが，近年は商品の味覚テストや評価テストで行われるケースが多い。

長所は，①費用が安い，②すべて同一条件下で調査できる，③群衆心理の力動を把握することができる，である。短所は，①記入もれのチェックがその場

でできない，②サンプルを一堂に集めるのが困難，である。

(3) 留置調査法

調査員が調査票をサンプルに配り，回答の記入方法を教え，後の回答記入を頼み，数日後に回収する方法である。近年の定量調査は，サンプルの不在や数理統計処理をしなければならないほど多量の質問を要する場合が多いので，留置調査によって行われる場合が多い。

長所は，①内容の多い調査が可能，②回収率が比較的良い，である。短所は，①サンプル自身の回答かどうか不明，②参考書などで回答することがある，③回答記入もれが生じやすい，である。

(4) 郵送調査法

印刷した調査表を抽出されたサンプルに郵便で送り，回答を調査表に記入して，郵便で返送してもらう方法である。回収率が低いので，一般的にはあまり採用されていないが，企業調査や顧客調査では活用される場合が多い。

長所は，①費用が安い，②サンプルが広範囲に散らばっていてもよい，である。短所は，①回収率が低い（良くても20%～25%程度の回収率），②サンプル自身の回答かどうか不明，③回収に時間がかかる，である。

(5) 電話調査法

一般サンプルの代用として電話所有世帯からサンプルを抽出して，電話でインタビューする方法である。広告の視聴・評価や商品の購入・所有・使用率の判定などによく使われる。

長所は，①費用が安い，②調査員の管理が容易，③結果が早くわかる，である。短所は，①一般世帯を代表しない，②個人調査が困難，③ごく簡単な内容しか聞けない（質問内容は多くても10問程度），である。

(6) インターネット調査

ウェブ環境の近年の急速な発達によって，インターネットを利用した調査が多くみられるようになっている。

長所は，①費用がきわめて安い，②不特定多数のサンプルに対し同時に質問紙を送ることが可能，③画像を用いた複雑な調査も可能，である。短所は，①回答率が低くなりがち，②回答者の属性に偏りが生じやすい，である。

(1) 全数調査は調査対象すべてについて調査を試みる方法であるが，これでは費用，時

間などについての問題があるため，通常は特定の調査対象を選択して調査を実施し，その結果から母集団を推定するという標本調査法が用いられる。標本調査において特定の調査対象を選択することをサンプリングというが，その手法には，①単純無作為抽出法，②系統抽出法，③層化抽出法，④副次抽出法，⑤二重抽出法，⑥集落抽出法，がある。これらの手法の考え方の基礎は母集団を構成するメンバー個々にサンプルとして選ばれる確率を等しくもたせようとするものであり，無作為を原則としている。

第4項　定性調査

定性調査とは，サンプルの価値観や成長経緯，過去の商品使用動向とその意識，心理的な動態などを聴取し，それらをベースとして調査の目的を達成しようとする調査である。定量調査と異なり，1サンプルに相当の時間をかけるので，サンプル数は通常1ジャンルで20名程度，多くても50名である。

今日では，定量調査よりも定性調査の方がより重視されている。その背景には，以下のような事情がある。すなわち，「過去の市場調査論は，一定の標本量を基準とした定量調査の技法を中核とし，その標本抽出技法や誤差分析を中心として述べられてきていた。しかし，生活者にいくつかの価値観や生活動態をベースとした類型が存在し，それが市場戦略を左右する時代になると，性別や年齢，所得，学歴といった人口統計的データをベースとした戦略は十分にその成果を期待できなくなった。したがって，標本抽出技法や誤差分析への関心から，いかに生活者の心理的動態をベースとした類型分析技法を開発するかに変化してきた[1]」のである。さらに，時代が成熟化し，生活者の生活領域が拡大し，「『生活価値の多元化社会』に到達すると，市場調査の役割はよりソフトで具体的な効果を期待されるようになり，生活実態の深層や，店舗や市場動向の深層をデータベースとして求められるようになってきている[2]」。

以下，定性調査の代表的なものについて概説していこう。

(1) 定性面接インタビュー法

定量調査の個人面接法と同様に，調査員が個別のサンプルに面接インタビューする方法であるが，個人面接法と異なるのは，1サンプルに最低1時間近い面接質問を行う点である。したがって，回答もインタビュー要項メモに従って専門調査員が文章で記入する方法が採られる。不動産購入に関する調査や小売店調査などに多く用いられる。

(2) グループ・インタビュー法

一定の会場に5〜10名程度のサンプルを集め，質問目的と要項に従って座談会形式でデータを収集する方法である。新製品開発アイデアや商品評価，広告コピー評価などに用いる。近年は，グループ・インタビューをいくつか積み重ねることによって，数理統計的な分析結果に結びつける方法も開発されている。

(3) 投 影 法

一定の作品を活用して，その結果から心理的な動機や趨勢を把握しようとする方法である。これには，連想法，文章完成法，絵画統覚法，略画法などの方法があるが，近年はあまり用いられていない。

(1) 新津重幸「市場調査」宇野政雄編著『最新マーケティング総論』実教出版，昭和60年，184—185頁。
(2) 同論文，185頁。

第5項　その他の調査手法

以上の調査方法のほかに，特殊機材を活用した手法もある。たとえば，タキスト・スコープ（カメラのストロボのようなもので，画面を秒速を変えて写す機器）による広告コピーの記憶テスト，アイ・カメラ（視線の集視ポイントを把握できる機器）による広告の注視点や視線の流れの把握テスト，などがそれである。しかし，これらは今日ではあまり活用されていない。

また，各種調査手法のなかで，SD法（semantic differential method）といった手法もある。これは，人間の形容詞評価や願望，自己行動評価などを測定するために，3段階，5段階，7段階で評価させるものであるが，**図表12-3**は，SD法によるイメージ調査結果の事例を示したものである。SD法は定量・定性調査を問わず，各調査のなかで人間の感覚的な評価尺度として多用されている。商品評価，広告・販促評価，企業評価など多目的に活用でき，この結果を因子分析などの数量化分析に使用するケースも多い。

第12章　マーケティング・リサーチ

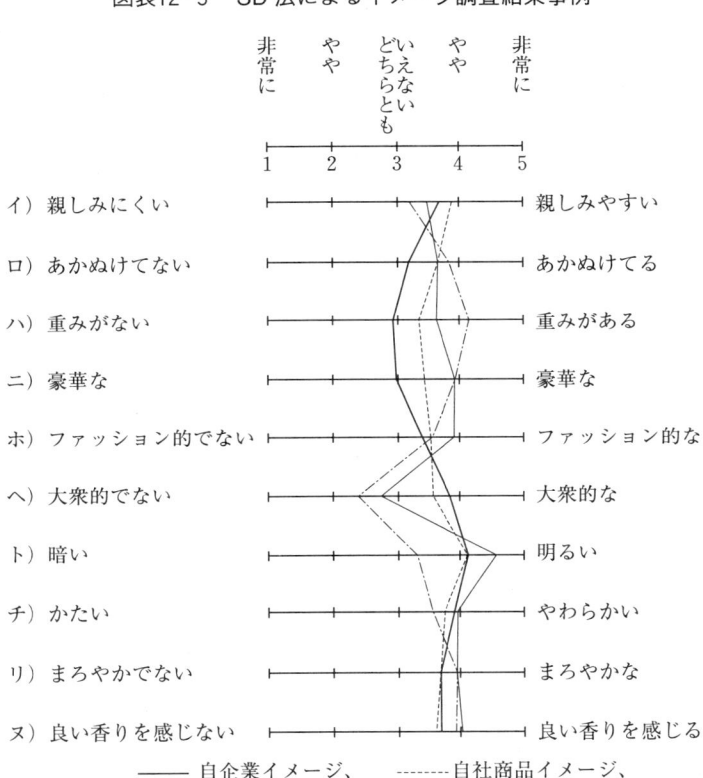

図表12-3　SD法によるイメージ調査結果事例

	非常に	やや	どちらともいえない	やや	非常に
	1	2	3	4	5

イ）親しみにくい ——— 親しみやすい
ロ）あかぬけてない ——— あかぬけてる
ハ）重みがない ——— 重みがある
ニ）豪華な ——— 豪華な
ホ）ファッション的でない ——— ファッション的な
ヘ）大衆的でない ——— 大衆的な
ト）暗い ——— 明るい
チ）かたい ——— やわらかい
リ）まろやかでない ——— まろやかな
ヌ）良い香りを感じない ——— 良い香りを感じる

―――　自企業イメージ、　-------　自社商品イメージ、
―・―・―　競合企業イメージ、　―――　競合企業商品イメージ

（資料）　新津重幸「市場調査」宇野政雄編著『最新マーケティング総論』
実教出版，昭和60年，192頁。

第4節　マーケティング・リサーチのプロセス

　マーケティング・リサーチをマーケティング意思決定のための調査と限定すれば[1]，その決定過程に対応する調査手順を考えなければならない。体系的なマーケティング・リサーチは通常，①問題の定義，②状況分析の実施，③予備調査の実施，④フォーマルな調査の計画と実施，⑤データの処理と分析，⑥報

告書の準備，という手順を踏んで実施される。なお，これらの段階のすべてに順次従う必要はない。以下，各段階の内容を簡単に概観していこう[2]。

(1) 問題の定義

調査手順のなかで最も困難なのは，問題を体系的に定義することである。調査しようとするマーケティング問題を認識し，それを明確化しなければならないが，その際，まずい定義や明瞭でないことばによる定義は，何としても避けなければならない。たとえば，「広告は効果的であるか」，「売上高の減少をいかにくいとめるか」というのは，実は本当の問題の兆候であるにすぎない。

(2) 状況分析の実施

この段階で，リサーチャーやマーケターは社内での対話を通して問題を明らかにしようとする。他方で，問題を取り巻く状況を把握するために，既存の社内・社外資料を調査し，分析する。状況分析によって，問題はより明確に定義される。こうして，「広告は効果的であるか」という表現は「顧客はテレビ広告を見てから2日後に，それをどの程度覚えているか」という表現に，また，「売上高の減少をいかにくいとめるか」という表現は「ブランドXの売上高はA地区でなぜ減少しているのか」という表現に，それぞれ具体化されてくる。

(3) 予備調査の実施

社内での対話によって本当の問題が把握できたならば，リサーチャーとマーケターは外部（顧客，卸売商，小売商，競争者，広告代理店，コンサルタントなど）とインフォーマルな対話を始める。この予備調査の後で，フォーマルな調査が必要であるかどうかが決定される。

(4) フォーマルな調査の計画と実施

問題が明確になり，予備調査が行われて，当該プロジェクトが予算的にも実施可能なことが判明すると，会社は次のような手順に従って調査を実施に移す。すなわち，①情報ニーズの決定⟶②情報源の決定⟶③1次データの収集方法の決定⟶④データを収集する質問票の計画⟶⑤サンプルの計画⟶⑥データの収集，という手順である。

(5) データの処理と分析

データが使用される前に，データは要約され，処理され，カテゴリーに分けられ，図表化され，そして「情報」として解釈されなければならない。今日で

は，洗練された電子データ処理装置の利用によって大量のデータを迅速に，かなり安価に分析・処理することが可能となっている。

(6) 報告書の準備

調査手順の最終段階は調査結果を報告書にまとめあげることである。リサーチの調査結果はそれを利用する人々に合わせた体系的な方法で勧告されなければならない。そして最後に，リサーチャーは勧告がフォローされているかどうかを確かめるために，調査結果を追跡しなければならない。

(1) たとえば，ウェンツ（Wentz, W. B.）は，マーケティング・リサーチとは「マネジメントのマーケティング意思決定をアシストするための情報の収集と分析」である（W. B. Wentz, *Marketing Research: Management and Methods*, Harper & Row, 1972, p. 1）, と端的に規定している。

(2) 詳しくは，R. L. Lynch, H. L. Ross & R. D. Wray, *Introduction to Marketing*, McGraw-Hill, 1984, pp. 103-119を参照されたい。

第5節　マーケティング・リサーチの限界

マーケティング・リサーチは，今後日本の企業においてもますます重要視され，活発に実施されていくものと思われる。しかし，マーケティング・リサーチはすべてのマーケティング問題を解決するわけでもないし，競争者の攻勢を阻止できるものでもない。まして，マーケティング計画のまずさを救うものでもない。マーケティング・リサーチは万能薬ではない。そこには，以下に示すような一定の限界がある[1]。

① マーケティング・リサーチに着手するのに相当の時間を要するが，会社にはそれだけの時間的余裕がない場合もある。

② 市場には多くの変数があり，しかもそれらは不確実性に満ちていることから，マーケティング・リサーチのすべてに正しい答えを求めることは期待できない。

③ マーケティング・リサーチは調査結果を報告するだけで，意思決定を行わない。すなわち，マーケティング・リサーチはマネジメントの意思決定をアシストするものであり，有能なマネジメントに取って代わるものではない。

181

④　マーケティング・リサーチは過去のみを測定し，将来を測定しない。その予測はすべて過去のデータに基づく推測であるにすぎない。
⑤　回答者はいつも信頼できるわけではない。
⑥　マーケティング・リサーチは現在与えられている問題を扱うだけで，将来与えられるべき問題を扱わない。

以上のように，マーケティング・リサーチには一定の限界がある。しかし，そうした限界を認識したうえで，マーケティング・リサーチをうまく活用すれば，それがマーケティング競争力強化への道につながり，また市場への適応力を強化することにもなる。

情報化時代といわれる今日，マーケティングに関する情報も以前とは比較できないほど大量に入手することができるようになった。しかし，マーケティング問題の解決，そしてマーケティング意思決定に有効な情報の獲得は，今なお困難である。その意味において，今後各企業は，市場に関する情報，競争企業に関する情報をタイムリーに，しかも的確に収集・分析できる企業へと脱皮していかなければならない。マーケティング・リサーチには一定の限界があるとしても，課せられた使命は重大である。

⑴　R. J. Markin Jr., *Marketing*, John Wiley & Sons, 1980, p. 218.

第13章　消費者行動

第1節　消費者行動の定義

　今日，企業はいくたの厳しい環境のなかに立たされている。こうした情況のもとで，企業の存続成長の鍵を握っているのは「消費者」である。いいかえれば，消費者は現代マーケティングの働きかけの対象であるとともに，それのあり方を規定する最も重要な市場的環境要因となっている。したがって，現代の企業が有効なるマーケティング活動を展開するためには，消費者行動の分析がきわめて重要なものとなる。

　では，「消費者行動」という用語の実体ないし概念はいかなるものであろうか。それを検討する前に，「消費者」という用語の概念規定をしておかなければならない。「消費者」という用語は，「最終消費者」と「産業購買者」の両方を含む。「最終消費者」とは自己または家族の欲求充足のために製品を購買・消費（使用）する個人を指し，「産業購買者」とは業務的使用，生産的消費，再販売のために製品を購買する企業または組織体を指す[1]。しかし，一般的には，消費者とは最終消費者を指しており，本章においても，とくに断りのない限り，消費者とは「最終消費者」を指すものとする。

　さて，一口に消費者行動といっても，論者によりその意味するところは多種多様であり，統一した見解は見当たらないが，ここではまず，「消費者行動」の実体を以下のように認識しておこう[2]。

　第1に，消費者行動とは消費者による特定の「製品およびサービス」（以下，製品とする）の「購買行動」を指す。ただし，厳密にいえば，消費者行動には，「購買行動」と「消費行動」という2つの行動が含まれている。しかし，現代マーケティングにとっては，いわゆる「5W2H」，すなわち，「誰が」（Who），「何を」（What），「いつ」（When），「どこで」（Where），「いくらで」（How Much），

183

「どれくらい」（How Many），「なぜ」（Why）購買するのかが重要なのであって，消費者が購買した製品をどのように消費ないし使用しているかが問題なのではない。消費行動はその結果として消費者の満足が次の購買行動に影響する限りにおいて問題となるにすぎない[3]。

　第２に，消費者行動とは消費者の「購買意思決定行動」を指す。消費者の購買行動は，さらに，「購買意思決定行動」と「購買行為」に分けられる。「購買行為」とは消費者がある特定の製品ないしブランドを購買する行為それ自体を指すが，「購買意思決定行動」とは，「購買行為」それ自体と，それに至るまでの諸行為およびそれの後に生起する行為をも含む，一連の継起的な諸行為の集合を意味する。その意味において，「購買行為」は「購買意思決定行動」を構成するひとつの行為，ないし「購買意思決定過程」におけるひとつの段階にすぎない。

　これまでの消費者行動研究においては，消費者行動を「購買行為」それ自体として認識する立場が多かった。しかし，このような立場に基づく消費者行動研究においては，消費者行動の最も重要な研究領域である，消費者が「なぜ」特定の製品ないしブランドを購買するに至ったのか，また，それを購買した後にいかなる反応を生起させたのかについてはほとんど解明されていなかった。消費者行動研究において重要なのは，この「なぜ」の解明なのである。この「なぜ」を解明するためには，消費者行動を「購買意思決定行動」として認識しなければならない。なぜなら，消費者の購買行為の形態や構造は，購買意思決定過程の進行の様相によって規定される[4]からである。

　第３に，消費者行動とは人間行動の一側面である。これは，消費者行動をいわゆる「経済人」（economic man）の行動として認識すべきではないということを意味している。この「経済人」とは，自己の欲求を充足させるための選択可能な財についての完全な知識・情報をもっており，欲求充足（満足）の「極大化」を目指して，経済上完全に合理的な行動をとる抽象化された存在物を指す。しかし，現実の消費者は，完全情報下におかれていることは稀であり，また，それぞれに欲求，価値観，性格などを異にしているので，その行動様式も「異質的」であり，経済的には非合理的な行動をとることも多い。端的にいえば，現実の消費者は，人間それ自体なのである。したがって，消費者行動研究

においては，消費者行動を「経済人」としての行動ではなく，人間それ自体の行動として認識し，その行動に関連のある種々の要因を抽出し，それらの要因間の相互作用の態様，すなわち行動のメカニズムを分析・解明しなければならないのである。

以上のような実体認識から，消費者行動とは次のように定義することができる。すなわち，「消費者行動とはある製品ないしブランドの購買行為と，それに先行しまたそれに後続する，精神的および物理的諸行為の集合から構成される，人間の意思決定行動の一側面である[5]」。

なお，エンゲル (Engel, J. F.)，ブラックウェル (Blackwell, R. D.)，コラット (Kollat, D. T.) らは，「消費者行動とは，経済的財貨およびサービスの獲得や使用に直接関係する個人の諸行動であり，それらの行動に先行してそして行動を決定する一連の意思決定過程を含むものである[6]」と定義している。この定義は，消費者行動とは，①最終消費者の諸行動を表わし，その行動は人間の諸行動であり，②消費者の「購買意思決定過程」を含んでいる，ということを意味している点で，前述の定義と近い内容をもっている。

また，シフマン (Schiffman, L. G.) とカヌーク (Kanuk, L. L.) は，「消費者行動ということばは，消費者が自分の欲求を満たしてくれるであろうと期待する製品，サービス，アイデアなどを探索，購買，使用，評価するために示す行動と定義される[7]」と述べている。この定義では，消費者行動を「購買行動」として狭義に捉えている。

(1) 来住元朗「消費者行動」三浦信・来住元朗・市川貢『新版マーケティング』ミネルヴァ書房，平成3年，19—20頁。
(2) 詳しくは，同論文，20—22頁を参照されたい。
(3) 荒川祐吉「買手行動研究の諸形態とその展望」日本商業学会編『マーケティングと消費者』千倉書房，昭和45年，24頁。
(4) 同論文，同頁。
(5) 来住元朗，前掲論文，22頁。
(6) J. F. Engel, R. D. Blackwell & D. T. kollat, *Consumer Behavior*, 3rd ed., Holt, Rinehart and Winston, 1978, p. 3.
(7) L. G. Schiffman & L. L. kanuk, *Consumer Behavior*, Prentice-Hall, 1978, p. 4.

第2節　消費者行動の分析枠組

　前節で明らかにしたように，消費者行動は，基本的には人間行動の一側面である「購買意思決定行動」として認識される。そのことは必然的に消費者行動の研究方法をも示唆している。すなわち，消費者行動を人間行動の一側面として認識する限り，それは人間行動を体系的に研究する科学の理論や分析技法に基づいて分析・解明されなければならない。消費者行動の研究に「行動科学的アプローチ」が適用される必要性もここに見出だせるが，「消費者行動の行動科学的研究は，それを心理学，社会学，文化人類学を中核とし，経済学，歴史学などの学問領域を幅広くかつ総合的に体系づけたフレームワークによって分析・解明するという，『学際的』(interdisciplinary) 研究としての性格を持っている[1]」。

　以下，各学問領域における消費者行動に関連する研究分析内容について概説していこう。

(1)　来住元朗「消費者行動」三浦信・来住元朗・市川貢『新版マーケティング』ミネルヴァ書房，平成3年，22頁。

第1項　経済学的分析

　消費者行動の研究は，経済学とりわけミクロ経済学の一専門領域として，すでに長年にわたる蓄積をみている[1]。ミクロ経済学は個々の消費者の経済行動を分析の対象としているが，その代表的な理論としては，マーシャル (Marshall, A.) とその継承者たちによって展開された「限界効用の理論」(theory of marginal utility)，ヒックス (Hicks, J. R.) などが提唱した「無差別選択の理論」(theory of indifference choice)，サムエルソン (Samuelson, P. A.) による「顕示的選好の理論」(theoy of revealed preference) などが挙げられる。これらの理論は，いずれも，個々の消費者が自己の限られた所得を種々の「財」（製品）の購買にどのように支出すべきかを明らかにしようとしたものであり，そこでは，限られた所得の範囲内において自らの効用を最大にすべく，すべての購買の利得を注意深く計算する「経済人」を想定して，消費者個人の効用と行動との関連

のメカニズムが解明されている。

　しかし，ミクロ経済学における消費者行動研究は，きわめて抽象度の高い仮定のもとにおける分析であるために，消費者は「いかに」あるいは「どのように」して行動したかについての説明は得られるものの，以下に示すように，現実の消費者行動を解明するものとしては多くの限界をもっている[2]。

　第1に，ミクロ経済学においては，いわゆる「経済人」としての消費者が想定されているために，消費者行動の限定的な分析の域を出ていない。現実の消費者は，その意識や行動が単に経済的変数（要因）によってのみ規制される抽象物（経済人）ではなく，社会的要因や文化的要因などによっても影響を受ける「人間それ自体」なのである。したがって，社会的要因や文化的要因などを捨象して，経済的要因のみによって消費者行動を分析することは，人間行動の一側面である現実の消費者行動を解明するものとしては充分とはいえない面がある。

　第2に，ミクロ経済学においては，消費者は同一の経済的刺激に対しては同一の反応を生起させる，という消費者の「同質性」が仮定されているが，こうした同質性を前提にした分析枠組では，それぞれの意識や行動様式が「異質的」である消費者の行動を現実に即して充分に解明することはできない。なぜなら，そこでは，消費者行動を解明するための用具として，価格や所得という経済的要因のみが考慮され，消費者の異質性を規定すると思われる他の種々の要因は捨象されてしまっているからである。

　第3に，ミクロ経済学の理論的フレームワークに基づいて構築される消費者行動モデルは，「記述的モデル」(descriptive model)ではなく，むしろ「規範的モデル」(normative model)なのである。このモデルでは，消費者が「なぜそのように行動するか」については明示することができない。しかも，このモデルは，「規範的モデル」としても現実的適応性をもっていない。なぜなら，このモデルにおいては，消費者の行動原理ないし規範として「効用極大化」が想定されているのであるが，効用はきわめて主観的な概念であり，効用の大きさを客観的に測定し，数量化することは難しいからである。

　以上のように，人間行動の一側面である現実の消費者行動を，経済学的分析のみによって解明することには一定の限界がある[3]。そこで，消費者行動をよ

第13章　消費者行動

り的確に理解するため，心理学，社会学，文化人類学などの人間行動を理解するための理論的フレームワークを総合的に援用することが必要となってくるのである。

(1) マルクス経済学は別として，近代経済学は一般に「マクロ経済学」と「ミクロ経済学」に大別することができる。前者は，消費者の集団としての経済行動を国民所得や物価水準などの集計概念を用いて分析しようとするものであり，所得論的経済学とも呼ばれている。一方，後者は，個々の消費者の経済行動を分析の対象としており，価格論的経済学とも呼ばれている。

(2) 詳しくは，来住元朗「消費者行動」三浦信・来住元朗・市川貢『新版マーケティング』ミネルヴァ書房，平成3年，25―27頁を参照されたい。

(3) もちろん，ここでは経済学批判を試みているのではない。事実，経済理論は消費者行動の分析のための枠組みを構築しているし，それがもつ有用性も大きい。しかし，ここで主張しておきたいのは，経済学の理論や一般法則がそのままマーケティング思考次元における消費者行動の分析に適応できるものではない，ということである。なお，この点については，風呂勉「マーケティングと買手行動の理論」森下二次也・荒川祐吉編『体系マーケティング・マネジメント』千倉書房，昭和41年，81―85頁が詳しい。

第2項　心理学的分析

　心理学は個人の「心的活動」(広義の「行動」) を研究する学問である。人間行動を把握し理解するための最も基本的かつ核心的な質問は，「なぜ」という問いかけであるが，心理学は，この「なぜ」を解明することを志向している。

　消費者行動の心理学的研究は，個々の消費者の心的内部にある諸要素 (変数) の働きを探究することによって，それらの変数が購買意思決定行動に関連づけられるメカニズムを分析・解明することを課題としている。それは，経済学的分析においては解明できない，消費者行動の「なぜ」を解明することを志向するものである。

　ところで，心理学の分野では，個人の心的活動 (行動) に関連のある概念としては，欲求，動機づけ，学習，思考，知覚，パーソナリティ，態度，信念など，種々のものがある。ここでは，これらのうち，「動機づけ」，「学習」，「知覚」，「パーソナリティ」，「態度」という変数を取り上げて，それぞれの変数と消費者行動との関連のメカニズムについて概説することとする。

(1) 動機づけ

動機づけ (motivation) とは，行動を一定の方向に向けて発動させ，推進し，持続させる過程をいう。消費者はなぜある商品やサービスを使用するのか，あるいは広告がどのように製品に対する欲求を引き起こし，実際の購買に導くのか，といった問題は，消費者の動機づけに関連している。

動機づけの理論は多くの研究者によって研究されているが，なかでもマズロー (Maslow, A. H.) の欲求の階層序列 (hierarcy of needs) はあまりにも有名である[1]。マズローによれば，人間の欲求には5つの基本的欲求，すなわち生理的欲求 (psysiological needs)，安全欲求 (safety needs)，所属と愛情欲求 (belongingness and love needs)，尊敬欲求 (esteem needs)，自己実現の欲求 (selfactualization needs) があり，これらの基本的欲求を満足させるため人間はさまざまな条件を達成するよう動機づけられているという。なお，この場合，下位の段階の欲求が満たされて初めて，その次の段階のより高次の欲求が活性化されていくと考えられている。**図表13-1**は，マズローの欲求の階層序列を図示したものである。

(2) 学 習

学習 (learning) とは，「過去の経験や訓練ないし練習の結果，有機体 (人間

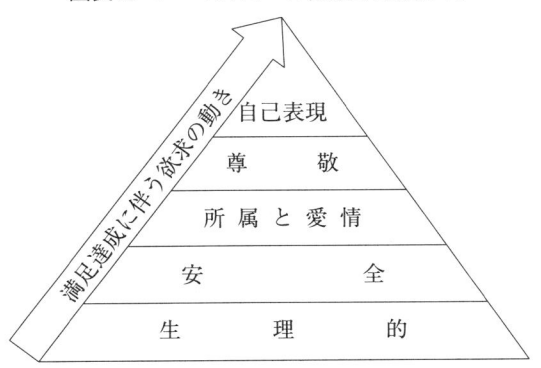

図表13-1　マズローの欲求の階層序列

（ピラミッド図：下から「生理的」「安全」「所属と愛情」「尊敬」「自己表現」。左側の矢印に「満足達成に伴う欲求の動き」）

（資料）J. G. Udell & G. R. Laczniak, *Marketing in an Age of Change*, John Wiley & Sons, 1981, p. 128.

や動物）に比較的永続的な変化が生じ，同一または類似の事態（心理的状況）に直面した場合，後の行動が前の行動とやや変化することをいう(2)」。端的にいえば，学習とは何らかの経験や訓練をした結果としての行動の変容を意味しているが，消費者の行動はすべて，過去における経験や訓練から獲得された行動，すなわち学習された行動である。

学習の類型には種々のものがあるが，その基本的なものは「条件反射学習」と「試行錯誤学習」である。

「条件反射学習」は，パブロフ（Pavlov, L. P.）によって体系化された理論である(3)。パブロフは，有名な犬の唾液分泌実験において，初めは食物を与える前にベルの音を聞かせても唾液を分泌しなかった犬が，それを与える前に必ずベルの音を聞かせるという手続きを何回か繰り返していると，食物を与えなくても，ベルの音を聞いただけで唾液を流すようになることを発見した。パブロフは，この現象を「条件反射」（conditioned reflex）と名づけた。彼によれば，この条件反射は２つの刺激（「食物」と「ベルの音」）を同時に反復提示することによって形成されるのであり，この場合，ベルの音を「条件刺激」（conditioned stimulus），食物を「無条件刺激」（unconditioned stimulus），食物を与えると唾液分泌を起こすことを「無条件反射」（unconditioned reflex）というのである（図表13-2参照）。この条件反射を形成させる訓練過程は，「条件づけ」（conditioning）とも呼ばれる。

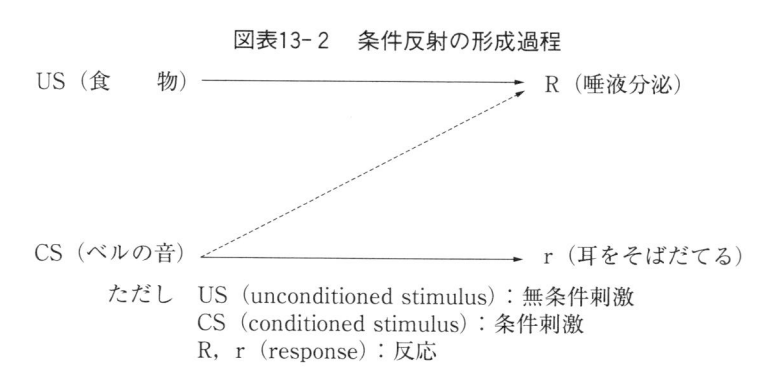

図表13-2　条件反射の形成過程

```
US（食　物）─────────────→ R（唾液分泌）



CS（ベルの音）------------→ r（耳をそばだてる）
```

　　　ただし　US（unconditioned stimulus）：無条件刺激
　　　　　　　CS（conditioned stimulus）：条件刺激
　　　　　　　R, r（response）：反応

（資料）来住元朗「消費者行動」三浦信・来住元朗・市川貢『新版マーケティング』
　　　　ミネルヴァ書房，平成３年，29頁。

パブロフは，さらに，初めのベルの音（もとの刺激）と似通った音（類似の刺激）によっても同じ反応を生起させることができることを発見し，これを「般化」(generalization) と名づけた。しかし，いったん形成された反応はいつまでも持続するものではなく，条件刺激のみを与えて，無条件刺激を与えないでいると，その反応は次第に弱まり，ついには生起しなくなる。この現象を「消去」(extinction) というが，それを生起させないためには，条件刺激と無条件刺激とを組み合わせて同時に提示することが必要である。パブロフは，この手続きを「強化」(reinforcement) と呼んでいる。しかし，この強化の概念は，その後，このような操作上の記述概念としてだけでなく，「ある手続きを提示することによって条件づけの強さまたは反応の生起する確率を増加させる過程ないし要因を意味するもの」として一般化された。

　以上のような，訓練ないし練習によって生理現象をも支配することができるというパブロフの発見は，その後の学習理論や行動理論，習慣形成の理論などの説明原理の基礎となった。

　次に，「試行錯誤学習」の理論は，ソーンダイク (Thorndike, E. L.) によって体系化されたものである[4]。ソーンダイクは，いわゆる「問題箱」(problem-box) を用いて動物実験を行った結果，ある（新しい）「事態」(situation) におかれた動物は，その事態に適応するためにいくつかの反応を生起させるのであるが，その反応生起を何回か試みているうちに，良い結果をもたらす反応を偶然に見つけ出し，それによって，同じ事態に直面した場合には，同じ反応を再び生起させるようになることを発見し，これを「試行錯誤」(trial and error) と名づけた。この「試行錯誤学習」においては，「効果の法則」(law of effect) が支配している。すなわち，ある事態ないし刺激に対して生起させたいくつかの反応のうち，行動主体（人間や動物）に満足を与えた反応は，他の条件が一定ならば，同じ事態ないし刺激に直面したときには再び起こりやすくなるが，不満足をもたらした反応は起こりにくくなるのであり，さらに，この満足または不満足の程度が大きければ大きいほど，その事態（ないし刺激）と反応との結合の強化または弱化はますます大きくなる，という法則である。

　以上のように，「条件反射学習」と「試行錯誤学習」という2つの学習理論は，いずれも，学習を「刺激 (stimulus) と反応 (response) との心的結合」と

図表13-3　学習曲線

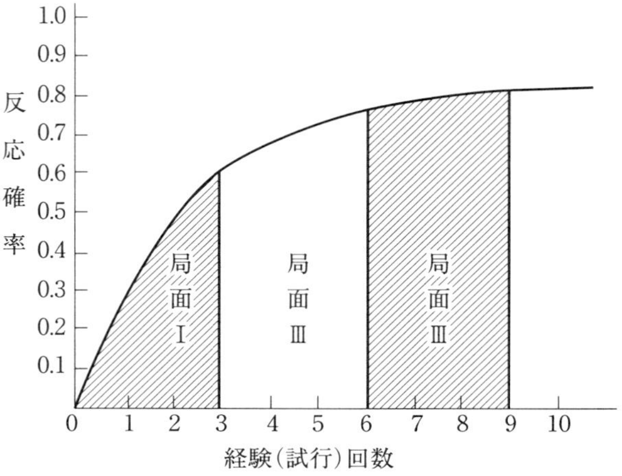
反応確率
1.0
0.9
0.8
0.7
0.6
0.5
0.4
0.3
0.2
0.1
局面Ⅰ
局面Ⅲ
局面Ⅲ
0
1
2
3
4
5
6
7
8
9
10
経験（試行）回数

（資料）　図表13-2の文献，30頁。

して捉えているので，「S－R説」ともいわれている(5)。この「S－R」結合が形成される過程は，図表13-3のように，いわゆる「学習曲線」（learning curve）として図示することができる。

以上のような学習理論は，消費者行動を理解し把握するのに大いに役立つ(6)。たとえば，図表13-4の「ハワード＝シェス」モデル（購買者行動モデル）においては，「学習構成」という概念が中核的構成要素となっているが，そこにおける「満足」の作用メカニズムは，ソーンダイクの「効果の法則」とほとんど同じである。

また，パブロフが提起した種々の概念も，以下に示すように，消費者行動を理解し把握するのに大いに役立っている。

① 「強化」の概念は，ワトソン（Watson, J. B.）のいわゆる「行動主義」（behaviorism）に継承されているが，それは広告と消費者行動との関連を説明する場合に有用である。なお，「強化」は消費者が購買習慣を形成させるための基本的な必要条件である。

② 「般化」の原理は，学習と消費者行動との関連を説明するのに有用である。

第13章　消費者行動

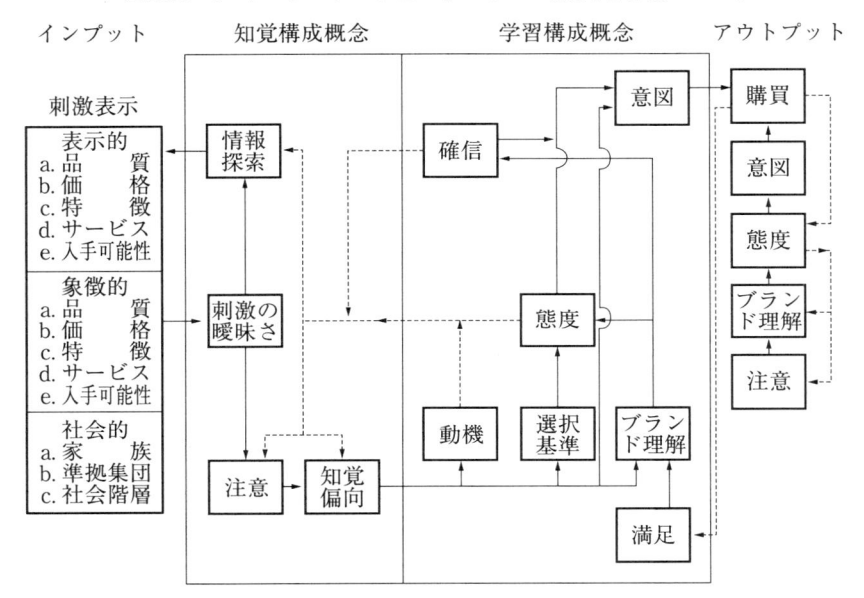

図表13-4　「ハワード＝シェス」モデル（購買者行動モデル）

```
インプット        知覚構成概念           学習構成概念        アウトプット

刺激表示
 表示的                                              意図 → 購買
 a.品　　質        情報              確信                    意図
 b.価　　格        探索                                      
 c.特　　徴                                                  態度
 d.サービス                                                  ブランド理解
 e.入手可能性                                                注意
 象徴的            刺激の            態度
 a.品　　質        曖昧さ
 b.価　　格
 c.特　　徴
 d.サービス
 e.入手可能性
 社会的                              動機   選択   ブランド
 a.家　　族        注意   知覚              基準   理解
 b.準拠集団               偏向
 c.社会階層                                   満足
```

（注）　実線は情報の流れ，破線はフィードバック効果を示す。
（資料）　J. A. Howard & J. N. Sheth, *The Theory of Buyer Behavior*, John Wiley & Sons, 1969, p. 30.

③　「消去」の概念は，消費者の「ブランド遷移行動」，すなわち特定のブランドに対する否定的な「強化」の結果として，そのブランドから別のブランドへ消費者がその選好・選択を移していく行動を説明するための有効な変数となりうる。

さらには，学習理論とりわけ学習曲線の考え方はまた，消費者がいかにしてブランド忠誠を形成するかを解明するのに有用である。

なお，「学習」に影響を及ぼす要因として，コンディフ（Cundiff, E. W.）とスティル（Still, R. R.）は，①反復，②動機づけ，③条件づけ，④意味関連および組織化，の4点を挙げている[7]。

(3)　知　覚

知覚（perception）とは，端的にいえば，外界から入ってくる刺激を解釈することであるが，あえて定義するならば，「人間が自己の周りの世界（外界）

の事象ないし刺激（以下，「刺激」とする）を彼の感覚器官を通して受け入れ，それに対して意味的に反応する精神的過程[8]」であるといえる。

知覚はもともと主観的なものであって，同一の刺激に対しても個人の知覚はそれぞれに異なる。しかし，知覚には普遍的に妥当するいくつかの基本的特性がある[9]。

第1に，知覚は選択的（selective）である。すなわち，人間は外部から入ってくる刺激の全部を消化吸収することはできないので，そのなかから一定量の刺激のみを選択して知覚するのである。これを「選択的知覚」(selective perception）というが，この機構には，「選択的接触」[10] (selective exposure），「選択的解釈」[11] (selective interpretation），および「選択的保持」[12] (selective retention），という3つの過程が含まれている。

第2に，知覚は全体的である。これは，知覚者が特定の刺激をその個々の部分で捉えるのではなく，始めからひとつの「まとまった全体」として知覚することをいう。このような外界からの刺激を主体が自己の心的内部でひとつの全体にまとめあげるメカニズムを理論化したものが，いわゆる「ゲシュタルト法則」である。「ゲシュタルト」(gestalt）という用語は，形態，型などを意味するものとされているが，ゲシュタルト法則の代表的なものとしては，①「類同の法則」[13] (law of similarity），②「閉合の法則」[14] (law of closure），③「図—地の法則」[15] (law of figure and ground）が挙げられる。

第3に，知覚は限定的である。すなわち，人間は一定の範囲内の刺激のみを受け入れ，それに反応することができるにすぎないのである。この範囲のことを「閾」(threshold）というが，それには「絶対閾」[16] (absolute threshold）ないし「刺激閾」(stimulus threshold）と，「弁別閾」[17] (discrimination threshold）ないし「差異閾」(differential threshold）とがある。

以上のような「知覚」の概念やメカニズムは，消費者行動を分析・解明するための有効な用具としていろいろと適用されている[18]。一例として，選択的知覚の概念も消費者行動を説明するのに有効である。たとえば，頭痛に苦しんでいる消費者は，頭痛薬についてのテレビCMや新聞広告などを積極的に見るであろうが，それを感じていない消費者は，その広告を見ようとはしないであろう。これなどは「選択的接触」の機構がその消費者に働いていることの証左

である。

　なお，知覚による消費者行動の研究はかなり注目されているが，前述したように，知覚は基本的には主観的なものであるため，この点は留意しなければならない。

(4) パーソナリティ

　パーソナリティという用語は，心理学においては，通常，「人格」と訳されている。パーソナリティの定義はさまざまであるが，その代表的なものとして，オルポート（Allport, G. W.）の定義が挙げられる。オルポートは，「パーソナリティとは，自己の環境に対する彼独自の適応を規定する，個人の内部における精神的・肉体的体系の機構である[19]」と定義している。端的にいえば，パーソナリティとは，環境に対する人間の適応行動のパターンを決定する，内的特性のことである。

　パーソナリティが消費者行動にかなりの関連性をもっていることは，これまでのいくつかの研究によって実証されている。しかし，パーソナリティと消費者行動を関連づけるために，どのようなパーソナリティ特性が抽出されるべきかは確定的ではない。しかも，個々の消費者のパーソナリティがその購買行動に「いかに」また「どの程度まで」影響を及ぼすのかについての分析はまだ不充分な状態にある。とはいえ，こうした限界はあるものの，消費者行動を「パーソナリティ」という概念を用いて分析しようとする試みは，消費者行動研究にひとつの示唆を与えていることは事実である。

(5) 態　度

　態度（attitude）という用語の定義はさまざまであり，普遍的なものはない。一般には，態度とは特定の事物や状況に対して独自の方法で反応するように方向づける，個人の内的準備状態ないし反応傾向を意味するものとされている。端的にいえば，行動に対する準備状態が「態度」である。

　態度は，以下の３つの要素から構成されているが，それらの要素は相互作用関係にある[20]。

① 情動的要素：特定の対象物に対する個人の感情（すなわち，好き・嫌い，快・不快など）。

② 認知的要素：特定の対象物に対する個人の信念ないし知識。

③ 行動的要素：特定の対象物に対して行動しようとする個人の意図ないし用意周到性。

なお，態度の形成には種々の要因が関わりをもつが，マイヤーズ（Mayers, J. H.）とレイノルズ（Reynolds, W. H.）は，次の5つの要因を挙げている[21]。すなわち，①生物学的な動機づけ（biological motivation），②情報（information），③集団加入（group affiliation），④パーソナリティ（personality），⑤経験（experience），である。

以上のような「態度」の概念や理論的フレームワークを適用して消費者行動を分析・解明しようとする試みは，これまでも多くなされてきている。なかでも，いわゆる「多属性型態度モデル」は，消費者行動を態度という変数によって分析・解明しようとした研究のなかで最も代表的なものである。この「多属性型態度モデル」は「消費者の製品や銘柄に対する態度の形成と変容を分析し，消費者の製品選択や銘柄選好に態度がどのように関連するのかを記述，予測することを目的とするものであるが，それは（消費者行動研究における）『多属性分析の先駆をなし，1960年代において一つの時代の幕開けとなったほどの歴史的意義をもつ』といわれるほどの高い評価を得ている[22]」。

(1) 詳しくは，A. H. Maslow, *Motivation and Personality*, Harper & Brothers, 1954を参照されたい。
(2) 来住元朗「消費者行動」三浦信・来住元朗・市川貢『新版マーケティング』ミネルヴァ書房，平成3年，28頁。
(3) 詳しくは，同論文，28—29頁を参照されたい。
(4) 詳しくは，同論文，29—30頁を参照されたい。
(5) 学習理論には，この「S‐R説」のほか，いわゆる「認知説」がある。これは，学習を有機体（人間）の認知構造の変化として捉える立場であり，「認知」とは，主体が特定の事態ないし問題に直面した場合，その事態を即時にまたは突然に洞察して，適切な反応を生起させることをいう。
(6) 詳しくは，来住元朗，前掲論文，31—34頁を参照されたい。
(7) E. W. Cundiff & R. R. Still, *Basic Marketing*, Prentice-Hall, 1964, pp. 178-179.
(8) 来住元朗，前掲論文，34頁。
(9) 詳しくは，同論文，35—39頁を参照されたい。
(10) 人間が自己の「先有傾向」（predisposition），すなわち欲求，関心，信念，価値観などに適合すると思われる刺激にのみ接触し，適合しないと思われるそれは知覚対象

第13章　消費者行動

から除外することをいう。
(11) 人間が「選択的接触」の段階を通過させた刺激の内容をゆがめたり，修正したりして，自分の都合のいいように解釈することをいう。この機構は，「知覚偏向」(perceptual distortion) とも呼ばれる。
(12) 人間が自己の先有傾向に適合すると思う情報・刺激のみを記憶にとどめておき，それ以外のものはすぐに忘れてしまうことをいう。
(13) 相似している刺激（図形）はひとつの「まとまり」として知覚されることをいう。
(14) ひとつの空間を囲み合う不完全な図形は，相互に閉じ合うものにまとめあげられて，完全な図形として知覚されることをいう。
(15) 2つの異なった刺激が同じ状況ないし「場」に共存している場合，一方は中心となって主体（人間）の注意を引きつけるもの（すなわち「図」）となり，他方は背景（すなわち「地」）となってそれ（図）を目立たせる役割を果たすもの，という関係において知覚されることをいう。
(16) 人間がかろうじて感じることのできる最小の刺激のことをいう。
(17) 人間が知覚することのできる最小の刺激の「差」をいう。
(18) 詳しくは，来住元朗，前掲論文，39—40頁を参照されたい。
(19) G. W. Allport, *Personality: A Psychological Interpretation*, Henry Holt, 1948, P. 48.
(20) 来住元朗，前掲論文，43—44頁。
(21) J. H. Mayers & W. H. Reynolds, *Consumer Behavior and Marketing Management*, Houghton Mifflin, 1967, pp. 148-149.
(22) 来住元朗，前掲論文，47頁。

第3項　社会学的分析

人間は，孤立した個人としてではなく，社会の一構成員として生活している。すなわち，人間の生活は他の人々との関係を抜きにしては成り立たないのである。このことは消費者行動についてもあてはまるところである。確かに，「消費者の行動は，一方においては，高度に個人志向的であるが，他方においては，他の人々が彼の購買意思決定に重要な影響を与える，高度社会志向性を持っているのである[1]」。したがって，消費者の行動を把握し理解するためには，集団行動を研究対象とする社会学的分析が必要となってくる。

以下では，種々の社会的変数（要素）のうち，「準拠集団」，「社会階層」，「家族」，「パーソナル・インフルエンス」を取り上げて，これらの要素のそれぞれと消費者行動との関連性について検討していくこととする。

第13章　消費者行動

(1)　準拠集団

　消費者は種々の集団（group）に帰属ないし参加している。ここで，集団とは「共通の目標を持ち，相互作用関係にある人々の集合[2]」をいう。

　ところで，人間の考え方や行動は，基本的には，自己が帰属している集団や社会から影響を受ける。しかし，帰属していないそれから影響を受けることも，場合によってはありうる。このように，実際の所属の有無に関わりなく，個人の考え方や行動に影響を与える集団のことを「準拠集団」（reference group）という。準拠集団には，①会員集団（個人が実際に帰属している集団），②期待集団（個人が帰属したいと望んでいる集団），③否定集団（個人が帰属したくないと思っている集団），という3つのタイプがあるが，一般には，準拠集団というときは②の期待集団を指す。

　準拠集団は，個人に対して2つの働きをする[3]。ひとつは，個人が特定の事象や対象物について評価する際に，準拠集団がそのための「基準」としての働きをするということである。もうひとつの働きは，準拠手段が個人にとっての「準拠枠」（frame of reference）ないし規範となるということである。ここで，準拠枠とは「個人の事象や対象物についての見方や行動のよりどころとなるもの」をいう。

　さて，準拠集団と消費者行動との関連性を解明しようとする試みは，これまでもいくつかなされている。たとえば，**図表13-5**に示すように，バーデン（Bearden, W. O.）とエッチェル（Etzel, M. J.）は，製品が「ぜいたく品」で「公的に」使用される場合には，準拠集団の影響は消費者行動に対して強く及ぶが，製品が「必需品」で「私的に」使用される場合には，それの影響は弱い，ということを実証している[4]。

　なお，消費者行動は準拠集団の影響を受けてはいるものの，その影響はすべての製品やブランドに関して一律に見出だせるものではなく，また，それが消費者行動に与える影響の程度は，すべての消費者に同一であるというものでもない。さらに，通常，消費者は自己の解決すべき問題に応じて，その時々に異なった準拠集団を措定するため，どの準拠集団が彼の行動に大きな影響を及ぼすのかを明らかにすることは容易なことではない。したがって，「消費者行動と準拠集団との関連性を的確に把握するためには，消費者がどのような集団を

第13章　消費者行動

図表13-5　準拠集団の消費者行動に対する影響

公的消費

製品\銘柄	準拠集団の影響 弱い（−）	準拠集団の影響 強い（＋）
準拠集団の影響 強い（＋）	公的必需品 影響：製品に弱い 　　　　銘柄に強い 例 　腕時計 　乗用車 　紳士服	公的ぜいたく品 影響：製品に強い 　　　　銘柄に強い 例 　ゴルフのクラブ 　スキー 　帆船
準拠集団の影響 弱い（−）	私的必需品 影響：製品に弱い 　　　　銘柄に弱い 例 　マットレス 　フロアスタンド 　冷蔵庫	私的ぜいたく品 影響：製品に強い 　　　　銘柄に弱い 例 　テレビゲーム 　屑かご 　製氷機

必需品　　　　　　　　　　　　　　　　　　　　　　　　　　　ぜいたく品

私的消費

（資料）W. O. Bearden & M. J. Etzel, "Reference Group Influence on Product and Brand Purchase Decisions", *Journal of Consumer Research*, Vol. 9, No. 2, 1982, p. 185.

準拠集団として措定しいるのか，また，そこでの判断や行動の基準となるものは何かについて明確に分析・解明しなければならないのである[5]」。

(2) 社会階層

社会階層（social class）とは，「特定の社会ないし共同体において，何らかの基準によって識別された，共通のあるいは相似した考え方や行動様式を持つ人々の集合体[6]」をいう。

社会階層は，「人口統計学的基準」（年齢，性別，職業，学歴など），「経済的基準」（所得，財産など），「社会的基準」（家柄，社会的名声など）など，種々の基準によって識別される。社会階層の類型化については，ウォーナー（Warner, W. L.）らの研究がよく知られている。**図表13-6**に示すように，ウォーナーとそ

第13章　消費者行動

図表13-6　ヤンキー・シティの「社会階層」分布

社会階層	構成員の特質	構成比率(％)
1　上流の上	地方の著名な家族で，2～3世代にわたる財産を所有している。商人，金融業者，高度な専門職。財産は受け継がれていく。何度も旅行する。	1.5
2　上流の下	上流階層に新しく参入したもの。すなわち「新興富裕」(nouveauriche)。上流階層とはまだ充分認められていない。経営者エリート，大企業の創設者，医者および法律家。	1.5
3　中流の上	かなり成功した専門職，中規模企業の所有者および管理職。ステイタス意識が強い。子供および家庭中心主義者。	10.0
4　中流の下	平均的な人間の世界の一番上位のもの。管理職でない事務職員，小規模企業の所有者，およびブルー・カラーの家族。「努力と尊敬されること」(striving and respectable) を志向する。保守主義者。	33.0
5　下流の上	一般の労働者階級。半熟練 (semiskilled) 労働者，所得は上位の2つの階層と同じ高さであることが多い。生活を楽しんでいる。(将来のことよりも) 毎日の生活を(快適に) 過ごそうとする。	38.0
6　下流の下	未熟練 (unskilled) 労働者，不定期就業者，および未同化民族。宿命論者。無関心派。	16.0
総　　計		100.0

（資料）　図表13-2の文献, 53頁。(W. L. Warner, M. Meeker & K. Eells, *Social Class in America*, 1949, p. 41.)

の共同研究者たちは，「ヤンキー・シティ」という架空の名称をつけた，ニュー・イングランドの小都市の市民を「社会的名声」を中心としたいくつかの基準によって格付けし，6つの社会階層に分類している。

　一般に，社会階層が異なれば，人々の価値観や考え方も異なり，そのためにライフ・スタイルや行動パターンも異なってくる。いいかえれば，同一の社会階層に属する人々の間には共通したライフ・スタイルや行動パターンがみられるのである。このことは，消費者の生活や行動にもあてはまるところである。

　消費者行動の差異を社会階層の相違によって説明しようとする試みは，これまでもいくつかなされている。たとえば，リッチ (Rich, S. U.) とジェイン (Cain, S. C.) は，ウォーナーの階層区分に準拠し6つの社会階層を設定したうえで，「上流階層」と「中流階層」に属する消費者は「下流階層」に属する消

費者よりも，百貨店に対してより強い選好をもっているのに対し，「下流階層」に属する消費者は「上流・中流階層」の消費者よりも，ディスカウントストアや通信販売をより多く利用していることを実証している[7]。

社会階層の概念は消費者行動の態様を把握するための有効な手段のひとつとなりうるし，また，マーケティング・マネジャーが市場細分化を行う際の有効な変数ともなりうる。しかし，「社会階層の概念が特定の社会における『地位構造』を示す一つの指標・現象であることが認識されたとしても，それの正確かつ普遍的な規定はまだない[8]」，ということに留意しておかなければならない。

(3) 家　族

家族（family）は基本的社会単位であり，個人の最も重要な準拠集団である。したがって，家族は，個人の意見，態度，行動，価値観に強い影響を与えている。また，家族の生活パターンおよび家族のライフ・サイクル（family life cycle）中の位置づけは，購買行動に多大な影響を及ぼしている[9]。

(4) パーソナル・インフルエンス

パーソナル・インルエンス（personal influence）とは，「人間が生活している社会的文脈ないし集団のなかにおける『対人的影響』をい」い，「それは，特定の集団や社会的文脈における個人間の直接的なコミュニケーションのメカニズムを規定するものである[10]」。

パーソナル・インフルエンスの作用のメカニズムについては，いわゆる「コミュニケーションの2段階流動説」（theory of two-step flow of communication）において明確化されている。これは，マス・メディアから伝達されてくる情報はまずオピニオン・リーダー（opinion leader）に到達し，そこで取捨選択された後に，彼からその集団の他の構成員へ伝達される，という仮説である[11]。

コミュニケーションの2段階流動説からも明らかなように，オピニオン・リーダーは特定の集団のなかでは大きな影響力を発揮する。オピニオン・リーダーとは，一定の状況のもとで他の人々の意見・判断・行動に影響を与えることのできる人のことであり，一般に，①マス・メディアにより多く接触している，②社会的ステイタスがやや高い，③より積極的に社会参加をする，④より革新的である，⑤特定の事柄や話題についてよく知っている，などの特性を

もっている⁽¹²⁾。なお，同じ人間がすべての生活領域においてオピニオン・リーダーになりうるのではなく，特定の領域において，しかも特定の集団においてのみリーダーとして位置づけられるにすぎない，ということに留意しておかなければならない。

ところで，コミュニケーションの2段階流動説を，企業と消費者との関係におきかえてみると，この仮説では，企業はあらゆる消費者と直接コミュニケートするのではなく，彼らのオピニオン・リーダーを中継してコミュニケートし，オピニオン・リーダーから他の消費者へは対人関係という，企業の直接統制しえない非公式のコミュニケーション・チャネルが設定されている⁽¹³⁾。また，消費者の購買意思決定行動に対しては，パーソナル・インフルエンスの方がマス・メディアよりも大きな影響力をもっているということが経験的に明らかとなっているが，この経験的発見からすれば，企業のマーケティング・メッセージの効果は，オピニオン・リーダーのパーソナル・インフルエンスの方向によって大きく左右されることになる⁽¹⁴⁾。

このように，オピニオン・リーダーが消費者行動に大きな影響力をもつのであれば，「マーケティング管理者は，消費者のなかで『誰が』オピニオン・リーダーであるかを識別し，そのオピニオン・リーダーに対して，彼らがリーダーとしての役割を十分に果たすことができるように，必要なマーケティング・メッセージ（情報）を提供しなければならない⁽¹⁵⁾」。

(1) 来住元朗「消費者行動」三浦信・来住元朗・市川貢『新版マーケティング』ミネルヴァ書房，平成3年，47頁。
(2) 同論文，48頁。
(3) 詳しくは，同論文，49頁を参照されたい。
(4) 詳しくは，W. O. Bearden & M. J. Etzel, "Reference Group Influence on Product and Brand Purchase Decisions", *Journal of Consumer Research*, Vol. 9, No. 2, 1982, pp. 183-194を参照されたい。
(5) 来住元朗，前掲論文，51—52頁。
(6) 同論文，52頁。
(7) 詳しくは，S. U. Rich & S. C. Jain, "Social Class and Life Cycle as Predictors of Shopping Behavior", *Journal of Marketing Research*, Vol. 5, No. 1, 1968, pp. 46-47を参照されたい。
(8) 来住元朗，前掲論文，54—55頁。

(9) 山田寿一「消費者行動」宇野政雄編著『最新マーケティング総論』実教出版，昭和60年，214頁。
(10) 来住元朗，前掲論文，55頁。
(11) 詳しくは，E. Katz, "The Two-Step Flow of Communication: An Up-to-Date Report on an Hypothesis", *Public Opinion Quarterly*, Vol. 21, Spring, 1957, pp. 61-78を参照されたい。なお，「コミュニケーションの2段階流動説」は，パーソナル・インフルエンスの構造として，オピニオン・リーダーと追随者という，一対の人間の間のみの影響力の流れのメカニズムを想定しているために，それの現実適応性という点からすれば，いくつかの問題点ないし限界ももっている。この点について詳しくは，来住元朗，前掲論文，59頁を参照されたい。
(12) 来住元朗，前掲論文，55頁。
(13) 田村正紀「消費者集団内におけるコミュニケーション」現代マーケティング研究会編『マーケティング・コミュニケーション概論12章』誠文堂新光社，昭和42年，99頁。
(14) 同論文，100頁。
(15) 来住元朗，前掲論文，57頁。

第4項　文化人類学的分析

　文化人類学（cultural anthropology）は，文化の様式およびそれが個人や集団の行動に与える影響を研究する学問である。「文化」（culture）という用語について普遍的な定義はまだないが，一般には，文化とは「特定の社会において，その構成員によって共有され，世代から世代へと受け継がれてきた，言語，価値観，宗教的信念，道徳，慣習，および行動様式の集合」を指すものと理解されている。

　ところで，特定の文化においては，その文化に固有のライフ・スタイルや行動基準が確立されており，そこで生活している人々はそれを遵守しようとする傾向がある。したがって，その文化的背景が異なれば，人々は同じ状況に対してもまったく異なった反応や行動を示すのである。また，特定の文化のなかには，通常，多くの「下位文化」（sub-culture）が存在する。ここで，下位文化とは，地域，言語，宗教，年齢，社会集団などによって分類される，ひとつの文化の一部分（構成要素）である。そして，同じひとつの文化のなかにおいても，下位文化が異なれば，人々の生活の仕方が異なってくる。その意味で，下位文化は人々の異質性を構成する重要な次元である。

第13章　消費者行動

　さて，消費者行動は人間行動の一側面であるから，当然，それは文化によっても影響を受ける。したがって，消費者行動を把握し理解するためには，文化とそれとの相関が解明されなければならない。すなわち，文化人類学的分析が必要である，ということである。文化と消費者行動との相関について，ウィニック（Winick, C.）は，①特定の事象に対する観念ないし意味，②特定の事象のシンボル性，③タブーに対する感受性，という３つの側面における文化的差異が消費者行動の違いをもたらすということを実証している[1]。

　ウィニックの研究に代表されるように，消費者行動と文化との間にはかなりの相関があることが明らかとなっている。しかし，このような研究は最近になって始まったばかりであるため，明確な理論化については今後の研究に待たなければならない。

　(1)　詳しくは，C. Winick, "Anthropology's Contribution to Marketing", *Journal of Marketing*, Vol. 25, No. 3, 1961, pp. 53-60を参照されたい。

第３節　消費者の購買意思決定過程

　消費者行動を体系的かつ統合的に把握するためには，消費者の購買意思決定過程のメカニズムが解明されなければならない。そのためには，消費者の購買意思決定行動モデルの構築と検証を行わなければならない。

　消費者の購買意思決定行動（過程）が相互影響的な行為の連続から成り立っているということについては，消費者行動研究者の間では合意をみている。しかし，それの段階や構成要素の数や種類については一致した見解はない。

　以下では，来住元朗教授が構築したモデルに従いつつ，消費者の購買意思決定行動の進行過程について概説していくこととするが[1]，来住教授は，**図表13-7**に示す「修正『E・K・Bモデル』[2]」に準拠して，**図表13-8**に示したような消費者の購買意思決定行動（過程）の簡略化した「仮説モデル」を構築している。

(1)　**第１段階：欲求喚起**

　欲求とは，人間に行動を生起させる内的な力であり，人間の内部で何かが失われたり，欠けていたりすることをいう。人間の行動は，全体的にみれば，欲

第13章 消費者行動

図表13-7 消費者の購買意思決定過程モデル
(修正「E・K・B・モデル」)

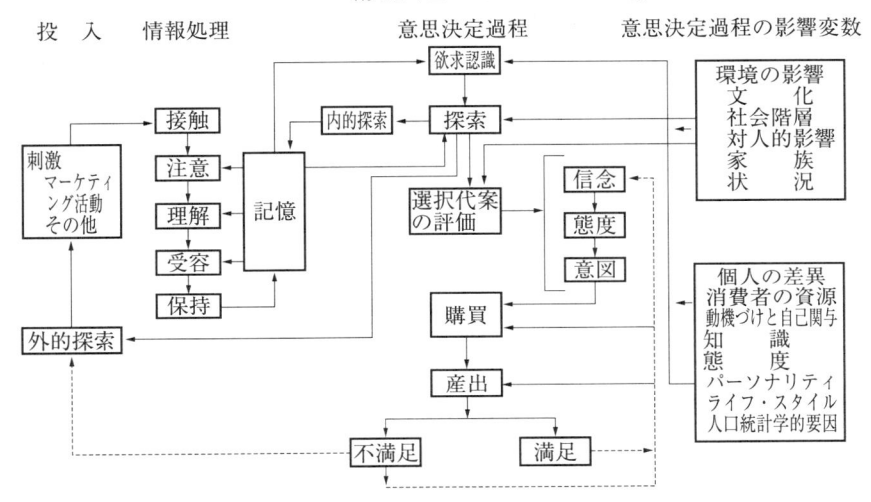

投　入　　情報処理　　　　　意思決定過程　　　　意思決定過程の影響変数

```
                           ┌──→ 欲求認識 ←──┐      環境の影響
        ┌→ 接触 ──┐       │        ↓       │      文　　化
刺激    │  注意   │       内的探索→ 探索 ←──┤      社会階層
マーケ  │         │←→ 記憶          ↓       │      対人的影響
ティン  │  理解   │       │     選択代案    │      家　　族
グ活動  │         │       │     の評価     │      状　　況
その他  │  受容   │       │        ↓       │
        │  保持   │       │      信念      │
        └─────────┘       │      態度      │      個人の差異
                           │      意図      │      消費者の資源
外的探索 ←─────────────────┤        ↓       │      動機づけと自己関与
                           │      購買      │      知　　識
                           │        ↓       │      態　　度
                           │      産出      │      パーソナリティ
                           │     ↓    ↓   │      ライフ・スタイル
                           └─ 不満足  満足 ←┘      人口統計学的要因
```

(資料) J. F. Engel, R. D. Blackwell & P. W. Maniard, *Consumer Behavior*, 6th ed., Holt, Rinehart and Winston, 1990, p. 482.

図表13-8 消費者行動の仮説モデル

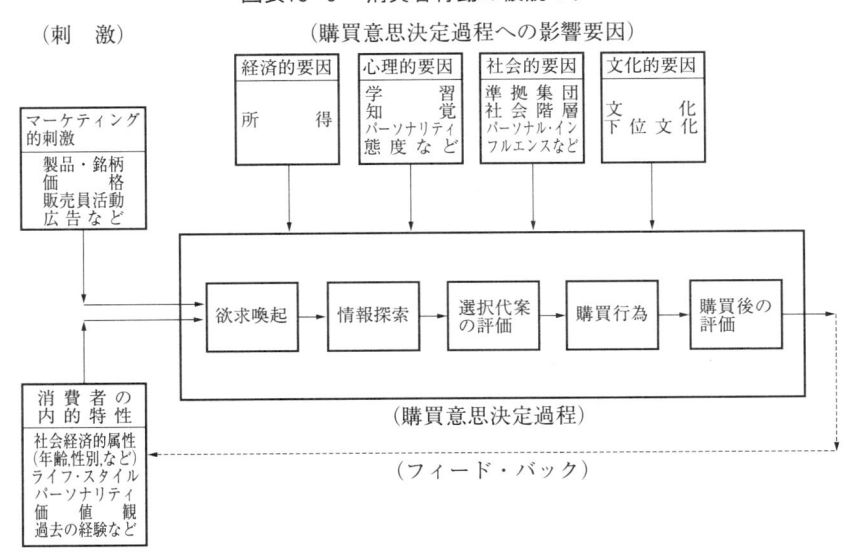

(刺　激)　　　　　　　(購買意思決定過程への影響要因)

```
                経済的要因  心理的要因  社会的要因  文化的要因
                所　得     学　習     準拠集団    文　化
マーケティング             知　覚     社会階層    下位文化
的刺激                    パーソナリティ パーソナル・イン
製品・銘柄                態度など    フルエンスなど
価　　格         ↓        ↓          ↓          ↓
販売員活動      ┌─────────────────────────────────────┐
広告など        │ 欲求 → 情報探索 → 選択代案 → 購買行為 → 購買後の │
      ↓         │ 喚起              の評価              評価    │
      ↕         └─────────────────────────────────────┘
消費者の                          ↑
内的特性                    (購買意思決定過程)
社会経済的属性
(年齢,性別,など)
ライフ・スタイル
パーソナリティ
価値観
過去の経験など ←────── (フィード・バック) ──────────
```

(資料) 図表13-2の文献, 64頁。

205

求に始まり欲求充足に終わる,目標志向行動であるといえる。このことは消費者行動についてもあてはまるところである。

欲求は人間に何らかの行動を生起させる出発点であるので,人間としての消費者の購買意思決定行動も消費者が何らかの「欲求」を喚起させることから始まる。この欲求喚起は,基本的には,消費者の身体的必要から生ずる。しかし,欲求は,消費者の社会的対人関係や企業のマーケティング活動によっても喚起させられる。

ところで,人間の欲求は無限であるが,それを充足させる手段,すなわち「所得」は有限である。それゆえ,消費者は有限な手段で無限の欲求を充足させなければならない,という状況に常におかれているのである。ここに,欲求間の「葛藤」(conflict) という状況が生じる。

「欲求喚起」の段階においては,欲求間の葛藤は常に生ずることであるので,消費者はそれを解決することに努めなければならない。すなわち,彼は,自らの使える金額のなかで,充足させるべき特定の欲求を確定しなければならないのである。それが確定されたならば,消費者は次の段階に進むが,できない場合には,彼の購買意思決定行動はこの段階で終了するか一時的に停止することになる。

(2) 第2段階:情報探索

この段階は,消費者が前の段階で確定した欲求を充足させるための「選択代案」についての情報を探索する段階である。

情報探索には,「内的探索」と「外的探索」がある。「内的探索」とは消費者がすでに自己の心的内部に蓄積させている過去の経験や記憶に照らして選択代案を見つけ出そうとすることをいう。また,「外的探索」とは消費者が選択代案についての情報を外部の源泉(マス・メディアや友人の話など)から得ることをいう。しかし,この外的探索は必ず行われるわけではない。それが行われるか否かは,①情報探索に必要な時間および費用,②消費者の心的内部に蓄積されている情報量,③購買に内在する「危険」(risk) のタイプと程度などによって決められる。なお,購買に内在する危険としては,①経済的危険(たとえば,無駄な出費をすること),②機能的危険(たとえば,その消費者が購買した製品が期待したような機能を果たさないこと),③社会的危険(たとえば,友人や知人が

その消費者が購買した製品に対して良い評価を与えないこと)，の3つがあるとされている。

(3) 第3段階：選択代案の評価

この段階は，情報探索によって抽出されたいくつかの選択代案を比較・検討し，自己の欲求を最もよく充足させると思う特定の製品ないしブランドを確定する段階である。

選択代案の評価のためには，消費者の心的内部に「評価基準」が確立されていなければならない。この場合の評価基準としては，①製品属性に関わる要素（価格，品質，性能，デザインなど)，②個人の心理的要素（価値観，信念，過去の経験，パーソナリティなど)，③社会的要素（友人・知人の意見，準拠集団の構成員の評価など）を挙げることができる。評価基準は製品種類に関連しており，その製品種類に属する何らかのブランドに特殊なものではないので，同じ製品種類に属する限り，諸ブランドは同じ評価基準によって評価される[3]。

かくして，選択代案の評価が行われ，自己の欲求を充足させるための特定の製品ないしブランドが購買対象として確定されると，消費者は次の段階に進む。しかし，それが確定できなければ，彼の購買意思決定行動はこの段階で停止することになる。

(4) 第4段階：購買行為

この段階は，選択代案の評価によって確定された特定の製品ないしブランドを購買するか否かを決定する段階である。

この段階においては，消費者は，①「購買場所」の決定[4]，②「購買条件」の決定[5]，③「入手可能性」の検討[6]，という3つの意思決定を行う。これらの事項について検討した結果，それが自己の思っている条件に適合する場合には，消費者はその製品ないしブランドを「購買」するであろうが，ひとつでも自己の条件に著しく不適合である場合には，それを購買しないであろう。購買されない場合には，その消費者の購買意思決定行動はこの段階で停止することになる。

(5) 第5段階：購買後の評価

この段階は，(消費者が自己の行った）特定の製品ないしブランドの「購買」という行為が適切であったか否かを評価する段階である。評価の結果は自己の

心的内部に「フィードバック」され，情報（経験）として蓄積されるのであり，それはその消費者の次の購買意思決定行動に影響を及ぼす。

ところで，一般に，人間はある行為をした後で何らかの疑いや不安を感じるものである。このことは消費者の購買行動についてもあてはまる。フェスティンガー（Festinger, L.）は，ある行為の後に人間の心的内部に生起する，こうした不均衡の状態のことを「認知的不協和」（cognitive dissonance）と名づけた。

「認知的不協和」はその消費者が遭遇する種々の状況において生起するが，主として次のような場合に生起しやすい。すなわち，①購買した特定の製品ないしブランドがその消費者の期待していたような機能を果たさなかった場合，②友人や知人，あるいは家族の他の者がその消費者が購買した製品ないしブランドについて良い評価をしなかったり，購買しなかった選択代案のメリットや好ましい特性・魅力を強調した場合，③広告や他のプロモーション活動によって，その消費者が購買しなかった選択代案のメリットや好ましい特性・魅力を強調するメッセージに接触した場合，などである。

人間は基本的に自己の心的内部の状態と行動との間に調和，一致，均衡を求める性向があるので，「認知的不協和」が生起した場合には，それを低減ないし消滅させようとする心理的メカニズムを働かせる。その方法としては，①その製品ないしブランドの購買に関する自己の責任を放棄するか，購買責任を他人に転嫁する，②その製品ないしブランドの購買を支持し，それの優越性を確信させる情報を集める，③その製品ないしブランドの購買に否定的な情報や，他の製品ないしブランドについての肯定的な情報を回避する，④自己の購買に否定的な情報に接触した場合には，その内容をゆがめて，自分に都合の良いように解釈したり，それを忘れようとしたりする，などを挙げることができる。このような方法によって，消費者は，自己の購買行動について，常に肯定的かつ好意的な評価を確立しようと努めるのである。

(1) 詳しくは，来住元朗「消費者行動」三浦信・来住元朗・市川貢『新版マーケティング』ミネルヴァ書房，平成3年，63―70頁を参照されたい。

(2) エンゲルらは1968年（昭和43年）に最初の購買意思決定過程モデル〔エンゲル（Engel）＝コラット（Kollat）＝ブラックウェル（Blackwell）・モデル（E・K・Bモデル）〕を発表しているが，図示したモデルは，その後，彼らが改訂を重ね，精緻化し

た，最も新しいモデルである。
(3)　田村正紀『マーケティング行動体系論』千倉書房，昭和46年，390頁。
(4)　抽出された特定の製品ないしブランドを百貨店で買うのか，専門店で買うのか，それとも通信販売を利用するのか，などを決定することを意味している。
(5)　その製品ないしブランドは「現金」で購買しなければならないのか，「クレジット」でも買えるのか，また，それには「割引」があるのか，などについて検討し，自己に最適な方法を選択することを意味している。
(6)　その製品ないしブランドはどの小売店で買えるのか，そこには在庫があるのか，また，配達はしてくれるのか，その場合には何日ぐらいかかるのか，などを調べることをいう。

第14章 マーケティング組織

第1節 マーケティング組織の概念

　マーケティング戦略の遂行には，適切な組織特性を備えた効果的なマーケティング組織の存在が不可欠である。しかし，「マーケティング組織」という用語が，企業内のマーケティング実務家から考えれば，それをあらためて定義し直すことが不要なほど，自明かつ日常的な用語として用いられているせいもあって，マーケティング組織とは何かについて，マーケティング論のテキストにおいてさえも，あらためて公式的定義を下さない場合がしばしば見受けられる[1]。

　したがって，以下では，まずマーケティング組織とは何かの概念規定を行うこととする。

　ところで，マーケティング組織とは何かを明らかにするための分析視角は，複数存在するのであって，ただひとつの視角のみが存在しているのではない。というのは，「その分析視角の母体としての組織論一般が，経時的にいえば，伝統的組織論と現代組織理論とに大きく二分されるだけでなく，横断的にいえば，現代組織理論自体が，バーナード（Barnard, C. I.），サイモン（Simon, H. A.）流の意思決定論的組織論，カーゾ＝ヤヌザス（Carzo Jr., R. and Yanouzas, J. N.）あるいはカースト＝ローゼンツヴァイグ（Kast, F. E. and Rosenzweig, J. E.）流のシステムズ・アプローチからの組織論，ピア（Beer, S.），フリック（Flik, H.）流の組織サイバネティクス論，組織設計問題ならびに操作的（つまり実証的）研究にウェイトを置くコンティンジェンシー論的組織論，さらには，ウィリアムソン（Williamson, O. E.）に代表される内部組織の経済理論，などの多数の学派を含んでいるからである[2]」。

　稲川和男教授は，現代組織理論のなかでも，とりわけ有力な学派のひとつと

第14章 マーケティング組織

してのサイモン流の意思決定論的組織論を主たる分析枠組とするとともに，ウィリアムソン流の内部組織の経済理論を補完的に用いることによって，マーケティング組織とは何かの概念規定を試みている[3]。稲川教授によれば，マーケティング組織とは，「①限界合理的決定モデルを用いてマーケティング決定を行う，多数のマーケティング決定システムとともに，多数のマーケティング情報システムおよびマーケティング実行システムによって構成され，②しかも，これらの諸システムを，組織影響によってたがいに連結するとともに，自己の均衡・適応条件についてのコントロール機能を内蔵する動態的な自己組織システムであり，③次の４つの基本的機能，すなわち個人の限界合理性の克服機能，不確実性の吸収機能，タスク環境の多様度の吸収機能，および取引コストの効率の向上機能を有するシステムのこと[4]」であるという。

以上で，マーケティング組織とは何かが明らかとなった。

現代の企業は，厳しい環境変化のなかにある。生き残りのためには，柔軟性に富んだ組織を設計していくことが重要な課題のひとつとなっている。

(1) たとえば，下記のテキストなどがその代表的事例である。① J. A. Howard, *Marketing Management*, 3rd ed., Richard D. Irwin, 1973. ② P. Kotler, *Marketing Management*, 3rd ed., Prentice-Hall, 1976.
(2) 稲川和男「マーケティング組織」田内幸一・村田昭治編『現代マーケティングの基礎理論』同文舘，昭和56年，157頁。
(3) 詳しくは，同論文，158—169頁を参照されたい。
(4) 同論文，168—169頁。

第2節　マーケティング組織設計の方法

現代の企業は，生き残りのために柔軟性に富んだ組織を設計していかなければならないが，その際，適切な組織設計を行うためには，戦略や環境特性に応じた組織特性を組み込んでいくことが肝要である。しかし，完全なマーケティング組織設計は常に存在するわけではないことに留意しなければならない。適切な組織設計はさまざまな条件に応じて異なるのであるが[1]，現代組織理論においては，組織設計には「唯一最善の方法」はなく，個々の企業は，環境条件や生産技術，その他の条件に適合して組織化されなければならないことが主張

されている。マーケティング組織設計についても、このアプローチは適用可能である。

さて、組織論の研究者であるチャイルド（Child, J.）は、有効な組織設計は以下の5つの諸条件によって生み出されるとしている[2]。以下、チャイルドの所説を要約しよう。

(1) **企業の環境（とくに市場および競争の程度とタイプ）**

たとえば、製薬会社は激しい競争と不安定な市場に直面しており、マーケティング・リサーチ、研究開発、製造とマーケティング要員の確保およびこれらの調整に莫大な支出をしなければならない。そのため、その組織は、高い柔軟性と水平的なコミュニケーション、絶えざる情報交換が特徴となっている。これに対して、低水準の競争と製品開発の必要性のあまりない市場における企業（たとえば、ボルト製造会社）は、より階層的な組織を要し、少数の専門委員を採用し、上下間の情報伝達と意思決定のトップ・マネジメントへの集中によって特徴づけられる。

(2) **多様性の度合い**

高い多様性——製品市場の多様性、生産（工場）や流通、消費の地理的・国際的分散——を示す企業は、分権的な組織構造を必要とする。

(3) **会社の規模**

会社の規模の拡大とともに、官僚制的組織構造——職務の高度の部門化、詳細な手続きと事務処理体系、縦長の組織階層、ルーチン的決定の裁量限度内での権限の委譲などによって特徴づけられる——が生じてくる。

(4) **会社の基盤技術**

企業の生産における基盤技術は、専門職の雇用に影響を与える。たとえば、連続生産（石油精製処理など）のような技術においては、ほとんど生産コントロール専門委員を要せず、コントロール部門があってもほとんど専門分化しない。なぜなら、連続生産技術それ自体にコントロールが組み込まれているからである。

(5) **企業の従業員のタイプ**

企業によって雇用されている従業員のタイプも、組織構造に影響を与える。会社の要望に従業員が充分に貢献するようにさせるためには、彼らの要求する

心理的・社会的な便益をもたらすような組織形態を採用することが必要である。

以上，チャイルドの所説を要約してきたが，マーケティング組織設計にとってより重要なのは，企業の環境（市場の特性，競争の程度やタイプ）と，それに応じて生み出されるべき企業の多様性である。なぜなら，マーケティング諸活動は，常にその環境に向けられ，その特性との適合においてその有効性を発揮しうるからである。

次節では，いずれの組織設計も唯一最善の方法たりえないことを念頭におきつつ，マーケティング組織設計の諸形態について概説していこう。

(1) こうした考え方は，条件適合（contingency）アプローチと呼ばれるものであり，現代組織理論の成果から適用されている。
(2) 詳しくは，J. Child, *Organization: A Guide to Problems and Practice*, Harper & Row, 1977, pp. 157-165を参照されたい。

第3節　マーケティング組織設計の諸形態

第1項　コトラーによるマーケティング組織代替案の識別

マーケティング組織は，マーケティング・マネジャーにとって変更不能な所与の歴史的現実なのではない。とりわけトップ・マネジメント・レベルのマーケティング・マネジャーは，マーケティング組織を自己組織システムとして選択決定しうる立場にいる。その場合，そのマーケティング・マネジャーは，「マーケティング組織の決定システム」という特定の決定システムの担当者ということになるが，彼が検討の対象とすべきマーケティング組織の代替案にはいかなる形態のものが存在するのであろうか。

コトラー（Kotler, P.）は，マーケティング組織が歴史的には，以下のような5つの段階を経て発展してきたことを指摘している[1]。

第1段階：販売員管理を主体とする単純な販売部門。
第2段階：補助的職能組織（たとえばマーケティング・リサーチ，広告などの担当組織）を含む販売部門。
第3段階：新製品開発，マーケティング・リサーチなどの職能を含む独立の

第14章　マーケティング組織

マーケティング部門。
第4段階：顧客ニーズの長期的充足を志向した近代的マーケティング部門。
第5段階：全社的マーケティングの展開を志向した近代的マーケティング企業。

以上の発展段階を図示したものが**図表14-1**であるが，そのうえで，コトラーは，現代企業が採りうるマーケティング組織の代替案として，下記の6つを識別している[2]。

① 機能別組織
② 地域別組織
③ プロダクト・マネジャー組織
④ 市場マネジャー組織
⑤ 製品─市場マネジャー組織
⑥ 製品別分権組織

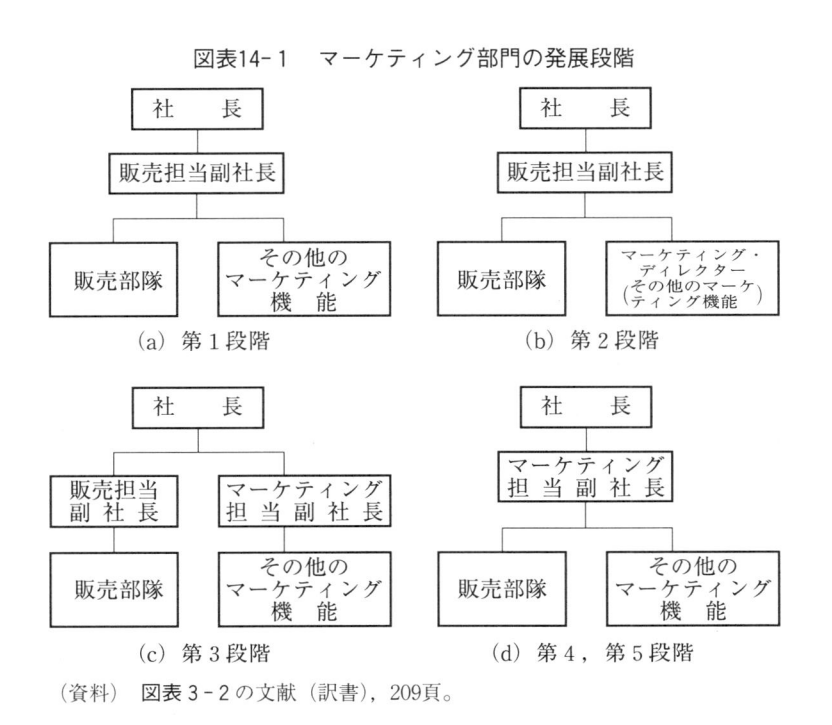

図表14-1　マーケティング部門の発展段階

(a) 第1段階
(b) 第2段階
(c) 第3段階
(d) 第4，第5段階

（資料）図表3-2の文献（訳書），209頁。

215

第14章 マーケティング組織

次項では，これらに加えて，マトリックス組織，アド・ホック型組織も取り上げ，マーケティング組織設計の諸形態について概説していこう[3]。

(1) 詳しくは，村田昭治監修，和田充夫・上原征彦訳『マーケティング原理』ダイヤモンド社，昭和58年，208—211頁（P. Kotler, *Principles of Marketing*, Prentice-Hall, 1980）を参照されたい。
(2) 詳しくは，同訳書，212—224頁を参照されたい。
(3) なお，本章で取り上げるマーケティング組織の代替案以外に，①固定的組織とアド・ホック型組織（プロジェクト・チーム制など）の区別，②企業組織内システム（intraorganizational system）と組織間システム（interorganizational system）の区別，③国内マーケティング組織と国際マーケティング組織の区別，④集権的マーケティング組織と分権的マーケティング組織の区別，⑤機械的組織と有機的組織の区別，などの重要なカテゴリーも存在する（稲川和男「マーケティング組織」田内幸一・村田昭治編『現代マーケティングの基礎理論』同文舘，昭和56年，170—171頁）。

第2項　マーケティング組織設計の諸形態

(1) 機能別組織

1950年代以前においては，マーケティング組織は多くは機能別に組織化されていた。機能別組織は最も初歩的な組織形態であり，現在でも幅広く採用されている。

図表14-2に示すように，機能別組織では，マーケティング担当副社長がマーケティングのさまざまな機能の専門家を直属の部下において，彼らの活動のすべての統合に責任を負っている。この組織形態の主要な利点は，その管理の簡潔さにある。管理の簡潔さゆえに，組織は低コストで効率的に運営される。

図表14-2　機能別組織

```
                    ┌─────────────┐
                    │ マーケティング │
                    │ 担当副社長   │
                    └──────┬──────┘
      ┌──────────┬─────────┼─────────┬──────────┐
┌─────┴─────┐┌───┴───┐┌───┴───┐┌────┴────┐┌────┴────┐
│マーケティ ││広　告・││セールス・││マーケテ ││新製品開発│
│ング管理  ││販売促進││マネジャー││ィング調査││マネジャー│
│マネジャー ││マネジャー││         ││マネジャー││         │
└──────────┘└───────┘└────────┘└─────────┘└─────────┘
```

（資料）図表3-2の文献（訳書），212頁。

しかし，企業の製品ラインや市場が増加し，そのマーケティング活動が複雑化するにつれ，この組織形態は機能不全に陥ってくる。すなわち，マーケティング担当副社長は，増大する製品ラインを管理しきれなくなり，各市場にも充分に目が届かなくなり，かくして，個々の製品や市場に対しての適切な処置が不可能となっていくのである。

機能別組織は，製品ラインが少なく，市場もあまり多様化していない，比較的単純な環境において，有効な組織形態であるといえよう。

(2) 地域別組織

全国的な市場で販売を展開している企業は，販売部門（ときには他の機能も）をしばしば地域別に組織化している。

図表14-3は，全国セールス・マネジャーが1人，4人の地域セールス・マネジャー，24人のゾーン・セールス・マネジャー，192人の地区セールス・マネジャー，そして1,920人のセールスマンの組織を示している。管理の範囲は，全国セールス・マネジャーから地区セールス・マネジャーへと下がるにつれ，拡大する。

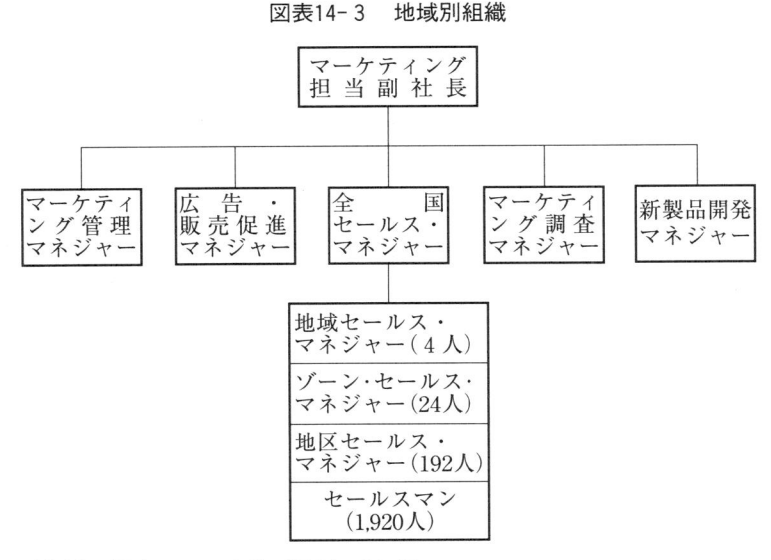

図表14-3 地域別組織

```
              ┌──────────────┐
              │ マーケティング │
              │ 担当副社長    │
              └──────┬───────┘
    ┌─────────┬─────────┼─────────┬─────────┐
┌───┴───┐ ┌───┴───┐ ┌───┴───┐ ┌───┴───┐ ┌───┴───┐
│マーケ │ │広告・ │ │全国  │ │マーケ │ │新製品 │
│ティング│ │販売促進│ │セールス│ │ティング│ │開発  │
│管理  │ │マネジャー│ │マネジャー│ │調査  │ │マネジャー│
│マネジャー│ └───────┘ └───┬───┘ │マネジャー│ └───────┘
└───────┘             │       └───────┘
                 ┌───┴────────┐
                 │地域セールス・ │
                 │マネジャー(4人)│
                 ├────────────┤
                 │ゾーン・セールス・│
                 │マネジャー(24人)│
                 ├────────────┤
                 │地区セールス・ │
                 │マネジャー(192人)│
                 ├────────────┤
                 │セールスマン   │
                 │(1,920人)      │
                 └────────────┘
```

（資料）　図表3-2の文献（訳書），213頁。

なお，地域別組織は，1人のマーケティング担当副社長が全製品，全地域市場のマーケティング活動全般にわたって責任を負っている点では，上記の機能別組織と変わりがないことに留意しなければならない。

(3) プロダクト・マネジャー組織

1950年代から1970年代までの期間において，マーケティング組織のいくつかはプロダクト（ブランド）管理による組織構造へと移行した。多様な製品やブランドを製造している企業は，しばしばプロダクト・マネジャー組織（製品マネジャー組織）[1]を設置している。

図表14-4に示すように，プロダクト・マネジャー組織は1人の統合的なプロダクト・マネジャーによって率いられており，彼は複数のプロダクトグループ・マネジャーを監督し，プロダクトグループ・マネジャーは個々の製品に責任をもつプロダクト・マネジャーたちを監督している。なお，プロダクト・マネジャー組織は，機能別組織に取って代わるものではなく，追加的な組織の段階であることに留意しなければならない[2]。

さて，プロダクト・マネジャー組織を設置するか否かの決定は，製品やブランドの数および増大する多様性によって影響される。企業の製品ラインが個々のマーケティング・プログラムを作成することによって恩恵を受けるか，ある

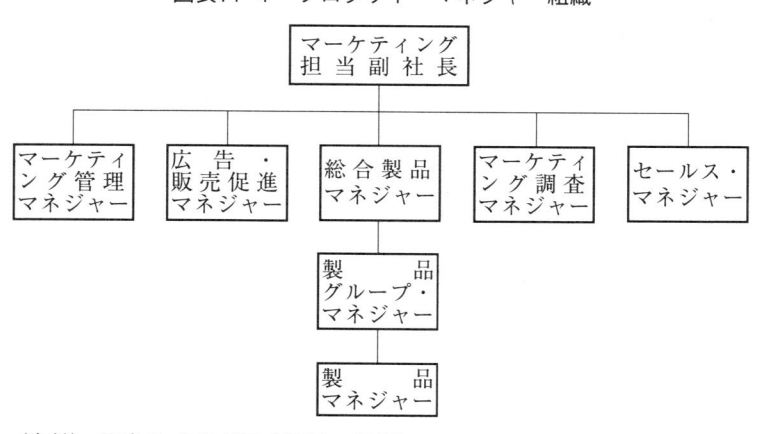

図表14-4 プロダクト・マネジャー組織

（資料） 図表3-2の文献（訳書），214頁。

第14章　マーケティング組織

いは単純に製品の数が機能別組織の能力を超えるような場合には，必然的にプロダクト・マネジャー組織が採用される[3]。

プロダクト・マネジャー組織では，個々の製品についての計画と実績に重点がおかれているが，この場合，プロダクト・マネジャーの役割は，製品の戦略と計画をつくりあげ，それらが実行されているか否かを監督し，結果を監視し，修正行動をとることにある。彼らの役割は，以下のような6つの業務に分類することができる[4]。

① 製品の長期計画および競争戦略を作成する。
② 年間マーケティング計画と販売予測を準備する。
③ 広告代理店と協力して，広告コピー，プログラム，キャンペーンを作成する。
④ 販売部隊および流通業者に，製品に対する興味を起こさせ，支援を増加させる。
⑤ 製品の業績，顧客および流通業者の態度，新しい市場機会と脅威についての情報を，定期的に収集する。
⑥ 変化する市場のニーズに対応して，製品改良のリーダーシップをとる。

なお，プロダクト・マネジャーは，通常，製品の成功と利潤に責任をもつにもかかわらず，ライン権限[5]はもっていない（権限は各機能部門に依然留保されている）。そのため，プロダクト・マネジャーは，各機能部門に対してもっぱら説得と勧告に頼らざるをえない。

次に，プロダクト・マネジャー組織の利点についてであるが，コトラーは，以下の4点を挙げている[6]。

① プロダクト・マネジャーは，製品に必要なさまざまなマーケティング機能をバランスさせ調整することができる。
② プロダクト・マネジャーは，社内の多くの人々との長い会合を経ることなく，市場で発生した問題にすばやく対応できる地位にいる。
③ ひとつの有力な製品が存在する場合，機能別組織では小さなブランドが無視されがちであるが，そのようなことがない。
④ 図表14-5に示すように，プロダクト・マネジャーは社内のほとんどすべての分野における活動を経験するので，将来有望な若手のマネジャーに

219

第14章 マーケティング組織

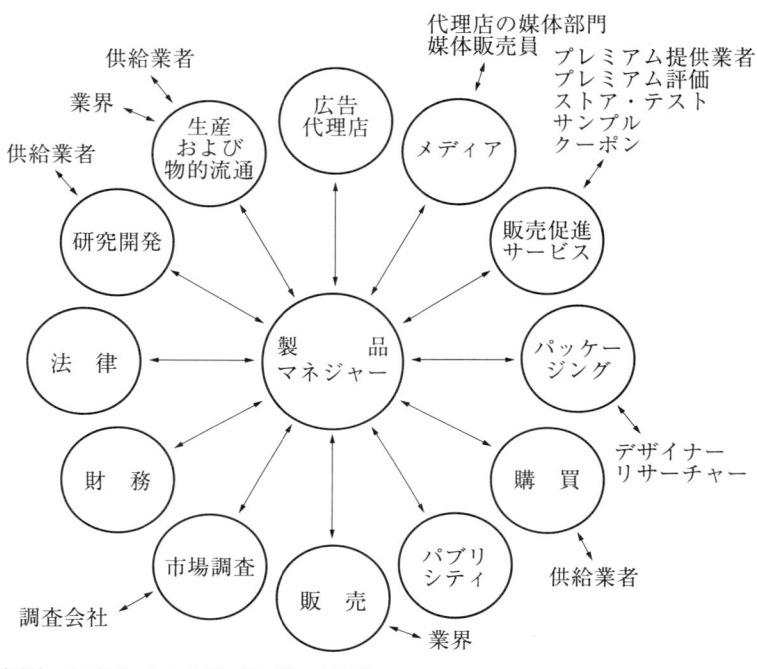

図表14-5 プロダクト・マネジャーの相互関係

（資料） 図表3-2の文献（訳書），217頁。

とっては最高の訓練の場となる。

しかし，以上のような利点を享受するためには多くのコストがかかることも事実である。このことについて，コトラーは，以下の3点を指摘している[7]。

① プロダクト・マネジャー組織は，それがなければ存在しなかったであろうコンフリクトやいらだちの源泉となる場合がある。
② プロダクト・マネジャーは自らの担当製品の専門家となることはできても，マーケティング機能のそれぞれについては専門家となることはできない。
③ プロダクト・マネジャー組織はしばしば予想以上のコストを引き出すことがある。

プロダクト・マネジャー組織によってあまりにもコンフリクトやコストが増

大するようであれば、企業は、可能な限りの改善策を講じなければならない。ピアソン（Pearson, A. E.）とウィルソン（Wilson Jr., T. W.）は、プロダクト・マネジャー組織を円滑に機能させるために、以下のようなステップを提案している[8]。

① プロダクト・マネジャーの製品管理における役割と責任の限界を明確に示すこと。
② プロダクト・マネジャーの業務のために、合意された枠組みを用意するような、戦略作成と評価のプロセスを構築すること。
③ プロダクト・マネジャーと機能別マネジャーのそれぞれの役割を定めるときに、両者の間に発生しそうなコンフリクトを考慮に入れておくこと——どの決定がプロダクト・マネジャーのものであり、どの決定が専門家のものであり、どの決定が協同のものであるかを明らかにすること。
④ プロダクト・マネジャーと機能別マネジャーとの間に生じるコンフリクトと関心の状況が、トップ・マネジメントにまで伝達されるような公式のプロセスをつくっておくこと。
⑤ プロダクト・マネジャーの責任範囲に合った業績評価システムを設けること。

(4) 市場マネジャー組織

多くの企業は自社の製品ラインをきわめて多様な市場で販売している。しかも、各市場は新製品開発や競争の面で急速に変化している。こうした動きに対応するために、とりわけ1970年代以降、多くの企業が市場志向の組織構造を採用し始めた。この組織設計では、マーケティング諸機能は個々の市場ごとにまとめられ、市場マネジャー制がその調整のために設けられている。ハナン（Hanan, M.）は、こうした組織を「市場中心組織」と呼んでおり、市場志向を確保する唯一の方法は、主要市場が組織構築の中心となるように組織構造を統合することである、と述べている[9]。

さて、市場マネジャー組織の一般的な構造は、**図表14-4**に示したプロダクト・マネジャー組織と類似している。この組織形態では機能別マネジャーのほかに、何人かの市場マネジャー（市場開発マネジャー、市場専門家あるいは業界専門家）を統括する統括市場マネジャーが存在する。市場マネジャーは、担当市

場における売上および利益の長期計画ないし年間計画作成の責任を負っている。彼らは組織内の機能別専門家たちからマーケティング調査，広告などの援助を受けなければならない[10]。

　なお，機能別マネジャーのほかに，市場ごとのマネジャーが設けられるという点で，市場マネジャー組織もプロダクト・マネジャー組織と同様，機能別組織に取って代わるものではなく，その追加的な構造であるといえる。したがって，市場マネジャー組織はプロダクト・マネジャー組織と同様の組織設計上の利点と問題点を有している。

　市場マネジャー組織の最大の利点は，顧客のニーズそのものに適合するようにマーケティング活動を組織化できるところにある。一方，最大の問題点は，市場マネジャーもまた，担当市場における売上や利益に責任を負うが，ライン権限は有していないところにある。いわば，「権限なき責任」である。「『権限なき責任』から生み出されるコンフリクトとコスト高にもかかわらず，市場マネジャー組織が有効なものとなる条件は，市場が多様化しその変化が動態的であるときであ」り，「しかも，この場合企業は，一つの市場に対して複数の製品やブランドでアプローチしていなければならない[11]」。

(5) 製品—市場マネジャー組織

　製品—市場マネジャー組織は，多様な製品を多様な市場で販売している企業にとって有効なものとなるはずである。このような企業がプロダクト・マネジャー組織を採用した場合には，プロダクト・マネジャーはきわめて多様な市場に精通しなければならないし，市場マネジャー組織を採用した場合には，市場マネジャーは自らの市場で購買されるきわめて多様な製品群に精通しなければならない。したがって，この場合，プロダクト・マネジャーと市場マネジャーの双方をおく，製品—市場マネジャー組織が採用されることになる[12]。

　図表14-6は，合成繊維事業部に製品—市場マネジャー組織を採用したデュポン社の例である。しかし，本図表では，製品別と市場別の2つの次元が示されているが，実際にはこれに機能別の次元が加わる。したがって，このシステムはコスト高と耐えがたいコンフリクトをもたらす可能性がある。

　こうした可能性があるにもかかわらず，ほとんどの企業では，主要な製品や市場についてのみ個々のマネジャーをおくことが正当化されることについては

図表14-6　デュポン社の採用する製品・市場
　　　　　管理システム

〈製品マネジャー〉

	ダクロン	オルロン	ナイロン	アセテート	レイヨン
紳士服					
婦人服					
住居インテリア					
産業市場					

〈市場マネジャー〉

（資料）　図表3-2の文献（訳書），223頁。

同意されている。企業によっては，製品—市場管理システムは長期的視野と短期的視野から得られる恩恵を受けうるシステムであり，このシステムによって発生するコンフリクトは健全なものであるという考えに立っている[13]。

(6)　製品別分権組織

複数製品企業が成長するにつれて，大規模な製品グループは独立の事業部に

編成されていく傾向にある。すなわち，従来の集権的構造から分権的構造へ移行していくということであるが，この場合，分権化は製品別に行われることが多い[14]。そして，大規模な事業部は，精通し管理しやすいマーケティング資源が得られるという理由によって[15]，機能別から大規模な製品グループごとに分化・編成された，独立のマーケティング部門をもつことがある。かくして，**図表14-7**に示すような製品別分権組織（製品別事業部制組織）が誕生してくるわけである。

本図表においては，各製品事業部ごとに各マーケティング機能部門がそれぞれ集結している[16]。製品事業部の長は，全社の目的・方針・計画の範囲内で，その製品（製品グループ）に関する限り，生産・販売から利益採算まで一貫して事業部経営の責任を任されている。なお，事業部内でのマーケティング組織は，機能別に組織化され，あるいはブランド管理システムや市場マネジャー組織が追加されることもある。

さて，製品別分権組織の利点であるが，大企業の利点と小企業の利点とをともに備えた組織である，という点に求められる。すなわち，環境変化に弾力的に適応できるし，人間的接触によって働く人々のモラールを高めることができて，組織の効率を確保できる（小企業の利点）。また，企業の信用によって資金の調達が容易であり，多数の人材を引き寄せることができ，さらには共通費の節約も可能である（大企業の利点）。

しかし，製品別分権組織は，いくつかの問題点も有している。問題点のひとつに，事業部ごとに専門スタッフを設ける必要があって，人件費その他の費用がかさむ，という点がある。また，販売についても，製品別，地域別などごとに販売員を配置する必要があるので，製品別，地域別などに，独立の市場が形成されていて，人件費その他の費用が充分消化されたうえで，なおあまりある効用が存在しなければ，この製品別分権組織は採用すべきではない。さらには，ひとつの市場に複数の事業部が協力してアプローチしなければならないときや，事業部間での分担・担当が不明確な性質の新製品導入に際して，迅速さと適切さに欠けるものとなる，という問題点もある。

第14章　マーケティング組織

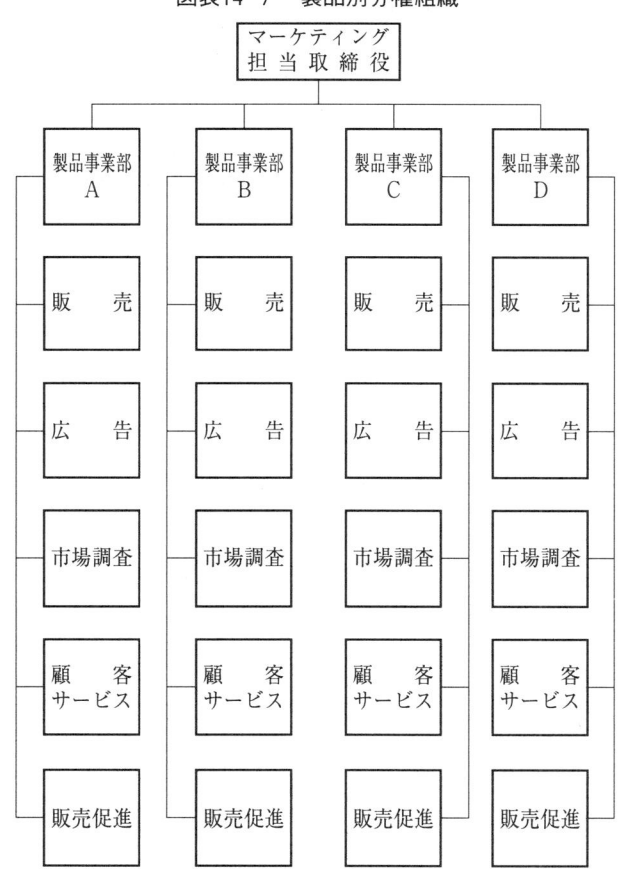

図表14-7　製品別分権組織

```
              マーケティング
              担当取締役
    ┌───────────┬───────────┬───────────┬───────────┐
  製品事業部    製品事業部    製品事業部    製品事業部
     A           B           C           D
    販売         販売         販売         販売
    広告         広告         広告         広告
   市場調査     市場調査     市場調査     市場調査
   顧客         顧客         顧客         顧客
   サービス     サービス     サービス     サービス
   販売促進     販売促進     販売促進     販売促進
```

（資料）　B. Weitz & E. Anderson, "Organizing the Marketing Function", in B. Berman & J. R. Evans (eds.), *Reading in Marketing Management: A strategic Perspectiue*, John Wiley & Sons, 1984, p. 34.

(7)　マトリックス組織[17]

　マトリックス組織を採用する企業は，高度技術企業や航空宇宙企業のように，きわめて複雑かつ激烈に変化する市場や技術を扱っているのが通常である。

　マトリックス組織の主要な特徴は，組織が同時に2つないし3つの次元によって組織化されるところにある。**図表14-8**は，マトリックス組織設計のひ

第14章 マーケティング組織

図表14-8 マトリックス組織

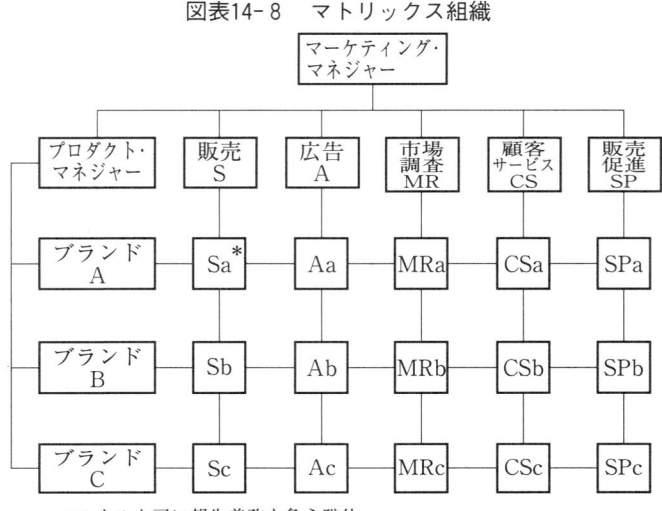

```
                マーケティング・
                マネジャー
    ┌──────┬──────┬──────┬──────┬──────┐
プロダクト・  販売   広告   市場    顧客    販売
マネジャー    S      A     調査   サービス  促進
                         MR     CS      SP

ブランド     Sa*    Aa     MRa    CSa     SPa
  A

ブランド     Sb     Ab     MRb    CSb     SPb
  B

ブランド     Sc     Ac     MRc    CSc     SPc
  C
```

＊２人の上司に報告義務を負う職位

（資料）　図表14-7の文献，p. 38.

とつの例を示したものであるが，ここでは，製品とマーケティング諸機能という２つの次元に基づいて組織化されている。マトリックス組織においては，「命令の一元性」(unity of command) という伝統的な組織化原則は破壊されており，図表中の＊印の職位にある者は，プロダクト・マネジャー(マトリックス組織においてはライン権限を与えられており，図表中の実線がこれを示している)と機能別マネジャーの双方に報告義務を負っている。

マトリックス組織は，分化と統合をうまく組み合わせ，最も適応性に富んでいるが，その反面，あらゆる組織設計のなかで最も複雑であり，しかも経済性を無視した高コスト設計でもある。したがって，より単純で適用の容易な組織設計で充分な場合には，マトリックス組織は採用されるべきではない。

(8) アド・ホック型組織

企業活動は定型的で繰り返しの業務が大半を占めている。これらの業務を円滑に遂行するために組織が編成されるのであって，いったん組織が編成されると，改正の必要が生じない限り，半恒久的に存続し続ける。

しかし，企業活動はたえず変化し，また企業内外の環境変化に的確に対応し

第14章　マーケティング組織

ていかなければ存続し発展しえない面がある。したがって，新しい製品ラインを加えるとか，新しい事業分野に進出するなど，積極的な企業活動を展開していかなければならない。こうした新しい分野の仕事を取り上げ，これを事業化するには既存の組織では無理である。そこで，「タスク・フォース」や「プロジェクト・チーム」など，特定の目的のために，一時的臨時的な組織，すなわちアド・ホック型組織が編成される。特定のタスク（課題）やプロジェクトが達成されれば，チームは解散される。なお，特定の類似した問題なりタスクが継続的に生起するようであれば，これらは後述する「委員会」や，より永続的なチームへと移行することになる。

以上で示した一時的臨時的組織と既存の恒久的な組織との中間に存在するのが，「委員会」である。委員会には一時的な任務を有するものもあるが，制度化されて，他の部門組織と同じように常設のものが多い。しかし，その役割面からいえば，委員会はやはり一時的であって，ルーチン的業務を担当するものではない。しかも，委員会はプロジェクト・チームなどとは異なり，部門間の調整的役割を果たすことを本来的な任務としている。

ともあれ，今日のように企業を取り巻く環境が激変している時代には，官僚化しがちな既存の組織にこだわることなく，新しい事態に対処する一時的臨時的組織を編成していくことの意義は，企業としてはいっそう重要なものとなってこよう。

　(1)　ときに，ブランド・マネジャー組織と呼ばれることもある。なお，プロダクト・マネジャーとブランド・マネジャーとの用語上の区別は明確ではない。通常，企業のある製品範疇のなかにいくつかのブランドがある場合には，ブランド・マネジャーはプロダクト（グループ）・マネジャーの下におかれる。しかし，ある製品についてひとつのブランドしかもたないのであれば，プロダクト・マネジャーと呼ばれよう。プロダクト・マネジャーと呼称するかブランド・マネジャーと呼称するかは，結局のところ，当該企業ごとの事情による。

　(2)　村田昭治監修，和田充夫・上原征彦訳『マーケティング原理』ダイヤモンド社，昭和58年，214頁。（P. Kotler, *Principles of Marketing*, Prentice-Hall, 1980.）

　(3)　同訳書，同頁。

　(4)　同訳書，215頁。

　(5)　ライン職能は，生産に例をとると，社長―生産部長―生産課長―生産係長―製造員と，組織の上から下に向かって流れている命令指示の線（ライン）に沿って，それぞ

第14章　マーケティング組織

れ決定し，執行することによって実現される。したがって，ライン職能を達成するには，決定し命令する権限がこれに伴わなければならない。この決定し，命令する権限を「ライン権限」という。なお，ライン職能を援助する職能をスタッフ職能というが，スタッフ職能を発揮するには，決定し命令する権限ではなく，助力や助言を行うに必要な権限であればよい。この助力や助言を行うに必要な権限を「スタッフ権限」という。

(6)　村田昭治監修，和田充夫・上原征彦訳，前掲訳書，216頁。

(7)　詳しくは，同訳書，216―218頁を参照されたい。

(8)　詳しくは，A. E. Pearson & T. W. Wilson Jr., *Making Your Organization Work*, Association of National Advertisers, 1967, pp. 8-13を参照されたい。

(9)　詳しくは, M. Hanan, "Reorganize Your Company around Its Markets", *Harvard Business Review*, November-December 1974, pp. 63-74を参照されたい。

(10)　村田昭治監修，和田充夫・上原征彦訳，前掲訳書，220頁。

(11)　小宮路雅博「マーケティング組織」宇野政雄編著『最新マーケティング総論』実教出版，昭和60年，264頁。

(12)　村田昭治監修，和田充夫・上原征彦訳，前掲訳書，221頁。

(13)　詳しくは, B. C. Ames, "Dilemma of Product/Market Management", *Harvard Business Review*, March-April 1971, pp. 66-74を参照されたい。

(14)　分権化は，地域別，顧客別になされることもある。多品種の製品を生産している企業で，品種別に工場が異なり，製品ごとに独立の市場が形成されている場合には，「製品別事業部制」が適当である。同一の製品の生産または同一のサービスを提供しているが，地域別に生産工場またはサービス拠点があり，しかも地域別に独立の市場が形成されている場合には，「地域別事業部制」が適当である。また，顧客別に製品の市場が形成されていて，それらの製品が別々の工場で生産されている場合には，「顧客別事業部制」が適当である。

(15)　村田昭治監修，和田充夫・上原征彦訳，前掲訳書，223頁。

(16)　各事業部レベルでの機能集結には種々のバリエーションがあり，財務や生産をも取り込む場合もある。

(17)　マトリックス組織については，小宮路雅博，前掲論文，268―269頁を参照している。

第15章　マーケティング計画と統制

第1節　マーケティング計画・統制の概念

　図表15-1は，マーケティングにおけるマネジメント・サイクルを示したものである。第1段階はマーケティング活動を計画することである。マーケティング計画（marketing planning）[1]は，マーケティングにおけるマネジメント・サイクルの出発点に位置し，マーケティング活動のすべての局面を方向づける基準となる。第2段階は，マーケティング計画に盛られた具体的な活動計画を実行することである。第3段階はマーケティング統制（marketing control）であり，目標が達成されているか否かを確認することによって，新たなマーケティング活動の指針となる。

　本図表から，マーケティング計画と統制は，マーケティング・マネジメントの根幹であり，効率的なマーケティング活動の展開にとって必要不可欠な要素となっていることがわかる。

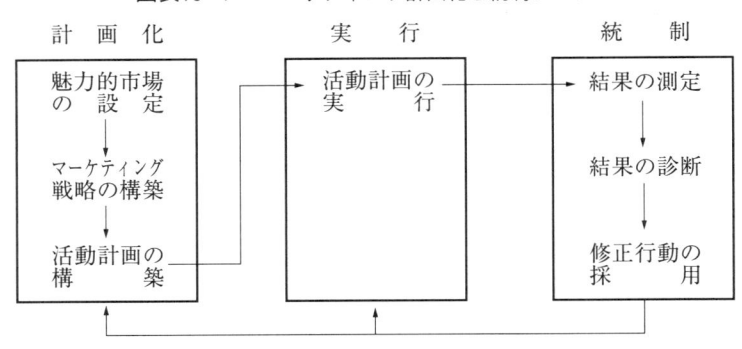

図表15-1　マーケティング計画化と統制システム

計　画　化	実　　行	統　　制
魅力的市場の設定　↓　マーケティング戦略の構築　↓　活動計画の構築	活動計画の実行	結果の測定　↓　結果の診断　↓　修正行動の採用

（資料）　図表3-2の文献（訳書），115頁。

第15章　マーケティング計画と統制

　しかしながら，マーケティング計画とは何かについては，これまでのところ明確な規定はなく，経営計画と同義に解釈する場合もあれば，単に販売部門の活動計画を意味する場合もある。通常は，製品，販売，流通，広告，マーケティング・リサーチなどのマーケティングの総体に関する計画を「マーケティング計画」と称している。

　マンデル（Mandell, M. I.）とローゼンバーグ（Rosenberg, L. J.）は，マーケティング計画の目的について，次のように述べている[2]。すなわち，マーケティング計画は，経営体のマーケティング状況の分析に始まり，具体的なマーケティング目標を定め，目標を達成するための戦略を策定し，さらに実施のための詳細な行動計画であるプログラムをつくり，予算との調整を行うという手順を踏む。これらを通じて，マーケティング活動の成功の確率を高め，失敗の危険を減少させ，環境適応のスピードと確実性を高めることがマーケティング計画の目的である，と。

　また，マーケティング計画は，通常，以下のような要素を含んでいる[3]。
① その計画単位の，現在および将来の状況の分析
② 計画期間中に達成すべき目標
③ 投入される経営資源の量とそのコスト
④ 実施されるべきマーケティング諸活動の種類，量，およびその時間的配分
⑤ マーケティング諸活動とその達成成果の監視および統制を可能にする仕組み

　なお，1970年代の後半から，マーケティング計画に新たな動向を認めることができるようになった[4]。すなわち，戦略市場計画（strategic market planning）の登場である。その背景には，資源・エネルギー環境の急速な変化，それによる経済環境の停滞を経験して，経営体が市場戦略を中心に戦略的体質を強化し始めたことがある。既存のマーケティング計画が，企業目標や全社的製品目標を所与として，個別製品レベルでの計画編成を中心としていたのに対して，この新しい計画体系すなわち戦略市場計画は，全社レベルないしは戦略的事業単位（strategic business unit，略称 SBU）[5]での経営資源の配分に関わる。戦略市場計画は，経営組織におけるマーケティング意思決定の領域を拡大し，経営計画

230

第15章 マーケティング計画と統制

とマーケティング計画との融合を促進したといえる。

ところで，マーケティング・マネジメントにおいて計画の果たす役割は大きいから，特定の環境条件のもとでの最適計画を策定する能力がマーケティング・マネジャーにとって最重要であることはいうまでもない。しかし，マーケティング・マネジャーの仕事はいったん計画を策定してしまえばそれで終わりというものではない。ある状況下で最適計画を策定することに成功したとしても，それが実行段階における手違いから期待した成果をあげることができなければ，計画倒れに終わってしまう。したがって，マーケティング・マネジャーは，計画の実行段階においても常に目を配り，計画実施結果と目標との間に少しでも差が生じたのであれば，直ちにその差の原因をつきとめて修正を行うことに努めなければならない。この計画目標と実績との差を発見し，適切な修正措置をとることを「マーケティング統制」という。なお，いかなる修正行動が適切であるかはそのときの状況によって変わり，差異分析を行わなければわからないが，計画実行段階における運営面での手直しのみでよい場合と，計画全体（目標と活動計画の両方を含めて）を改定しなければならない場合とがある。

以上から，マーケティング計画と統制は，マーケティング計画案を策定し，実行し，成果を測定し，また新たな計画案を策定していく，という継続的マーケティング過程を生み出すことが明らかである。このことは，組織体の将来の意図を明らかにすることによって，マーケティング資源の配分を方向づけることを意味している。

(1) 正確には，マーケティング計画策定という。
(2) 詳しくは，M. I. Mandell & L. J. Rosenberg, *Marketing*, Prentice-Hall, 1981, pp. 95-96を参照されたい。
(3) D. J. Luck, O. C. Ferrell & G. H. Lucas Jr., *Marketing Strategy and Plans*, 3 rd ed., Prentice-Hall, 1989, p. 297.
(4) この点について詳しくは，武井寿「マーケティング計画と統制」宇野政雄編著『最新マーケティング総論』実教出版，昭和60年，224—226頁を参照されたい。
(5) ジェイン（Jain, S. C.）によれば，SBUは，「競争，価格，代用可能性，スタイルと品質，製品の撤廃という概念で，他の製品および製品ラインから独立している製品あるいは製品ラインより成り立っている」（S. C. Jain, *Marketing Planning and Strategy*, South Western Publishing, 1981, p. 215.）。また，コトラー（Kotler, P.）は，「SBUは，①単一の事業であり，②明確な使命をもち，③独自の競争相手をもち，④経営の

231

第15章 マーケティング計画と統制

責任者が存在し，⑤いくつかの資源を統制し，⑥戦略計画によって恩恵を受け，⑦他の事業とは独立に計画化が可能である」〔村田昭治監修，和田充夫・上原征彦訳『マーケティング原理』ダイヤモンド社，昭和58年，45頁。（P. Kotler, *Principles of Marketing*, Prentice-Hall, 1980.）〕，としている。

第2節　マーケティング計画の手順

本節では，マーケティング計画の手順を把握することとするが，ここでは製品計画（あるいはブランド計画）に焦点を絞って検討を行う。

図表15-2に示すマーケティング計画の手順は，コトラーによって提示されたものである。以下，コトラーの手順に従いながら[1]，具体的な検討を行っていこう。

(1) 計画の大要

計画書は，計画に盛り込まれた主要ゴールおよび提言の概要から始まる。

計画の大要によってトップ・マネジメントはそれぞれの計画の主要な力点を迅速に把握することができ，計画を評価するにあたって最も重要と思われる情報を計画書のなかから引き出すことができる。

(2) 状況分析

計画書の最初の重要なセクションは状況分析である。ここには，各マネジャーの活動に影響を与える主な要因が示されている。通常，状況分析のセクションは，以下に示す①〜④の4つのサブセクションから構成されている。

① 背　景

このセクションは通常，過去数年にわたる売上および利益に関する主要デー

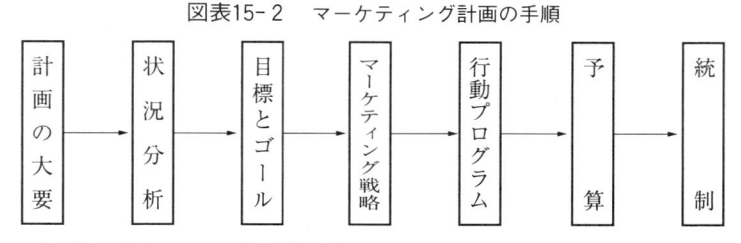

図表15-2　マーケティング計画の手順

計画の大要 → 状況分析 → 目標とゴール → マーケティング戦略 → 行動プログラム → 予算 → 統制

（資料）　図表3-2の文献（訳書），121頁。

タの要約から始まる。これらのデータの次に、市場、流通、および競争に関する重要な事実・トレンドが記述される。

②　予　測

背景のセクションの次は、「正常な状況」下における市場規模と自社販売高の予測である。正常な状況とは、マーケティング環境あるいはマーケティング戦略に大きな変化がないという前提である。予測を行う方法には種々のものがあるが、最も簡単な方法は、過去の市場成長率と売上成長率とを直線的に延長する方法である。しかし、ほとんどの企業は2つ以上の予測方法[2]を採用しており、それらの平均値をとっている。

なお、まったく異なった環境状況が発生することが予想されたり、まったく異なった戦略が計画されたりした場合には、予測を修正しなければならない。

③　機会と脅威

予測のセクションの次は、企業を取り巻く外部環境における主な機会と脅威の明確化を行うセクションである。通常、マネジャーたちはいくつかの機会と脅威を認識しているが、ここではそれらをことばで記述しなければならない。トップ・マネジメントは、リストアップされた機会と脅威、あるいは見落とされたものについて、いくつかの質問を投げかけることができる。

④　強味と弱味

このセクションでは、企業内の主な強味と弱味がリストアップされる。強味は戦略作成のベースとなり、弱味はそれを補強するための投資の対象となる。トップ・マネジメントは、各マネジャーが挙げた強味と弱味のリストをもとに、それぞれの単位組織に関する重要な疑問を投げかけることができる。

(3)　**目標とゴール**

状況分析は、自社の事業が「現在どのように位置づけされており、どのような方向へ進むのか」を示唆してくれる。次の段階は、自社の事業が「どのような方向へ進むべきか」を決定することである。マネジャーは、トップ・マネジメントが受け入れ可能な目標とゴールを設定しなければならない。

通常、トップ・マネジメントは、次期の会社全体のゴールを規定するが、たとえば、①販売数量15％増、②税引前売上高利益率20％、③税引前投資収益率25％、といったゴールを設定するかもしれない。これらのゴールに基づいて、

各マネジャーは全社的なゴールを達成するためのそれぞれの事業単位のゴールを作成する。

今,テレビ製品ラインのマネジャーが,製品ラインの収益性を向上させることが最も必要なことだと考えているとしよう。また,この製品ラインの現在の投資収益率（return on investment：ROI）は10％であり,トップ・マネジメントはROIを15％に引き上げたいと考えているとしよう。ROIの向上は,①販売収入の増加,②コストの削減（あるいは販売収入の増加以下にコスト増を抑える）,③投資の削減（あるいは利益の増加以下に投資増を抑える）,のいずれかによって達成することができる。以上のうちのいずれか,あるいはすべてを次期の目標とすることができる。

マネジャーが強調したいと考える目標は,数量値と期間を与えることによってゴールとなる。マネジャーは製品ラインのROI15％を達成するために,たとえば,次のようなゴールを提言することができる。①次年度の売上増を12％とする。②次年度の支出予算を8％まで増加させる。③次年度の投資額は今年度と同レベルとする。

そして,これらのゴールのそれぞれは,さまざまな営業単位のサブゴールへと分割される。たとえば,全社的な売上ゴールは,販売地域,販売地区,さらには個々の販売員などの販売単位に最終的に配分される。

(4) マーケティング戦略

このセクションでは,マネジメントは目標達成のためのマーケティング戦略をつくりあげる。この戦略は,事業単位が「勝つ」ための「ゲーム計画」を示したものであり,マーケティング計画の中核部分をなす。

マーケティング戦略は,すでに第4章第1節および第3節でも述べたように,基本的には,①標的市場の選定,②マーケティング・ミックスの構築,という2つの要素から成り立っているが,コトラーは,「マーケティング・ミックスそれ自体が最適なものであったとしても,支出の面からみれば使いすぎ,あるいは少なすぎるということもある[3]」として,③マーケティング支出レベルの決定,をもマーケティング戦略要素に挙げている。

なお,マーケティング戦略と戦略的マーケティングを混同してはならない。

第15章　マーケティング計画と統制

(5) 行動プログラム

マーケティング戦略は，マーケティング・ゴールを達成するための具体的な行動プログラムに転換されなければならない。その場合，有効なアプローチは，戦略のそれぞれの要素について担当を決めることである。

全体的な行動プログラムは，縦軸に12ケ月または52週の欄を設け，横軸に各種のマーケティング活動の欄をとった表によって示される。この行動プログラムは，あくまでも戦略実行のための一般的な枠組みであり，期間中であっても，新しい問題や機会が発生した場合には変更されることがある。

(6) 予　算

マネジャーは，ゴールや戦略や行動プログラムを知ることによって，それを支える予算を作成する[4]。予算書は本質的には予想損益計算書である。収入の部では，予想販売数量と平均実売価格が，費用の部では，いくつかに細分類された生産，物流，マーケティングの費用が示される。そして，その後に両者の差，すなわち予想利益が示される。トップ・マネジメントは予算を検討し，承認または修正を行う。予算が承認されると，それは原材料調達，生産スケジュール決定，人員計画，およびマーケティング活動の基礎となる。

(7) 統　制

計画書の最後は，計画の進行を監視する統制のセクションである。通常，ゴールと予算は月別または期末に示される。したがって，トップ・マネジメントは毎期結果を検討し，ゴールを達成していない事業を明らかにすることができる。これらのゴール未達成の事業のマネジャーは，それについての説明を行い，いかなる計画をもっているかを示さなければならない。

なお，マーケティング統制の実際について，詳しくは次節で検討することとする。

(1) 詳しくは，村田昭治監修，和田充夫・上原征彦訳『マーケティング原理』ダイヤモンド社，昭和58年，120—130頁（P. Kotler, *Principles of Marketing*, Prentice-Hall, 1980）を参照されたい。
(2) 予測の方法には，本文中で示した方法以外に，①売上高に影響を与えると思われる経済その他の主要変数を予測し，これらの推定を統計的な需要曲線に組み込んで売上高を予測する方法，②販売部隊が次年度にどのくらい販売できるかの推定を合計する方法，などがある。

(3) 村田昭治監修，和田充夫・上原征彦訳，前掲訳書，128頁。
(4) この場合，対象期間により年次予算，4半期予算，月別予算，さらに場合によっては日別予算などが作成される。

第3節　マーケティング統制の実際

第1項　マーケティング統制の目的とタイプ

マーケティング統制の概念については，すでに本章第1節で明らかになっている。では，その目的はどこにあるのであろうか。端的にいえば，マーケティング統制の目的は，標的市場における短期的・長期的目標を達成しうるように，収益を最大化することにある。現実の市場では，行動プログラムの実施中にも多くの予想外の事態が発生する。したがって，業績の継続的な観察と統制が必要となる。マーケティング・マネジャーの多くは，マーケティング計画の作成および実行の責任だけでなく，統制の責任をも負っている。

次に，マーケティング統制のタイプであるが，コトラーによれば，以下の3つのタイプに分類される[1]。

① 年間計画統制：年度内に行われる計画に対する実際の業績のチェック，および必要とされる場合の修正行動を意味する。
② 収益性統制：さまざまな製品，販売テリトリー，ユーザー市場，流通チャネルにおける実際の収益性を判断する活動を意味する。
③ 戦略的統制：企業全体のマーケティング環境および機会への適合をシステマティックに検討し，評価することを意味する。

以下，これらマーケティング統制のそれぞれについて，概説していこう。

(1) 村田昭治監修，和田充夫・上原征彦訳『マーケティング原理』ダイヤモンド社，昭和58年，138頁。(P. Kotler, *Principles of Marketing*, Prentice-Hall, 1980.)

第2項　年間計画統制

年間計画統制の目的は，年間計画で設定された売上，利益その他の目標が達成されつつあるか否かを確認することである。そのためには，**図表15-3**に示

図表15-3　統制プロセス

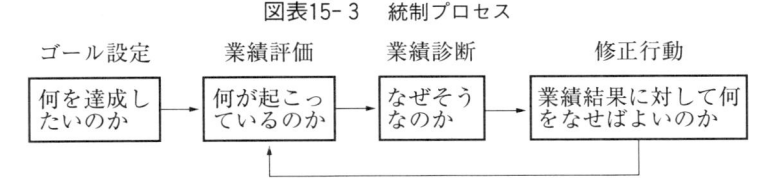

```
ゴール設定        業績評価         業績診断        修正行動
┌─────────┐   ┌─────────┐   ┌─────────┐   ┌─────────────┐
│何を達成し│→ │何が起こっ│→ │なぜそう │→ │業績結果に対して何│
│たいのか │   │ているのか│   │なのか   │   │をなせばよいのか │
└─────────┘   └─────────┘   └─────────┘   └─────────────┘
                   ↑_____|
```

（資料）　図表3-2の文献（訳書），139頁。

すような4つの段階を踏まなければならない。

さて，コトラーは，マーケティング・マネジャーがゴール達成の度合いをチェックするために用いる統制のテクニックとして，以下(1)～(4)の4つのテクニックを挙げている[1]。

(1)　販売分析

販売分析とは，設定された販売ゴールと現実に達成しつつある販売とを対比させて測定し，評価する活動である。これには，以下のような2つの方法がある。

第1は，「販売誤差分析」である。これは，販売実績のギャップに，さまざまな要因が相対的にどのように影響しているかを明らかにしようとする試みである。

第2は，「マクロ販売分析」である。これは，期待売上をあげえなかった特定の製品，販売テリトリー，その他を明らかにしようとする試みである。

ところで，マーケティング活動における計画値＝標準と実績との差異は，通常，次のいずれかの原因による[2]。

①　需要，競争その他環境条件の影響や変化を計画中に適切に組み込んでいなかった場合。
②　製品，価格，流通経路，広告，販売員などのマーケティング手段の効果を正しく予測していなかった場合。
③　上記の2つの影響が複合している場合。

計画値＝標準と実績との差異は，複合的な原因によってもたらされる場合が多く，その分析は容易ではない。しかし，差異原因の解明なしには，適切な修正行動を立案し，実施することは困難である。

第15章　マーケティング計画と統制

　以下では，比較的適用範囲の広い，差異分析のひとつの手法として，ハルバート（Hulbert, J. M.）とトイ（Toy, N. E.）が開発した手法を紹介しておこう[3]。彼らによって開発された手法の仕組みは，図表15-4の通りである。ここでは目標値＝計画値は貢献利益（contribution margin）額で設定されている。なお，この貢献利益は，図表15-5にみるように，売上高と変動製造原価との差額であり，したがって，図表15-4のコストとは変動製造原価のみを指している。

　さて，図表15-4では，貢献利益の差異を価格／コスト関係，市場規模，および市場占有率の3つの原因のそれぞれに基づく差異へと分解している。ある製品Aを対象として，この方式の計算例を示したのが図表15-5である。図表15-5でみると，貢献利益の計画額は400万ドルであるのに対し，実績は390万ドル，差異は10万ドルである。ところが，この差異分析により，10万ドルの差異は，実は，市場規模，すなわちこの種の製品の産業全体としての販売量の増大による100万ドルのプラス，市場占有率の低下による40万ドルのマイナス，および販売価格の低下を原因とする価格／コスト関係の悪化による50万ドルのマイナスの総合された結果であることがわかる。

　以上のような分析は，適切な修正行動の計画に大きく役立つ。

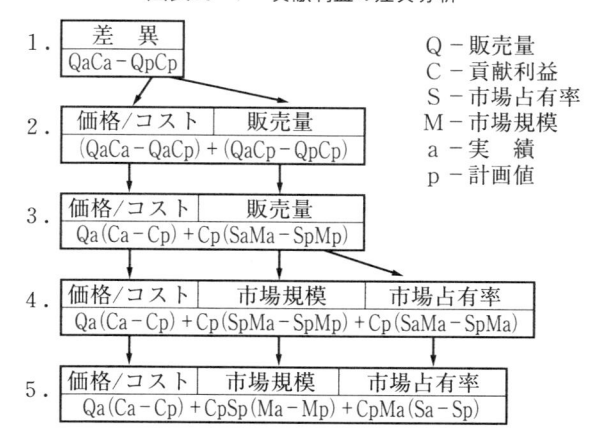

図表15-4　貢献利益の差異分析

1. 差異
   $Q_aC_a - Q_pC_p$

2. 価格／コスト｜販売量
   $(Q_aC_a - Q_aC_p) + (Q_aC_p - Q_pC_p)$

3. 価格／コスト｜販売量
   $Q_a(C_a - C_p) + C_p(S_aM_a - S_pM_p)$

4. 価格／コスト｜市場規模｜市場占有率
   $Q_a(C_a - C_p) + C_p(S_pM_a - S_pM_p) + C_p(S_aM_a - S_pM_a)$

5. 価格／コスト｜市場規模｜市場占有率
   $Q_a(C_a - C_p) + C_pS_p(M_a - M_p) + C_pM_a(S_a - S_p)$

Q －販売量
C －貢献利益
S －市場占有率
M －市場規模
a －実　績
p －計画値

（資料）J. M. Hulbert & N. E. Toy, "A Strategic Framework for Marketing Control", *Journal of Marketing*, Vol. 41, No. 2, 1977, p. 19.

第15章 マーケティング計画と統制

図表15-5　差異分析の計算例

（金額はドル表示）

項　　目	計　　画	実　　績	差　　異
販売量（ℓ b）	20,000,000	22,000,000	2,000,000
販売価格（ℓ b 当たり）	0.50	0.4773	(0.0227)
売上収入	10,000,000	10,500,000	500,000
市場規模 （ℓ bs）	40,000,000	50,000,000	10,000,000
自社占有率	50%	44%	(6%)
変動費（ℓ b 当たり）	0.30	0.30	—
貢献利益			
1 ℓ b 当たり	0.20	0.1773	0.0227
総　　額	4,000,000	3,900,000	(100,000)

$(Ca - Cp) \times Qa = (0.1773 - 0.20) \times 22,000,000 = -500,000$
$(Qa - Qp) \times Cp = (22,000,000 - 20,000) \times 0.20 = 400,000$
$(Sa - Sp) \times Ma \times Cp = (0.44 - 0.50) \times 50,000,000 \times 0.2 = -600,000$
$(Ma - Mp) \times Sp \times Cp = (50,000,000 - 40,000,000) \times 0.50 \times 0.2 = 1,000,000$

貢献利益計画額		4,000,000
量的差異		
市場占有率差異	(600,000)	
市場規模差異	1,000,000	
価格／コスト差異		400,000
		(500,000)
貢献利益実績		3,900,000

（資料）　図表15-4に同じ。

(2) 市場シェア分析

　企業の売上高実績それ自体は，その企業が競争他社に比較してどの程度良好であったのかは示さない。企業の売上が伸びたのは，経済全体が良くなったか，あるいはその企業のマーケティングが競争他社に比べて良かったかのいずれかである。このような環境全体の改善の効果を取り除くためには，通常，その企業の市場シェアを追跡する作業，すなわち市場シェア分析が行われる。市場シェアが増加したということは，それを競争他社から奪ったということであり，逆に市場シェアが下がったということは，それを競争他社に奪われたというこ

とである。

(3) 売上高マーケティング費用分析

年間計画の統制では，自社が売上目標を達成するために支出をしすぎていないかどうかを確認するために，売上高対比でマーケティング費用をチェックする必要がある。その際，監視しなければならないのは，売上高マーケティング費用比率である。

マネジメントの仕事は，マーケティング総費用あるいはそれぞれの要素費用（販売部隊の費用，広告費，販売促進費，マーケティング調査費，販売管理費など）の比率が統制から外れているかどうかを探ることである。これらの比率の微々たる変動は無視してもかまわないが，通常の変動の範囲を超えた変動は注視しなければならない。

各期間におけるそれぞれの比率の変動は，図表15-6に示されているようなコントロール・チャートに書き込まれる。このチャートは，売上高広告費率が99％の確率で，8％～12％の間で変動することを示している。しかし，一方では，売上高広告費率は第9期以降着実に上昇しており，第15期に至って統制値の上限を超えていることをも示している。したがって，継続的に観察を行うことは，各期の比率が統制値の範囲内であったとしても，偶然には発見することのできないパターンを監視するという意味で重要である。

売上高費用比率が異常値を示した場合には，問題の原因を探るためにデータを分解してみなければならない。その際，売上高費用比率変動チャートが用い

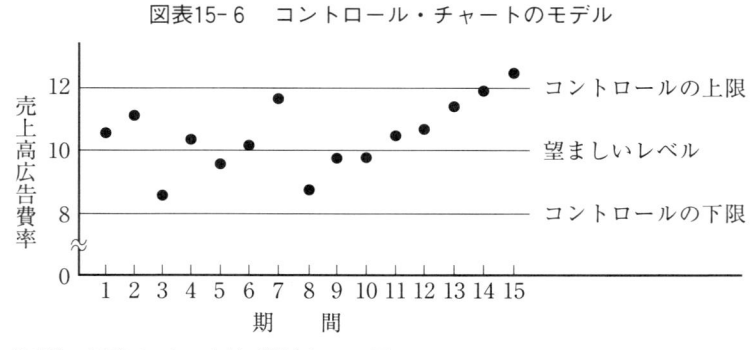

図表15-6 コントロール・チャートのモデル

（資料） 図表3-2の文献（訳書），142頁。

第15章　マーケティング計画と統制

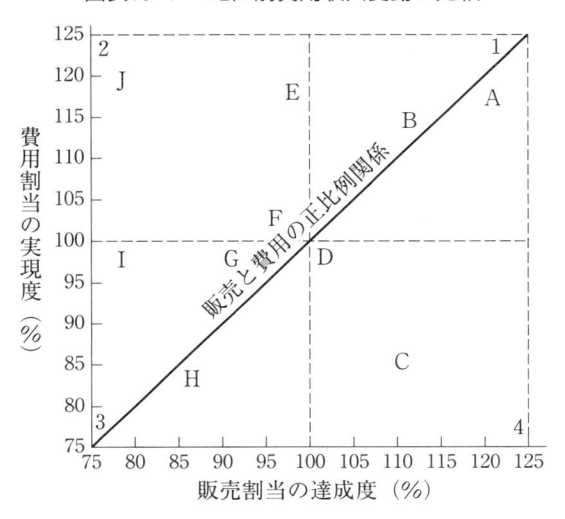

図表15-7　地区別費用収入変動の比較

```
費       125  2                                    1
用       120    J                           A
割       115              E           B
当       110
の       105                    F
実       100  ─── I ───── G ───── D ───────
現        95              販売と費用の正比例関係
度        90
(％)      85        H                    C
          80
          75  3                                    4
              75  80  85  90  95  100 105 110 115 120 125
                        販売割当の達成度（％）
```

（資料）　図表3-2の文献（訳書），143頁。

られる。**図表15-7**は，それぞれの販売地区における販売割当および費用割当の実績を百分率で示したものであるが，最も問題なのは第2象限である。たとえばJ地区は，販売割当の80％以下しか達成していないにもかかわらず，費用は高くなっている。次の段階は，それぞれ計画とのギャップをみせている地区について，販売員別に売上割当，費用割当達成度を示した同様のチャートを用意することである。J地区における業績不振は，販売員の数が少ないことと関連しているのが判明するかもしれない。

(4)　顧客態度の追跡

以上(1)～(3)で示してきた統制の尺度は，主として量的なものである。しかし，鋭敏な企業は，顧客，ディーラー，その他のマーケティング・システム要員の態度を追跡するシステムをも設定している。マネジメントは，自社や自社製品に対する顧客の最近の態度を観察することによって，より早い時期に行動を起こすことができる。

一般に企業は，以下のような顧客態度追跡のシステムを用いている。

①　苦情と提案システム：企業は最低限，顧客から寄せられた苦情を，口頭

のものであれ書式のものであれ,記録・分析し,それに回答しなければならない。企業によっては消費者室を設置して,これに対応している。
② 顧客パネル:企業によっては,その企業の顧客からの電話や手紙に対して,定期的に製品評価を回答する多数の顧客を集めたパネルを設置している。これらのパネルは,苦情や提案のシステムよりも顧客の態度をよりよく表わしていると考えられている。
③ 顧客サーベイのフィードバック・システム:無作為に抽出された顧客に対して,定期的に標準化された質問票を配布するシステムである。

以上,統制のテクニックについて論じてきたが,これらのテクニックを駆使し,その結果,実績が年間計画目標と大きく乖離していることが判明した場合には,防御的行動ないしは修正行動をとらなければならない。

(1) 詳しくは,村田昭治監修,和田充夫・上原征彦訳『マーケティング原理』ダイヤモンド者,昭和58年,139―145頁(P. kotler, *Principles of Marketing*, Prentice-Hall, 1980)を参照されたい。
(2) 三浦信「マーケティングの計画とコントロール」三浦信・来住元朗・市川貢『新版マーケティング』ミネルヴァ書房,平成3年,262頁。
(3) ハルバートとトイが開発した手法については,三浦教授が前掲論文,262―263頁において要領よく紹介されているので,それを参照している。

第3項　収益性統制[1]

企業は,年間計画統制に加えて,製品別,テリトリー別,顧客グループ別,チャネル別,受注規模別に,利益実績を定期的に調査している。そのためには,マーケティング費用その他を個々のマーケティング活動に配分することができなければならない。

以下,まず,マーケティング収益性分析の方法について概説しよう。

マーケティング収益性分析は,現在のマーケティング活動を中止するか拡大するか,規模を変更するか,ということをマーケティング・マネジャーが決定する際の基礎となる分析手法である。マーケティング収益性分析の基礎は損益計算書である。**図表15-8A**は,損益計算書を単純化したものである。マーケティング・マネジャーの関心は,製品別,顧客別,テリトリー別に,これらの損益計算書を作成することにある。そのためには,従来の会計上の仕訳(給与,

第15章　マーケティング計画と統制

賃貸料，消耗品費など）を機能別費用に分類し直す作業が必要となる。

次の事例を手がかりに，マーケティング収益性分析の方法をもっと具体的に浮き彫り化してみよう。

　（事例）
・芝刈機メーカー（A社）のマーケティング担当副社長は，金物店，園芸用品店，百貨店，という3つの異なったタイプの小売店別に費用と利益を明らかにしたいと思っていた。A社は単一モデルの芝刈機を生産していた。

図表15-8 AはA社の損益計算書を示したものである。

A社のマーケティング担当副社長の仕事は，以下の3つの段階に分かれる。

① 第1段階＝機能別費用の判別

今，図表15-8 Aに示された費用は，製品の販売，広告，包装と配送，および受注処理と回収のために支出されたものとする。第1の仕事は，本図表に示された会計上の費用がこれらの活動のそれぞれにどのくらい支出されたかを示すことである。

かりに給与のほとんどが販売員に支払われ，残りが広告マネジャー，包装および配送係，事務所の会計係に支払われたとする。図表15-8 Bにおいて，給与総計9,300ドルはこれら4つの活動に配分したことを示している。

図表15-8 Bはまた，賃貸料総計3,000ドルのこれら4つの活動に対する配分をも示している。

最後に，消耗品費は販促資材，包装資材，配送燃費，および事務備品によって構成されている。したがって，消耗品費総計3,500ドルは機能別費用に再配分されなければならない。

以上のような細分化によって総費用の合計1万5,800ドルは，機能別費用に再配分された。

② 第2段階＝機能別費用の流通チャネルへの配分

次の仕事は，機能別に仕訳された費用が流通チャネルのそれぞれにどのように配分されるかを見きわめることである。

販売活動を考えてみよう。それぞれのチャネルに対する販売活動は，それぞれのチャネルに対して行われた回訪数によって推定することができる。これは図表15-8 Cの販売の欄に示されている。

243

第15章 マーケティング計画と統制

図表15-8 A 単純化された損益計算書

売上高		60,000ドル
売上原価		39,000
売上総利益		21,000ドル
費用		
給　　与	9,300ドル	
賃 貸 料	3,000	
消耗品費	3,500	
		15,800
純利益		5,200ドル

(資料) 図表3-2の文献 (訳書), 147頁。

図表15-8 B　会計上の費用の機能別費用への転換

会計上の費用	総　計	販　売	広　告	包装と配送	受注処理と回収
給　　　与	9,300ドル	5,100ドル	1,200ドル	1,400ドル	1,600ドル
賃　貸　料	3,000	—	400	2,000	600
消 耗 品 費	3,500	400	1,500	1,400	200
	15,800ドル	5,500ドル	3,100ドル	4,800ドル	2,400ドル

(資料) 図表3-2の文献 (訳書), 148頁。

　広告費に関しては，本図表に示されているように，さまざまなチャネルごとの広告頻度をベースとして配分されている。
　包装および配送費配分のベースは受注処理数であり，これは受注処理および回収費の配分ベースとしても用いられている。
　③　第3段階＝流通チャネル別損益計算書の作成
　今や，それぞれのチャネルについて損益計算書を作成することが可能である。その結果は**図表15-8 D**に示されている。
　この場合，金物店は総売上の半分（6万ドルのうちの3万ドル）を占めており，売上原価の半分（3万9,000ドルのうちの1万9,500ドル）が配分される。したがって，金物店から得られる売上総利益は1万500ドルである。そして，売上総利益から金物店にかかった機能別費用が控除される。**図表15-8 C**によれば，

図表15-8 C　チャネル別・機能別費用配分のベース

チャネルの タイプ	販　売 当期回訪数	広　告 広告頻度	包装と配送 当期受注処理数	受注処理と回収 当期受注処理数
金　物　店	200	50	50	50
園芸用品店	65	20	21	21
百　貨　店	10	30	9	9
	275	100	80	80
機能別費用 数　量	5,500ドル 275 =20ドル	3,100ドル 100 =31ドル	4,800ドル 80 =60ドル	2,400ドル 80 =30ドル

(資料)　図表3-2の文献（訳書），149頁。

図表15-8 D　チャネル別損益計算書

	金　物　店	園芸用品店	百　貨　店	総　計
売　　　上	30,000ドル	10,000ドル	20,000ドル	60,000ドル
売上原価	19,500	6,500	1,300	39,000
売上総利益	10,500ドル	3,500ドル	7,000ドル	21,000ドル
費　　　用				
販売費（1回訪当たり20ドル）	4,000ドル	1,300ドル	200ドル	5,500ドル
広告費（1広告当たり31ドル）	1,550	620	930	3,100
包装および配送費	3,000	1,260	540	4,800
（1受注当たり60ドル）				
受注処理および回収費	1,500	630	270	2,400
（1受注当たり30ドル）				
総費用	10,050ドル	3,810ドル	1,940ドル	15,800ドル
純利益	450ドル	△310ドル	5,060ドル	5,200ドル

(資料)　図表15-8 Cに同じ。

　金物店への回訪数は総回訪数275回のうち200回である。1回訪当たり20ドル（図表15-8 C参照）を適用すると，金物店に課せられる販売費用は4,000ドルである。同様のやり方が金物店チャネルに対するその他の機能別費用の配分にも適用される。その結果，金物店チャネルに課せられる総費用は1万50ドルとなる。これを売上総利益から控除すると，金物店チャネルから得られる純利益は450ドルとなる。

以上と同様の分析が他のチャネルについても行われる。その結果，A社は園芸用品店への販売では損失を計上し，事実上ほとんどの純利益は百貨店から得られていることが明らかとなる。したがって，各チャネルの総売上は，それぞれのチャネルから得られる純利益を示す指標とならないことは明らかである。

以上，マーケティング収益性分析の方法について事例をもとに具体的に説明してきたが，マーケティング収益性分析の結果は，修正行動に関する決定を行うための適切な情報を保証するものではない。前述の事例の場合，園芸用品店・金物店チャネルを廃止して，百貨店チャネルに集中する，という結論を出すことにはやや疑問が残る。結論を導き出すためには，以下のような質問に対する答えとなる情報が，まず必要である。

・購買者は，どのような観点から小売店あるいはブランドを選択するのか。
・この３つのチャネルの重要性に関して，将来どのような傾向が発生するのか。
・３つのチャネルに向けられたマーケティング政策と活動は，最適だったのか。

以上およびその他の情報をもとに，マーケティング・マネジャーは各種の代替案を明らかにしていく。それらの代替案を評価するにあたっては，それぞれについての詳細な分析が必要となる。

一般に，マーケティング収益性分析は，チャネル間，製品間，テリトリー間，その他のマーケティング機関の間での，相対的な収益性に関する情報を提供する。しかしこれは，最も収益性の低いマーケティング機関を廃止することが最善の策である，ということを意味してはいないし，これらのマーケティング機関を廃止した場合の収益性の向上の程度を表わすものでもない，ということに留意しなければならない。

(1) 本項は，村田昭治監修，和田充夫・上原征彦訳『マーケティング原理』ダイヤモンド社，昭和58年，146—152頁（P. Kotler, *Principles of Marketing*, Prentice-Hall, 1980）を参照している。

第４項　戦略的統制

急激な変化の時代である今日，企業は常にそのマーケティングのあり方を総

第15章 マーケティング計画と統制

合的に評価し，必要な修正を行わなければならない。いいかえれば，企業はマーケティング環境の急速な変化に対応して，市場に対する全社的な対応の仕方を常に評価していなければならない，ということである。そのため，近年は，年間計画統制や収益性統制以上に，戦略的統制としてのマーケティング監査（marketing audit）の必要性が提唱され，導入する企業も次第に増えている。

「監査」（audit）はもともと会計学上の概念として生まれたものであるが，現在では，経営活動全般を対象とする経営監査も広く行われるようになっている。この経営監査のマーケティングへの適用がマーケティング監査である。もっと具体的にいえば，マーケティング監査とは，「マーケティングの環境，目的と戦略，組織，システム，生産性，それに個別機能などについて，全社的視点から分析し，問題点と機会を発見し，マーケティング業績を改善するための提言を行う活動である[1]」と定義することができる。そして，その特色は，「マーケティングの全体系について，客観的な第三者的視点から，定期的に評価を行うこと[2]」にある。

マーケティング監査は総合的，包括的であり，その対象も多方面にわたる。コトラーによれば，マーケティング監査の内容領域は以下の通りであり[3]，今日では，この形がほぼ一般に認められている。

① マーケティング環境監査：人口学的，経済的，エコロジー的，技術的，政治的，文化的なマクロ的環境の監査と，市場，顧客，競争企業，流通業者，仕入先企業，仲介業者など，課業環境の監査とが含まれる。

② マーケティング戦略監査：事業の使命，マーケティング目標と戦略が監査される。

③ マーケティング組織監査：公式組織構造，機能的効率，各部門（マーケティング，製造，研究・開発，購買，財務，経理など）間のインターフェース効率が監査される。

④ マーケティング・システム監査：マーケティング情報システム，マーケティング計画作成システム，マーケティング統制システム，新製品開発システムが監査対象となる。

⑤ マーケティング生産性監査：収益性分析やコスト／効果分析が行われる。

⑥ マーケティング機能監査：製品，価格，流通，販売促進，販売部隊と

第15章　マーケティング計画と統制

いった，各機能別の監査が行われる。

以上６つのタイプの監査は別々に行われてもよいが，完全なマーケティング監査はすべてのタイプの監査を含んでいる。また，どのタイプの監査であれ，日常の業務に関する統制とは異なり，企業の戦略や組織・システムを検討し評価するものであることはいうまでもない。

なお，マーケティング監査の実施方法としては，基本的に２通りの方法がある[4]。

第１は，内部監査である。これには，①マーケティング担当重役が自ら自社のマーケティング活動を自己監査する方法と，②社内の各部門から選抜された専門家（財務，人事，総務など）によってプロジェクト・チームを編成して監査を行う方法とがある。しかし，①の方法は監査の方法としては客観性と独立性に欠け，②の方法は客観性，独立性の見地からいえば①の方法よりやや優れてはいるものの，監査にあたって企業に現存する見地が支配的になるという欠陥を完全には除去することができない，という問題がある。

第２は，外部監査である。これには，①コンサルタント会社など，社外の専門機関に委嘱して監査を行う方法と，②「マーケティング・コントローラー[5]」が作成した書類をもとに外部監査を受ける方法とがある。しかし，①の方法は非常に時間がかかり，費用も高くつく。また，②の方法によって監査を行うには，関連情報の収集・分析について一定の手続きが確立していなければならない。会計監査と異なってマーケティング監査の対象は戦略，組織，システムなど多方面にわたり，その内容も精密な計量化をしにくい部分が多い。とはいえ，マーケティング監査の重要性とそれを社外の専門機関に委嘱した場合の費用の面とを考慮すれば，社内における必要な情報の整備が企業にとって重要な課題であることは疑いない。

以上のようなマーケティング監査を実施することによって，初めて企業はそのマーケティング活動を，現在および将来の環境に対して，積極的かつ効果的に展開することができるのである。

(1)　武井寿「マーケティング計画と統制」宇野政雄編著『最新マーケティング総論』実教出版，昭和60年，233頁。
(2)　同論文，同頁。

(3) 詳しくは，P. Kotler, *Marketing Management*, 6th ed., Prentice-Hall, 1988, pp. 748-751を参照されたい。
(4) 詳しくは，中西正雄「マーケティング統制と評価」田内幸一・村田昭治編『現代マーケティングの基礎理論』同文舘，昭和56年，395—396頁を参照されたい。
(5) マーケティング監査のための情報を集中的に収集・分析するために社内に設けられた責任者をいう。

第16章　マーケティングと社会的責任

第1節　マーケティングの功罪

　マーケティングは，これまで，消費者のニーズ（需要）とウォンツ（欲求）をとくに量的な側面で満たすことによって，経済社会に大きく貢献してきた。また，それが消費者，もっと広くは生活者に与えてきた影響は，経済的側面だけではなく，社会的・文化的影響をも含めた生活様式全般に及んでいる。その意味で，マーケティングの負うべき社会的責任はきわめて重大なものであるといわざるをえない。

　しかし，「量的満足から質的満足へ」，「物質的充足から精神的充足へ」といった時代の変化を示すフレーズに象徴されるように，大量生産・大量流通・大量消費時代の中心的な存在であったマーケティングも，現在，新しいあり方，新しい位置づけを企業経営，もっと広くは社会全体のなかで模索している。マーケティングも，方向転換すべき時期にきているということである。

　以下では，変化の方向を模索するために，まず，マーケティングがこれまで社会にもたらしてきたプラスの結果と，逆にマイナスの結果として，とくにコンシューマリストたちから浴びせられてきた批判について概観しておこう。

　　（マーケティングの社会的貢献）[1]
　① マーケティングは，消費者により高い生活水準を提供してきた。
　② 新たな需要開発を行う結果，より多くの雇用機会を創造してきた。
　③ 潜在需要の顕在化，顕在需要の拡大の結果，経済成長に大きく貢献してきた。
　④ 新技術の開発を促進させた。
　⑤ コスト・ダウンによって，安価な製品の提供を可能にした。
　⑥ 広告などのスポンサーとして，テレビ，ラジオ，その他の低廉なまたは

無料の情報提供を可能にしてきた。
⑦　新製品の開発努力により，個人的ニーズをより満足させ，生活を向上させた。
⑧　消費者教育や広告などによって，生活改善情報を提供してきた。

（マーケティングへの社会的批判）[2]
①　マーケティングは，物質主義を助長させた。
②　マーケティングは，非使用者を無視している。
③　マーケティングは，個人的ニーズを充足させても，社会全体の福祉向上と必ずしも一致しない製品を生み出している。
④　マーケティング活動は，屋外広告や包装などにより，環境を破壊している。
⑤　新製品開発・改良が高頻度であることは，生産資源の浪費であり，廃棄物を増加させる。
⑥　新製品開発競争が激しいあまり，新技術に対する事前のアセスメントが不充分なまま商品化されてしまうことがある。消費者はモルモット化される恐れがある。
⑦　過度の製品差別化は，消費者にとって不必要な商品まで生み出している。
⑧　消費者にとって，本当に必要な情報，適切な情報が少ない。
⑨　消費者心理を巧みに捉えた広告，その他のコミュニケーション活動は，消費者操作的といわざるをえない。
⑩　アフターサービスについては，販売時ほど熱の入った対応がなされていない。
⑪　流通コストはあまりに高い。

以上から明らかなように，マーケティングは，経済・社会のさまざまな局面で，種々の社会的貢献を果たしてきた。しかし，その一方で，マーケティングに対する社会的批判の内容も多岐にわたっている。

現代のマーケティングが与える影響はきわめて多面的であり，その影響力も大である。それだけに，マーケティングに対する批判のなかには傾聴に値するものもいくつかあり，それらはマーケティングに課せられた課題にもなってい

る。

(1) 佐藤和代「マーケティングと社会的責任」宇野政雄編著『最新マーケティング総論』実教出版, 昭和60年, 328頁。
(2) 同論文, 328—329頁。

第2節　コンシューマリズムとマーケティング・マネジメント

　現代マーケティングは,「消費者志向」(consumer orientation) を中核とする「マーケティング・コンセプト」(marketing concept) を指導精神として展開されている。ここに「消費者志向」とは, 企業のマーケティング活動および他のすべての活動は,「消費者満足の創造」を第一義として展開していくべきであるという考え方ないし理念である。すなわち, この理念のもとでは, 消費者のニーズ・ウォンツを充足させることが企業にとって第一義的に重要なのであり,「利潤」はそれを達成したことに対する報酬として企業に与えられるものであるとされているのである。

　以上のように, 現代マーケティングは「消費者志向」を中核とする「マーケティング・コンセプト」を指導精神として展開されているのであるが, それにもかかわらず, 消費者とりわけコンシューマリストたちはマーケティングのあり方に厳しい批判の目を向けてきている。マーケティングに対する具体的な批判内容は前節で概観した通りであるが, いわゆる「コンシューマリズム」(consumerism) という名称で呼ばれる理念のもとに展開される,「消費者主権主義」の確立を目指す運動の抬頭・進展は, このことを最も端的に示している。

　さて, コンシューマリズムとは, 消費者主義, 消費者保護運動, 生活者運動などと訳されるが, 一般的には, 消費者運動とほぼ同じ意味で用いられることが多い。しかし, 厳密にいえば,「コンシューマリズム」と「消費者運動」という用語は同義ではない。すなわち,「消費者運動が, 消費者としての権利を主張する組織化された運動である[1]」のに対し, コンシューマリズムは,「生活者としての人間そのものの復権を主張する要素がより多く入った思想および運動[2]」であるといえよう。

第16章　マーケティングと社会的責任

　コンシューマリズムという用語は，1960年代に入ってから，アメリカにおいて，ネーダ（Nader, R.）による自動車の安全性に関する調査[3]や，「消費者の権利」を明確に提起した故ケネディ（Kennedy, J. F.）大統領の「消費者教書[4]」を契機として頻繁に使われるようになった。また，日本においても，昭和45年（1970年）のカラーテレビ不買運動がきっかけとなって，この用語が多く用いられるようになった。その後のコンシューマリズムの急速かつ幅広い進展には目覚ましいものがある。そして，「それは，マーケティングさらには他の企業活動にとっての新たな環境要因として顕在化し，そのあり方についての再検討を促すところとなったのである[5]」。

　ところで，コンシューマリズムの批判・攻撃がマーケティングに向けられるのはなぜか。その理由は，以下に示すように，マーケティング・コンセプトの現実のなかに見出だすことができる[6]。

　第1の理由は，マーケティングの現実の場で認識・実践されている消費者志向が「真の意味での消費者志向」ではないということにある。すなわち，マーケティングの現実の場において認識されている「消費者志向」という用語の実体は，消費者を特定の製品の「買手」として限定的に指定し，その買手を喜ばせる製品をつくり，それをできるだけ安い価格で提供することであるという考え方にほかならない。端的にいえば，現実のマーケティングにおいて消費者志向といわれているものは，実は，消費者行動の一部の「買手行動」のみにしか目を向けていないのである。このような認識のもとでは，真の意味での「消費者志向のマーケティング」を展開することは不可能であろう。

　第2の理由は，マーケティング・コンセプトにおいては「消費者満足の創造」が第一義的に重要であり，利潤はそれを実現したことに対する報酬であると認識されているが，この考え方がマーケティングの現実の場で必ずしも実践されていないということにある。資本主義経済体制のもとでは，「利潤獲得」は企業の存続・成長のための不可欠の要件である。しかし，利潤の獲得を図ることと，消費者満足あるいは消費者利益の創造の実現とは必ずしも一致しない。すなわち，企業は利潤を獲得するために，買手としての消費者を喜ばせる製品のみを市場に提供するのであるが，そのことによって消費者全体ないし「消費者＝市民」や社会の福祉にとって良い影響や利益がもたらされるとは限

らないのである。

　第3の理由は，第2の理由とも関連するが，マーケティング・コンセプトの基本的前提それ自体が当初から「矛盾」ないし「不一致」を内在させているということにある。すなわち，マーケティング・コンセプトは，基本的に，個々の消費者の短期的欲求満足と消費者全体の長期的利益ないし社会の福祉とは一致するということを前提にしているが，実際には，個々の消費者の短期的欲求を満足させることが，消費者全体や社会に対して長期的不満足ないし不利益を与えることは多いのである。たとえば，リン酸塩を多く含む洗剤は汚れをよく落とすということで消費者を喜ばせることになるが，長期的視点からみれば，それが河川や湖沼を汚染する一因ともなっているので，消費者全体や社会にとっては不利益になる，といった例を挙げることができる。

　では，企業はコンシューマリズムに対応するために，どのような認識をもち，マーケティングの現実の場において，マーケティング・コンセプトをどのように実践していけばよいのであろうか。

　もともと，コンシューマリズムとマーケティング・コンセプトとは，論理的につきつめれば，二律背反である。しかし，企業の利潤追求の立場と，消費者満足あるいは消費者利益の創造を要求する立場とは，両極端に位置しているものではない。すなわち，「もともと，企業と消費者との関係は調和的側面と対立的側面とを持っており，この二面のいずれかが消失するということはありえないのである[7]」。したがって，企業にとっては，消費者の欲求満足と自己の利潤獲得との間に，どのように一致点を見出だしていくかが問題となる。この一致点を見出だすためには，以下の2点が重要となる[8]。

　第1に，企業は，消費者を「買手」としてではなく，「人間」として認識しなければならない。すなわち，企業は，単なる製品の買手を喜ばせることを志向するのではなく，その製品が人間としての消費者の生活にとって真に有益であるか否かを見きわめなければならないのである。そして，このような認識姿勢に基づいて，消費者の生活態様を的確に把握し，彼らのニーズとウォンツに適応していくことに自らのマーケティング目標をおかなければならないのである。

　第2に，さらに重要なものとなるが，企業はそのマーケティング意思決定に

あたって，社会的視点や生態学的視点を導入しなければならない。近年，消費者の価値体系は，「消費・物質優先」から「生活の質優先」へと変容してきている。すなわち，消費者は単に自己の生活の便利さや物質的欲求の充実のみを志向するのではなく，むしろその「生活の質」を高めることや，自己の「生活環境」の充実・向上をより求めるようになってきているのである。消費者のこのような価値体系の変容に適応するためには，企業は，環境に対する社会的・生態学的配慮に立脚して，そのマーケティング諸活動を行うことが必要となる。

コンシューマリズムはけっして一過性のものではなく，今後，マーケティング・マネジメントに対しても，企業活動全体に対しても，さらには社会全体に対しても，ますます強力なインパクトを与えるものとなってこよう。しかし，コンシューマリズムは，けっしてマーケティング・マネジメントあるいは企業活動そのものを阻害するものではない。企業がコンシューマリズムを正しく理解し，環境志向性をなおいっそう強化して，その社会的責任を果たすように努めるのであれば，企業の存続・成長は保証されよう。それゆえ，企業は，その意思決定の枠のなかに社会的責任を取り込むメカニズムを構築しなければならない[9]のである。

(1) 久保村隆祐・荒川祐吉編『商業辞典』同文舘，昭和57年，96頁。
(2) 同書，同頁。
(3) ネーダは，GMのコルベアが欠陥車であるということを暴露したが，それだけでなく，これまでドライバーの責任とされてきた交通事故の原因のかなり多くが欠陥車にあったことを指摘して，いわゆる「欠陥車問題」に多くの人々の関心を集めるとともに，消費者に対して自己の購買行動に対する新たな考え方と警鐘を与えた。以上，詳しくは，ネーダ著，川本英蔵訳『どんなスピードでも自動車は危険だ』ダイヤモンド社，昭和41年，を参照されたい。
(4) ケネディは，この教書において，消費者が保護されるべき権利として，①安全である権利，②知らされる権利，③選択する権利，④意見を聞いてもらう権利，の4つを挙げている。この消費者の4つの権利は，コンシューマリズムの本質を的確に捉えているともいえる。
(5) 来住元朗「消費者行動」三浦信・来住元朗・市川貢『新版マーケティング』ミネルヴァ書房，平成3年，77頁。
(6) 詳しくは，同論文，77—78頁を参照されたい。

(7) 同論文，79頁。
(8) 詳しくは，同論文，79―80頁を参照されたい。
(9) 田内幸一「コンシューマリズムの本質とその展開」『一橋ビジネス・レビュー』第20巻第1号，昭和47年，12頁。

第3節　マーケティングの社会的責任

　マーケティングの社会的責任とは何か。企業の行う管理活動のなかで，企業が大衆との接触をもつのは主としてそのマーケティング活動を通してであり，消費者側からみれば，企業のマーケティング活動が企業活動のすべてのようにみえるかもしれない。それだけに，マーケティングの社会的責任は格別重視されるべきである。しかし，だからといって，マーケティングが企業活動のすべてであるわけではない。そのことは，企業の経営組織構造をみれば明らかである。
　図表16-1は，企業の社会的責任の対象と主たる内容を整理したものであるが，マーケティングが企業活動のすべてであるわけではない以上，企業の社会的責任の一切をマーケティングの社会的責任とすることは不適当である。
　では，マーケティングの社会的責任とは何か。
　マーケティングに関するこれまでの支配的理解は，消費者ニーズをすみやかに探索し，商品化し，それを効率的に販売することによって利潤の獲得を図ることがマーケティングであるとされてきた。そして，企業はそうしたマーケティングの展開を通じて成長し，消費者にはより大きな満足度と高い生活水準が保証され，それらを通じて社会福祉の向上が図られるものとされてきた。したがって，マーケティングにこれ以外の，たとえば社会的責任を求めることは，利潤動機を基礎に構成された活力あふれる経済システムを根底から揺り動かすものとされてきた。しかしながら，1960年代以降に始まったコンシューマリズムの急速かつ幅広い進展は，こうした考え方をいっきょに破綻に追い込んでしまったのである。
　今日では，企業は単なる利潤動機からではなく，「倫理観に立脚した適正基準からそのマーケティングを展開することによって，生活者たる消費者の真の

第16章　マーケティングと社会的責任

図表16-1　企業の社会的責任——その対象と主たる内容

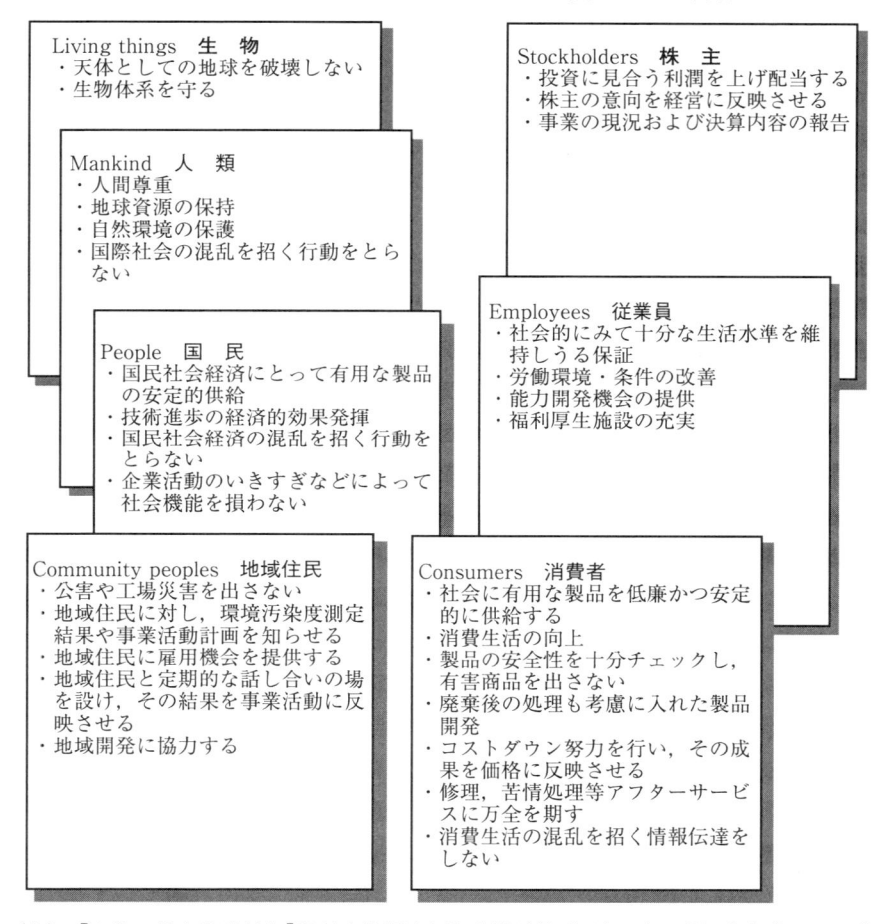

Living things　生物
・天体としての地球を破壊しない
・生物体系を守る

Mankind　人類
・人間尊重
・地球資源の保持
・自然環境の保護
・国際社会の混乱を招く行動をとらない

People　国民
・国民社会経済にとって有用な製品の安定的供給
・技術進歩の経済的効果発揮
・国民社会経済の混乱を招く行動をとらない
・企業活動のいきすぎなどによって社会機能を損わない

Community peoples　地域住民
・公害や工場災害を出さない
・地域住民に対し，環境汚染度測定結果や事業活動計画を知らせる
・地域住民に雇用機会を提供する
・地域住民と定期的な話し合いの場を設け，その結果を事業活動に反映させる
・地域開発に協力する

Stockholders　株主
・投資に見合う利潤を上げ配当する
・株主の意向を経営に反映させる
・事業の現況および決算内容の報告

Employees　従業員
・社会的にみて十分な生活水準を維持しうる保証
・労働環境・条件の改善
・能力開発機会の提供
・福利厚生施設の充実

Consumers　消費者
・社会に有用な製品を低廉かつ安定的に供給する
・消費生活の向上
・製品の安全性を十分チェックし，有害商品を出さない
・廃棄後の処理も考慮に入れた製品開発
・コストダウン努力を行い，その成果を価格に反映させる
・修理，苦情処理等アフターサービスに万全を期す
・消費生活の混乱を招く情報伝達をしない

（注）「企業の社会的責任」『週刊東洋経済』臨時増刊号（昭和58年11月）を参考にして作成。
（資料）　佐藤和代「マーケティングと社会的責任」宇野政雄編著『最新マーケティング総論』実教出版，昭和60年，325頁。

価値実現に貢献すること」が強く求められるに至っている。そのことがマーケティングに求められる社会的責任であるといえるが，そのためには，マーケティングのすべての局面における諸政策について社会的適正の視点からの見直

しが必要である。

しかし，マーケティングの実践にあたって，倫理あるいはモラルの問題についてその理念はまだ定着していない。マーケティング研究者の間でも，マーケティングの倫理問題に関しては一般的な合意が得られていないのが現状である。

なお，AMA（アメリカマーケティング協会）は，1987年（昭和62年）に倫理綱領を改正し，マーケター各人の行動の方向性を示唆するとともに，それに違反したメンバーは除名することを明らかにしている。倫理綱領の内容は以下の通りである[1]。

① 「マーケターの責任」。マーケターは意思決定，行動など一連の活動に対する結果について責任を負わなければならない。
② マーケターが遂行する業務に対して，「正義感と公正さ」をもつこと。
③ マーケターの「権利と義務」として，製品，プロモーション，流通，価格などのマーケティング・ミックスを中心に倫理問題が取り上げられている。
④ 「組織的関係」。マーケターの行動は，組織的関係において，他者の行動に影響，あるいはインパクトを与えることに思いをいたすべきである。

マーケティングの社会的責任が，前述したように，「倫理観に立脚した適正基準からそのマーケティングを展開することによって，生活者たる消費者の真の価値実現に貢献すること」であるとすれば，マーケターの現実の行動の基準として，マーケティング倫理が大きな関わりをもってくる。それだけに，マーケティングの倫理規範をいかに構築していくかが，今後の重要な課題となる。

(1) 吉井敏子「グローバル時代のマーケティングの視点と課題」早稲田大学大学院宇野研究室編『新時代のマーケティング理論と戦略方向』ぎょうせい，平成4年，25頁。

第4節　社会的に責任あるマーケティングの展開

第1項　社会的に責任あるマーケティングの登場

1960年代末頃から，マーケティングの新機軸を打ち出すものとして，「ソー

シャル・マーケティング」（social marketing），「エコロジカル・マーケティング」（ecological marketing），および両者を融合した「ソシオ・エコロジカル・マーケティング」（socio-ecological marketing）が登場した。これらは，マーケティングの「社会的対応の欠如を共通の認識として出発し，そのうえに立って企業の社会的かかわりを，社会的責任や社会的役割としてマーケティング内部に採り入れ，具体的に実現していこうとする努力の現れである[1]」が，新しい社会的ニーズと現実との乖離を修正するために，マーケティングの社会的責任論に対するひとつの回答として登場したのである。

以下，ソーシャル・マーケティングおよびエコロジカル・マーケティングについて概説していこう。

(1) 佐藤和代「マーケティングと社会的責任」宇野政雄編著『最新マーケティング総論』実教出版，昭和60年，330頁。

第2項　ソーシャル・マーケティング

ソーシャル・マーケティングは，その発生において2つの流れをもっている。

第1は，コトラー（Kotler, P.）を中心とする流れであるが，マーケティングの領域の拡大化を図っている[1]。すなわち，従来のマネジリアル・マーケティングの技法を（営利）企業だけでなく，たとえば政府，博物館といった非営利組織にまで応用，拡張していくことによって，より良いサービス，アイデアを提供できれば，社会に大きな満足を与えられるものであり，社会へ貢献できるというものである。

第2は，レイザー（Lazer, W.）を中心とする流れであるが，これまでのマーケティング行動に社会的対応が欠如していたという反省のもとに，評価判定基準に社会的利益・価値をおこうとしている[2]。レイザーらは，ソーシャル・マーケティングを次のように定義づけている。すなわち，「ソーシャル・マーケティングは，マーケティング政策，意思決定，行動の社会的影響や結果について関連するだけではなく，社会的目標を実現するためにマーケティングの知識・概念・技術を利用することに関するマーケティングの一領域である。したがって，ソーシャル・マーケティングの範囲はマネジリアル・マーケティング

の範囲よりも広い。それは，社会システム全体のなかで市場やマーケティング活動を研究するのである[3]」と。

そして，レイザーによれば，ソーシャル・マーケティングはマネジリアル・マーケティングと対立するものではなく，両者の調和を求めて，現代マーケティングの構図を**図表2-2**（22頁参照）のように描いている。

以上，ソーシャル・マーケティング発生の2つの流れについて概説してきたが，それが提唱されるに至った契機はどこに求められるのであろうか。もちろんコンシューマリズムも，ソーシャル・マーケティングが提唱されるに至った契機のひとつではあるが，そのことよりも，マーケティング活動の領域が拡大してきたこと，そしてその社会的・経済的影響力が強大になってきたことが大きい，ということを指摘しておかなければならない。企業と社会問題との関わりについては，コンシューマリズムや公害問題をどう防止するかといった消極的な態度ではなく，企業が社会不満，社会不安の解消をどう事業化していくかという前向きの姿勢から捉えるべきであり，ソーシャル・マーケティングはこうした態度から登場したものであるといえよう。

ところで，「ソーシャル・マーケティング」という用語の理解の仕方についてであるが，日本においては，コトラー流の概念とレイザー流の概念を包括して理解するのが一般的である。しかし，前者は「非営利組織を対象としたマーケティング」であり，後者は「企業を対象としたマーケティング」であるというように，マーケティング活動の主体が異なっており，両者を「ソーシャル・マーケティング」という名称のもとに一括して理解することには疑問が残る。また，**図表16-2**は，アメリカにおける非営利組織マーケティング，ソーシャル・マーケティング，およびソサイエタル・マーケティング研究の潮流をまとめたものであるが，本図表からも明らかなように，アメリカでは，すでに，「『非営利組織マーケティング』は，生産財マーケティング，戦略的マーケティング，国際マーケティング，グローバル・マーケティングなどと並んでマーケティングの研究領域の一つとして市民権を獲得している[4]」。加えて日本においても，最近になって「非営利組織マーケティング」に関する研究が進み，その成果が続々と発表されている。

こうした現状を踏まえて，山本敦・助教授は，「広義のソーシャル・マーケ

第16章　マーケティングと社会的責任

図表16-2　アメリカにおける非営利組織マーケティング，ソーシャル

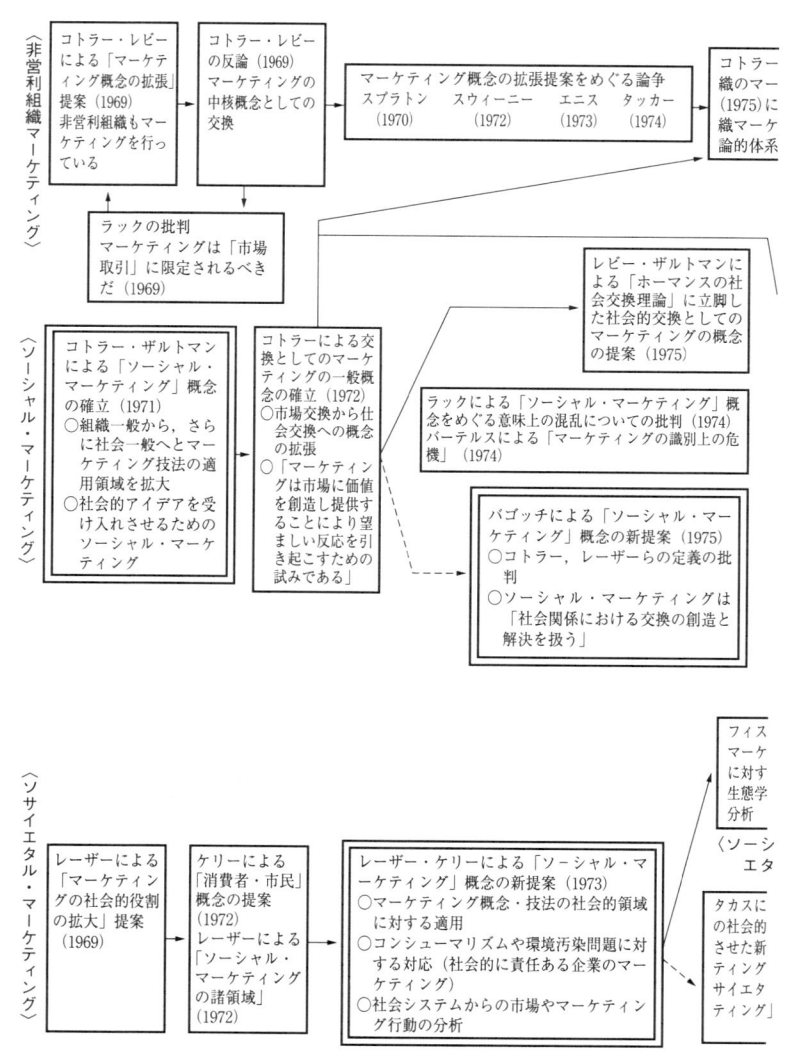

〈非営利組織マーケティング〉

- コトラー・レビーによる「マーケティング概念の拡張」提案（1969）非営利組織もマーケティングを行っている
- コトラー・レビーの反論（1969）マーケティングの中核概念としての交換
- マーケティング概念の拡張提案をめぐる論争
  スプラトン（1970）　スウィーニー（1972）　エニス（1973）　タッカー（1974）
- コトラー組織のマー（1975）に織マー論的体系

- ラックの批判　マーケティングは「市場取引」に限定されるべきだ（1969）

〈ソーシャル・マーケティング〉

- コトラー・ザルトマンによる「ソーシャル・マーケティング」概念の確立（1971）
  ○組織一般から，さらに社会一般へとマーケティング技法の適用領域を拡大
  ○社会的アイデアを受け入れさせるためのソーシャル・マーケティング

- コトラーによる交換としてのマーケティングの一般概念の確立（1972）
  ○市場交換から社会交換への概念の拡張
  ○「マーケティングは市場に価値を創造し提供することにより望ましい反応を引き起こすための試みである」

- レビー・ザルトマンによる「ホーマンスの社会交換理論」に立脚した社会的交換としてのマーケティングの概念の提案（1975）

- ラックによる「ソーシャル・マーケティング」概念をめぐる意味上の混乱についての批判（1974）
  バーテルスによる「マーケティングの識別上の危機」（1974）

- バゴッチによる「ソーシャル・マーケティング」概念の新提案（1975）
  ○コトラー，レーザーらの定義の批判
  ○ソーシャル・マーケティングは「社会関係における交換の創造と解決を扱う」

〈ソサイエタル・マーケティング〉

- レーザーによる「マーケティングの社会的役割の拡大」提案（1969）
- ケリーによる「消費者・市民」概念の提案（1972）
  レーザーによる「ソーシャル・マーケティングの諸領域」（1972）
- レーザー・ケリーによる「ソーシャル・マーケティング」概念の新提案（1973）
  ○マーケティング概念・技法の社会的領域に対する適用
  ○コンシューマリズムや環境汚染問題に対する対応（社会的に責任ある企業のマーケティング）
  ○社会システムからの市場やマーケティング行動の分析

- フィスマーケに対す生態学分析
  〈ソーシエタ
- タカスにの社会的させた新ティングサイエタティング」

（資料）　山本敦「ソーシャル・マーケティングの体系」早稲田大学大学院宇野研究室編『新

第16章　マーケティングと社会的責任

・マーケティング，ソサイエタル・マーケティング研究の潮流

〈非営利組織マーケティング発展期（1980年代）〉

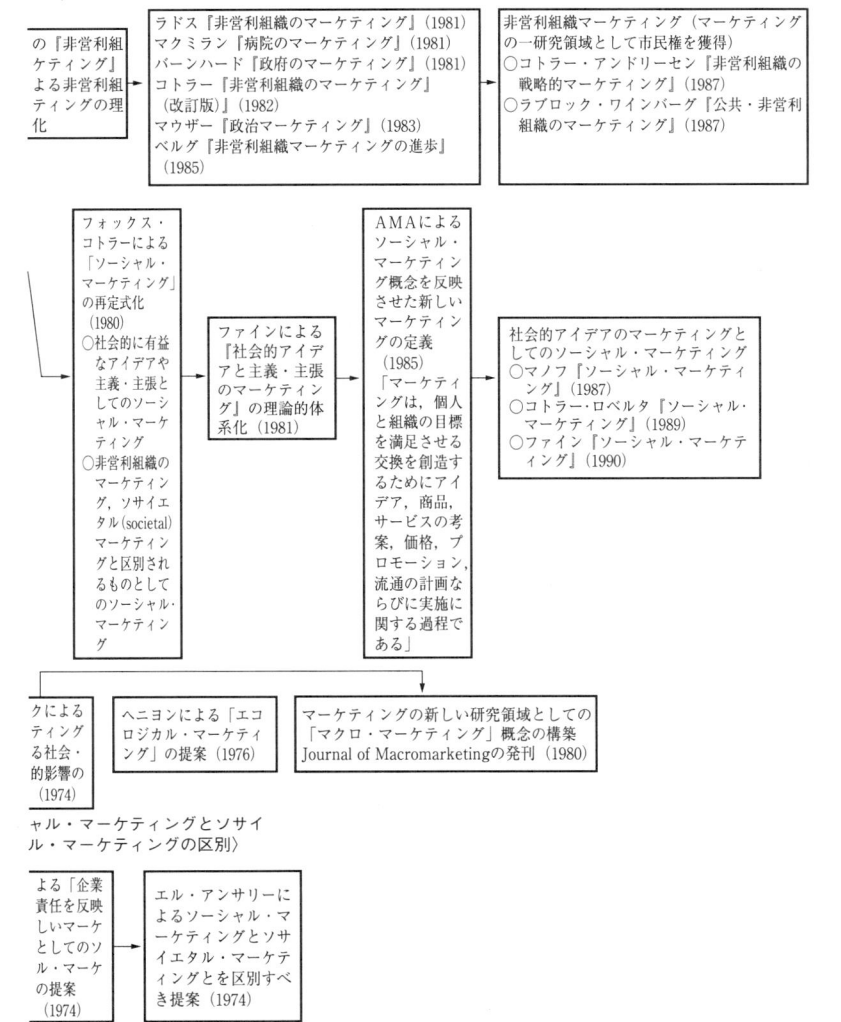

```
の『非営利組      ラドス『非営利組織のマーケティング』(1981)       非営利組織マーケティング（マーケティング
ケティング』      マクミラン『病院のマーケティング』(1981)        の一研究領域として市民権を獲得）
による非営利組    バーンハード『政府のマーケティング』(1981)      ○コトラー・アンドリーセン『非営利組織の
ティング化の理    コトラー『非営利組織のマーケティング』            戦略的マーケティング』(1987)
化                 （改訂版）』(1982)                              ○ラブロック・ワインバーグ『公共・非営利
                  マウザー『政治マーケティング』(1983)              組織のマーケティング』(1987)
                  ベルグ『非営利組織マーケティングの進歩』
                  (1985)
```

```
                                  AMAによる
                                  ソーシャル・
                                  マーケティン
フォックス・                      グ概念を反映
コトラーによる                    させた新しい       社会的アイデアのマーケティングと
「ソーシャル・                    マーケティン       してのソーシャル・マーケティング
マーケティング」   ファインによる グの定義           ○マノフ『ソーシャル・マーケティ
の再定式化         『社会的アイデ  (1985)            ング』(1987)
(1980)            アと主義・主張  「マーケティ       ○コトラー・ロベルタ『ソーシャル・
○社会的に有益     のマーケティン  ングは，個人       マーケティング』(1989)
 なアイデアや     グ』の理論的体  と組織の目標       ○ファイン『ソーシャル・マーケ
 主義・主張と     系化(1981)      を満足させる       ティング』(1990)
 してのソー                      交換を創造す
 シャル・マー                    るためにアイ
 ケティング                      デア，商品，
○非営利組織の                    サービスの考
 マーケティン                    案，価格，プ
 グ，ソサイエ                    ロモーション，
 タル(societal)                  流通の計画な
 マーケティン                    らびに実施に
 グと区別され                    関する過程で
 るものとして                    ある」
 のソーシャ
 ル・マーケ
 ティング
```

```
クによる          ヘニヨンによる「エコ    マーケティングの新しい研究領域としての
ティング          ロジカル・マーケティ    「マクロ・マーケティング」概念の構築
る社会・         ング」の提案(1976)       Journal of Macromarketingの発刊(1980)
的影響の
(1974)
```

〈ャル・マーケティングとソサイ
　ル・マーケティングの区別〉

```
よる「企業        エル・アンサリーに
責任を反映        よるソーシャル・マ
しいマーケ        ーケティングとソサ
としての          イエタル・マーケテ
ル・マーケ        ィングとを区別すべ
の提案            き提案(1974)
(1974)
```

時代のマーケティング理論と戦略方向』ぎょうせい，平成4年，30-31頁。

第16章　マーケティングと社会的責任

図表16-3　ソーシャル・マーケティング，ソサイエタル・マーケティング，非営利組織マーケティングの比較

	マーケティング活動の主体	マーケティング活動の客体
ソーシャル・マーケティング	企業 非営利組織	社会的アイデア，社会的に有益な主義・主張（cause）のマーケティング
ソサイエタル・マーケティング	企業	製品 サービス アイデア
非営利組織マーケティング	非営利組織	サービス アイデア

（資料）　図表16-2の文献，33頁。

ティングの体系」は以下の3つを含むとされている。

① 社会のことを意識した企業のマーケティングとしてのソーシャル・マーケティング

　　※ソサイエタル・マーケティング（societal marketing）

② 社会問題を扱うマーケティングとしてのソーシャル・マーケティング

　　※非営利組織マーケティング（nonprofit organization marketing）

　　※社会的アイデアのマーケティング（social idea marketing）

そして，以上3つのマーケティングを比較したのが**図表16-3**であり，「社会的アイデアのマーケティング[5]」こそが本来的な意味でのソーシャル・マーケティングであるとされている[6]。

ソーシャル・マーケティングに対する概念把握が混乱している折，山本助教授による分類は理解の仕方に的確な方向性を与えているといえよう。

(1)　詳しくは，P. Kotler & S. J. Levy, "Broadening the Concept of Marketing", *Journal of Marketing*, Vol. 33, No. 1, 1969, pp. 10-15を参照されたい。

(2)　詳しくは，W. Lazer & E. J. Kelley (eds.), *Social Marketing: Perspectives and Viewpoints*, Richard D. Irwin, 1973, pp. 2-12を参照されたい。

(3)　*Ibid.*, p. 4.

(4)　山本敦「ソーシャル・マーケティングの体系」早稲田大学大学院宇野研究室編『新時代のマーケティング理論と戦略方向』ぎょうせい，平成4年，32頁。

(5)　ソーシャル・マーケティングという用語は，1971年（昭和46年），コトラーとザルトマン（Zaltman, G.）によってつくられたものであり，「社会的アイデアの受け入れに影響を与えるためにつくられたプログラムの企画・実施・統制で，製品計画，価格決定，コミュニケーション，マーケティング・リサーチの考察を含む」（P. Kotler & G. Zaltman, "Social Marketing", *Journal of Marketing*, Vol. 35, No. 3, 1971, p. 5）と定義されていた。すなわち，ソーシャル・マーケティングは，もともとは，社会的に有益なアイデアや主義・主張のマーケティングに対して，マーケティングの概念や技術を適用するために考え出されたものである。
　(6)　山本敦，前掲論文，32頁。

第3項　エコロジカル・マーケティング

　コンシューマリズムは，「生活者としての人間そのものの復権を主張する要素がより多く入った思想および運動」であったが，これに対し，エンバイロメンタリズム（environmentalism）とは，「自然および生活環境が破壊されることによって影響を受ける生活者としての市民が，この破壊をチェックする機能を遂行する運動並びに思想[1]」をいう。これに対応すべく登場したのが，「エコロジカル・マーケティング」である。

　1960年代末頃から，環境問題の激化とともに，人間と環境との間に合理的かつ永続性のある関係を樹立することが重要な課題となった。これはエコロジカル（生態学的）な課題であり，これに対応すべく登場した新しいマーケティングの分野がエコロジカル・マーケティングである。具体的には，生態学的に有意義な属性をもつ製品，サービスもしくはアイデアを消費者または使用者に受け入れさせるために，企業や非営利組織が行うマーケティング活動を指す。たとえば，有害物質を含まない新製品の開発と市場への導入，固形廃棄物のリサイクリング経路の構築などをその例として挙げることができる。

　なお，エコロジカル・マーケティングの活動を展開する主体としては「企業のほかに政府，地方自治体，市民団体などの非営利組織も含まれるが，その場合には，教育的意図をもったコミュニケーション活動が中心になる[2]」。たとえば，「米国の市民団体による，大気汚染防止とエネルギー節約のための，小型車購入の提唱などの例がある[3]」。

　以上のようなエコロジカル・マーケティングの分野では，フィスク（Fisk,

G.）を代表的な研究者の1人として挙げることができる。フィスクは，生態的危機の視点から「責任ある消費」[4]および「責任あるマーケティング」の重要性を認識させると同時に，企業のマーケティングのあり方に重要な示唆を与えている[5]。

(1) 三上富三郎「ソーシャル・マーケティング論考」『明大商業論叢』第64巻第5・6号，昭和57年，17頁。
(2) 久保村隆祐・荒川祐吉編『商業辞典』同文舘，昭和57年，15頁。
(3) 同書，同頁。
(4) 企業による責任ある生産，そして責任ある流通は，消費者による「責任ある消費」によって完結されなければならない。社会的責任論議のその責任主体は，これまで常に企業が中心であったが，今日その内容は生態的な視点から，環境レベルにまで広がりをみせている。したがって，その責任の一端は当然消費者にも求められるべきである。この地球は，地球上に生存するすべての動物・植物の共有物であり，また我々は次の世代に対しても多くの責任を負っている。消費者（広くは生活者）としても，「権利」のみを主張するだけでなく，「義務」すなわち自らが果たすべき責任も忘れてはならない。以上，詳しくは，佐藤和代「マーケティングと社会的責任」宇野政雄編著『最新マーケティング総論』実教出版，昭和60年，335—336頁を参照されたい。
(5) 詳しくは，下記文献を参照されたい。G. Fisk, *Marketing and Ecological Crisis*, Harper & Row, 1974.（西村林・三浦収・辻本興慰・小原博訳『マーケティング環境論』中央経済社，昭和58年。）

第5節　これからのマーケティングの方向性

すでに述べたように，大量生産・大量流通・大量消費時代の中心的な存在であったマーケティングは，現在，新しいあり方，新しい位置づけを求めた方向転換を要請されている。また，マーケティングの社会的責任論に対するひとつの回答として登場したのが，ソーシャル・マーケティングであり，エコロジカル・マーケティングであり，ソシオ・エコロジカル・マーケティングである，ということもすでに明らかにした通りである。

マーケティングは，企業が各時代において常に市場環境へいかに適応していくかを大きな課題としているが，今日，企業の国際化は加速化しており，グローバルな規模での意思決定が求められる時代となっている。こうした時代に

おいて，マーケティングがその社会的責任を果たすためにはいかなる方向を目指していけばよいのであろうか。

さて，マーケティングの立場でグローバル化（地球規模化）というのは，企業が市場や消費者の共通の部分をみつけて，それを地球規模で統合していこうというものである。今日，企業は地球単位で行動しており，マーケティングの社会的責任との関連からいえば，グローバルな規模で環境や文化の問題にいかに対応していくかが重要な課題となってくる。

環境保護への取り組みは，これからの企業経営にとって重要な課題となってきた。企業としては，低コスト，あるいは効率的な生産条件はもちろん重要であるが，同時に人類の生存環境を破壊するようなことがあってはならないという意識が高まり出したのである。かつて企業のトップレベルから，「20世紀中に，ほとんどの企業が環境マインドをもたざるをえなくなる」という声が聞かれたことがあるが[1]，地球環境保護に対する企業行動にも変化が生じている。

環境保護への取り組みの具体的な例として[2]，たとえば，缶入り飲料の飲み口のステイオンタブ（SOT）方式の採用を挙げることができる。これまでは，缶入り飲料の飲み口は，プルタブといって引き開けると缶本体から外れる方式を採用するのが主流であった。しかし，これはポイ捨てされ，環境を汚染する。そこで，SOT方式が採用され始めたのである。SOT方式はメーカーにとってはコスト高であり，消費者にとっては開けにくく飲みにくいが，地球環境汚染が問題となっていることとの関わりで，現在では，SOT方式の採用が当然のこととなっている。

また，環境問題に関心をもつ消費者が増えていることもあって，デパートやスーパーでは，古紙を再生したショッピングバッグを客に提供しているところも出てきている。

さらには，日本生活協同組合連合会では，環境への悪影響を少なくし，資源を有効利用した環境商品を開発している。環境商品とは，①環境への負荷が少ない，②リサイクルが可能，③省資源，省エネルギーに貢献できる，のいずれかの要件を満たす商品である。このような商品には，エコ・マーク（環境要件認定商品マーク）が表示されている。

以上のような環境保護への取り組みのほか，近年，企業の社会貢献活動に対

する関心も高まっている。「フィランソロピー」(philanthropy) ということばの浸透がそれである。フィランソロピーは，本来，「慈善」あるいは「博愛」と訳されるが，とくに最近の企業フィランソロピー活動は，より幅広い社会問題解決のための公益活動に取り組むことを総称して取り上げられている。こうした企業フィランソロピー活動を支える企業理念として，コーポレート・シチズンシップ（企業市民活動）という考え方がある。コーポレート・シチズンシップは，地域社会の発展を図ると同時に，自らも利益を得るという考え方に立つものである。すなわち，地域社会が発展すれば自分たちの生活も豊かになっていくという認識に立つものであるが，その背景には，企業は単なる利潤追求のための組織ではなく，１個の社会的存在であるとみる考え方がある[3]。

　グローバル時代の企業像モデルも，エクセレント・カンパニー（優良企業）から地球に優しい企業へと，その捉え方が変わってきている。そうした意味で，マーケティングがその社会的責任を果たすためには，「環境問題の解決，そして社会貢献活動を配慮した『グリーン・マーケティング』の視点が求められている[4]」といえよう。

(1) 「企業を襲う地球環境問題」『週刊東洋経済』平成２年１月20日号。
(2) 　以下の例は，吉井敏子「グローバル時代のマーケティングの視点と課題」早稲田大学大学院宇野研究室編『新時代のマーケティング理論と戦略方向』ぎょうせい，平成４年，19—20頁を参考にしている。
(3) 　同論文，21頁。
(4) 　同論文，22頁。

〈主要参照文献〉

本書は，マーケティングに関する基礎的な知識を体系的に解説することを主たる目的としたものであるため，多くの部分を先学の研究成果に負うている。執筆にあたり参考または引用に供した文献は数多いが，紙幅の都合上，各章ごとに主要なものだけを以下に列挙する。

(第1章)
1　浅井慶三郎「日本発のマーケティング概念」『企業診断』平成3年1月号。
2　坂本秀夫『日本中小商業の研究』信山社，平成元年。
3　商業施設技術体系編集委員会編『商業施設技術体系』㈳商業施設技術団体連合会，平成3年。
4　白髭武『現代マーケティング論』日本評論社，昭和52年。
5　田島義博『流通機構の話』日本経済新聞社，昭和40年。
6　宮原義友「総論」宮原義友・望月光男・有田恭助『商学総論』同文舘，昭和62年。
7　American Marketing Association, *Marketing Definitions: A Glossary of Marketing Terms*, AMA, 1960.（日本マーケティング協会訳『マーケティング定義集』日本マーケティング協会，昭和38年。）
8　Clark, F. E., *Principles of Marketing*, Macmillan, 1947.

(第2章)
1　荒川祐吉『体系マーケティング・マネジメント』千倉書房，昭和41年。
2　荒川祐吉「マーケティングの近代理論とその展開」荒川祐吉・山中均之・風呂勉・村田昭治『マーケティング経営論』日本経営出版会，昭和42年。
3　久保村隆祐・荒川祐吉編『商業辞典』同文舘，昭和57年。
4　白髭武『現代マーケティング論』日本評論社，昭和52年。
5　村田昭治「マーケティングとは何か」田内幸一・村田昭治編『現代マーケティングの基礎理論』同文舘，昭和56年。
6　レイザー，W.「ソーシャル・マーケティング」村田昭治編著『ソーシャル・マーケティングの構図』税務経理協会，昭和51年。
7　Converse, P. D., "Development of Marketing Theory: Fifty Years of Progress", in H. Wales (ed.), *Changing Perspectives in Marketing*, The University of Illinois Press, 1951.

〈主要参照文献〉

8 Fisk, G., *Marketing and Ecological Crisis*, Harper & Row, 1974.（西村林・三浦収・辻本興慰・小原博訳『マーケティング環境論』中央経済社，昭和58年。）
9 Holloway, R. J. & R. S. Hancock, *The Environment of Marketing Behavior*, Wiley, 1964.
10 Kelley, E. J. & W. Lazer（eds.）, *Managerial Marketing: Perspectives and Viewpoints*, 2nd ed., Irwin, 1962.
11 *Ibid*., 3rd ed., 1967.（片岡一郎・村田昭治・貝瀬勝訳『マネジリアル・マーケティング（下）』丸善，昭和44年。）
12 Kotler, P., *Principles of Marketing*, Prentice-Hall, 1980.（村田昭治監修，和田充夫・上原征彦訳『マーケティング原理』ダイヤモンド社，昭和58年。）
13 Lazer, W., *Marketing Management: A Systems Perspective*, Wiley, 1971.（片岡一郎監訳，村田昭治・嶋口充輝訳『現代のマーケティング』丸善，昭和49年。）
14 McCarthy, E. J., *Basic Marketing*, 4th ed., Irwin, 1971.
15 Shaw, A. W., *Some Problems in Market Distribution*, Harvard University Press, 1915.（伊藤康雄・水野裕正訳『市場配給の若干の問題点』文真堂，昭和50年。）

（第3章）

1 村田昭治「マーケティングとは何か」田内幸一・村田昭治編『現代マーケティングの基礎理論』同文舘，昭和56年。
2 村田昭治『マーケティングシステム』（文部省認定社会通信教育テキスト），㈳日本マネジメントスクール。
3 American Marketing Association, *Marketing Definitions: A Glossary of Marketing Terms*, AMA, 1960.（日本マーケティング協会訳『マーケティング定義集』日本マーケティング協会，昭和38年。）
4 Borden, N. N., "The Concept of the Marketing Mix", *Journal of Advertising Research 4*, No. 2, June 1964.
5 Kotler, P., *Principles of Marketing*, Prentice-Hall, 1980.（村田昭治監修，和田充夫・上原征彦訳『マーケティング原理』ダイヤモンド社，昭和58年。）
6 Lazer, W., *Marketing Management: A Systems Perspective*, Wiley, 1971.（片岡一郎監訳，村田昭治・嶋口充輝訳『現代のマーケティング』丸善，昭和49年。）
7 McCarthy, E. J., *Basic Marketing*, 4th ed., Irwin, 1971.
8 *Ibid*., 6th ed., 1978.

（第4章）

1 市川繁「マーケティングの戦略的構造」宇野政雄編著『最新マーケティング総

〈主要参照文献〉

論』実教出版，昭和60年。
2 ウイルソン著，川勝久訳『知的サービスのマーケティング』ダイヤモンド社，昭和51年。
3 片山又一郎「マーケティングの現代的課題」宇野政雄編著，前掲書。
4 ケリー著，土岐坤訳『マーケティング・インテリジェンス』ダイヤモンド社，昭和44年。
5 嶋口充輝『戦略的マーケティングの論理』誠文堂新光社，昭和59年。
6 田村正紀『流通産業——大転換の時代——』日本経済新聞社，昭和57年。
7 三浦信「戦略的マーケティングの構造」三浦信・来住元朗・市川貢『新版マーケティング』ミネルヴァ書房，平成3年。
8 村田昭治「マーケティングの諸決定」荒川祐吉・山中均之・風呂勉・村田昭治『マーケティング経営論』日本経営出版会，昭和42年。
9 村田昭治「マーケティングとは何か」田内幸一・村田昭治編『現代マーケティングの基礎理論』同文舘，昭和56年。
10 Boyd Jr., H. W. & J.-C. Larréché, "The Foundations of Marketing Strategy", in G. Zaltman & T. V. Bonoma (eds.), *Review of Marketing 1978, Consponsored by the American Marketing Association*, The Marketing Science Institute, and tbe Graduate School of Business, University of Pittsburgh, 1978.
11 Cravens, D. W., *Strategic Marketing*, 2nd ed., Irwin, 1987.
12 Stanton, W. J., *Fundamentals of Marketing*, 6th ed., McGraw-Hill, 1981.
13 Young, R., "Keys to Corporate Growth", *Harvard Business Review*, November-December 1961.

(第5章)
1 宇野政雄「マーケティングの理論と戦略」宇野政雄編著『最新マーケティング総論』実教出版，昭和60年。
2 片山又一郎「日本のマーケティング——宇野政雄教授のＡＢＣＤ理論を中心に——」早稲田大学大学院宇野研究室編『新時代のマーケティング理論と戦略方向』ぎょうせい，平成4年。
3 久保村隆祐・荒川祐吉編『商業辞典』同文舘，昭和57年。
4 村田昭治「マーケティングとは何か」田内幸一・村田昭治編『現代マーケティングの基礎理論』同文舘，昭和56年。
5 Lazer, W., *Marketing Management: A Systems Perspective*, Wiley, 1971.（片岡一郎監訳，村田昭治・嶋口充輝訳『現代のマーケティング』丸善，昭和49年。）
6 McCarthy, E. J., *Basic Marketing*, 6th ed., Irwin, 1978.

〈主要参照文献〉

(第6章)
1 梅沢昌太郎「製品戦略」宇野政雄編著『最新マーケティング総論』実教出版, 昭和60年。
2 久保村隆祐・荒川祐吉編『商業辞典』同文舘, 昭和57年。
3 出牛正芳「製品戦略」田内幸一・村田昭治編『現代マーケティングの基礎理論』同文舘, 昭和56年。
4 三浦信「製品管理」三浦信・来住元朗・市川貢『新版マーケティング』ミネルヴァ書房, 平成3年。
5 Alderson, W. & M. H. Halbert, *Men, Motives, and Markets*, Prentice-Hall, 1968.
6 Crawford, C. M., *New Product Management*, Irwin, 1983.
7 Doyle, P., "The Realities of the Product Life Cycle", *Quarterly Review of Marketing*, Summer, 1976.
8 Jain, S. C., *Marketing Planning and Strategy*, South Western Publishing, 1981.
9 Kotler, P., *Principles of Marketing*, Prentice-Hall, 1980. (村田昭治監修, 和田充夫・上原征彦訳『マーケティング原理』ダイヤモンド社, 昭和58年。)
10 Kotler, P., *Marketing Essentials*, Prentice-Ha11, 1984. (宮澤永光・十合晄・浦郷義郎訳『マーケティング・エッセンシャルズ』東海大学出版会, 昭和61年。)
11 Levitt, T., *Innovation in Marketing*, McGraw-Hill, 1962. (土岐坤訳『マーケティングの革新』ダイヤモンド社, 昭和58年。)
12 Stanton, W. J., *Fundamentals of Marketing*, 6th ed., McGraw-Hill, 1981.

(第7章)
1 市川貢「流通管理」三浦信・来住元朗・市川貢『新版マーケティング』ミネルヴァ書房, 平成3年。
2 江尻弘『流通系列化』中央経済社, 昭和58年。
2 江尻弘『マーケティング思想論』中央経済社, 平成3年。
3 木綿良行「チャネル戦略」田内幸一・村田昭治編『現代マーケティングの基礎理論』同文舘, 昭和56年。
4 坂本秀夫「流通チャネル戦略」宇野政雄編著『最新マーケティング総論』実教出版, 昭和60年。
5 清水滋『マーケティング機能論』税務経理協会, 昭和55年。
6 橋本勲『現代マーケティング論』新評論, 昭和48年。
7 三上富三郎『現代マーケティングの理論』ダイヤモンド社, 昭和49年。
8 宮澤永光「物流戦略」田内幸一・村田昭治編, 前掲書。

〈主要参照文献〉

9　鷲尾紀吉『現代流通の潮流』同友館，平成11年。
10　American Marketing Association, *Marketing Definitions: A Glossary of Marketing Terms*, AMA, 1960.（日本マーケティング協会訳『マーケティング定義集』日本マーケティング協会，昭和38年。）
11　Converse, P. D. & Others, *The Elements of Marketing*, 6th ed., Prentice-Hall, 1958.
12　Howard, J. A., *Marketing Management: Analysis and Planning*, Irwin, 1957.
13　Kotler, P., *Marketing Management*, 4th ed., Prerltice-Ha11, 1980.（稲川和男・浦郷義郎・宮澤永光訳『続マーケティング・マネジメント』東海大学出版会，昭和55年。）
14　Rosenbloom, B., *Marketing Channels*, The Dryden Press, 1978.
15　Saunders, W. B., "Designing a Distribution System", *Distribution Age*, Vol. 64, No. 1, 1965.

（第8章）
1　池上和男「セールスマン販売」田内幸一・村田昭治編『現代マーケティングの基礎理論』同文舘，昭和56年。
2　来住元朗「販売員管理」三浦信・来住元朗・市川貢『新版マーケティング』ミネルヴァ書房，平成3年。
3　篠原一寿「人的販売戦略」宇野政雄編著『最新マーケティング総論』実教出版，昭和60年。
4　American Marketing Association, *Marketing Definitions: A Glossary of Marketing Terms*, AMA, 1960.（日本マーケティング協会訳『マーケティング定義集』日本マーケティング協会，昭和38年。）
5　Churchill Jr., G. A., N. M. Ford & O. C. Walker Jr., *Sales Force Management*, Irwin, 1981.
6　Kotler, P., *Principles of Marketing*, Prentice-Hall, 1980.（村田昭治監修，和田充夫・上原征彦訳『マーケティング原理』ダイヤモンド社，昭和58年。）
7　Kotler, P., *Marketing Essentials*, Prentice-Hall, 1984.（宮澤永光・十合睇・浦郷義郎訳『マーケティング・エッセンシャルズ』東海大学出版会，昭和61年。）

（第9章）
1　川嶋行彦「広告」田内幸一・村田昭治編『現代マーケティングの基礎理論』同文舘，昭和56年。
2　来住元朗「広告管理」三浦信・来住元朗・市川貢『新版マーケティング』ミネ

〈主要参照文献〉

ルヴァ書房, 平成3年。
3 久保村隆祐・荒川祐吉編『商業辞典』同文舘, 昭和57年。
4 小林太三郎『広告管理の理論と実際』同文舘, 昭和53年。
5 ザルトマン著, 広瀬芳弘・来住元朗訳『行動科学とマーケティング』好学社, 昭和46年。
6 根本昭二郎「ニューメディアの動きとマーケティングの方向」『日経広告研究所報』第92号, 昭和58年。
7 根本昭二郎「広告戦略」宇野政雄編著『最新マーケティング総論』実教出版, 昭和60年。
8 ヤン, チャールズY.『広告——現代の理論と手法——』同文舘, 昭和48年。
9 Colley, R. H., *Defining Advertising Goals for Measured Advertising Results*, Association of National Advertisers, 1961.（八巻俊雄訳『目標による広告管理』ダイヤモンド社, 昭和41年。）

(第10章)
1 久保村隆祐・荒川祐吉編『商業辞典』同文舘, 昭和57年。
2 商業施設技術体系編集委員会編『商業施設技術体系』㈳商業施設技術団体連合会, 平成3年。
3 鈴木孝「セールス・プロモーション戦略」柏木重秋編著『プロモーションの理論と戦略』白桃書房, 昭和58年。
4 鈴木孝「セールス・プロモーション戦略」宇野政雄編著『最新マーケティング総論』実教出版, 昭和60年。
5 鈴木孝「SP活動の重要性の高まりと今後の方向」早稲田大学大学院宇野研究室編『新時代のマーケティング理論と戦略方向』ぎょうせい, 平成4年。
6 水口健二「販売促進の計画と展開」村田昭治編『現代マーケティング論』有斐閣, 昭和48年。
7 American Marketing Association, *Marketing Definitions: A Glossary of Marketing Terms*, AMA, 1960.（日本マーケティング協会訳『マーケティング定義集』日本マーケティング協会, 昭和38年。）
8 Berman, B. & J. R. Evans, *Retail Management*, Macmillan, 1979.
9 Boyd Jr., H. W. & O. C. Walker Jr., *Marketing Management: A Strategic Approach*, Irwin, 1990.
10 Engel, J. F., M. R. Warshaw & T. C. Kinner, *Promotion Strategy*, Irwin, 1987.
11 Kotler, P., *Principles of Marketing*, Prentice-Hall, 1980.（村田昭治監修, 和田充夫・上原征彦訳『マーケティング原理』ダイヤモンド社, 昭和58年。）

〈主要参照文献〉

(第11章)
1 市川貢「価格管理」三浦信・来住元朗・市川貢『新版マーケティング』ミネルヴァ書房,平成3年。
2 大須賀明「価格戦略」宇野政雄編著『最新マーケティング総論』実教出版,昭和60年。
3 木村立夫「価格戦略」田内幸一・村田昭治編『現代マーケティングの基礎理論』同文舘,昭和56年。
4 Dean, J., "Pricing Policies for New Products", *Harvard Business Review*, Vol. 28, 1950.
5 Downing, G. D., *Basic Marketing: A Systems Approach*, C. E. Merrill, 1971.
6 Harper, D. V., *Price Policy & Procedure*, Harcount Brace Jovanovich, 1966.
7 Kelley, E. J. & W. Lazer, *Marketing Management*, Houghton Mifflin, 1983.
8 Oxenfeldt, A. R., "A Decision-Making Structure for Price Decisions", *Journal of Marketing*, Vol. 37, No. 1, 1973.
9 Rosenberg, L. J., *Marketing*, Prentice-Hall, 1977.
10 Webster Jr., F. E., *Marketing for Managers*, Harper & Row, 1974.

(第12章)
1 市川貢「マーケティング情報と意思決定」三浦信・来住元朗・市川貢『新版マーケティング』ミネルヴァ書房,平成3年。
2 久保村隆祐・荒川祐吉編『商業辞典』同文舘,昭和57年。
3 新津重幸「市場調査」宇野政雄編著『最新マーケティング総論』実教出版,昭和60年。
4 村田昭治『マーケティングシステム』(文部省認定社会通信教育テキスト),㈳日本マネジメントスクール。
5 American Marketing Association, *Marketing Definitions: A Glossary of Marketing Terms*, AMA, 1960.(日本マーケティング協会訳『マーケティング定義集』日本マーケティング協会,昭和38年。)
6 Boyd Jr., H. W. & R. Westfall, *Marketing Research: Text and Cases*, revised ed., Irwin, 1964.
7 Lynch, R. L., H. L. Ross & R. D. Wray, *Introduction to Marketing*, McGraw-Hill, 1984.
8 Markin Jr., R. J., *Marketing*, John Wiley & Sons, 1980.
9 Schewe, C. D. & R. M. Smith, *Marketing: Concepts and Applications*, McGraw-Hill, 1980.

〈主要参照文献〉

10 Wentz, W. B., *Marketing Research: Management and Methods*, Harper & Row, 1972.

(第13章)
1 荒川祐吉「買手行動研究の諸形態とその展望」日本商業学会編『マーケティングと消費者』千倉書房，昭和45年。
2 来住元朗「消費者行動」三浦信・来住元朗・市川貢『新版マーケティング』ミネルヴァ書房，平成3年。
3 田村正紀「消費者集団内におけるコミュニケーション」現代マーケティング研究会編『マーケティング・コミュニケーション概論12章』誠文堂新光社，昭和42年。
4 田村正紀『マーケティング行動体系論』千倉書房，昭和46年。
5 風呂勉「マーケティングと買手行動の理論」森下二次也・荒川祐吉編『体系マーケティング・マネジメント』千倉書房，昭和41年。
6 山田寿一「消費者行動」宇野政雄編著『最新マーケティング総論』実教出版，昭和60年。
7 Allport, G. W., *Personality: A Psychological Interpretation*, Henry Holt, 1948.
8 Bearden, W. O. & M. J. Etzel, "Reference Group Influence on Product and Brand Purchase Decisions", *Journal of Consumer Research*, Vol. 9, No. 2, 1982.
9 Cundiff, E. W. & R. R. Still, *Basic Marketing*, Prentice-Hall, 1964.
10 Engel, J. F., R. D. Blackwell & D. T. Kollat, *Consumer Behavior*, 3rd ed., Holt, Rinehart and Winston, 1978.
11 Engel, J. F., R. D. Blackwell & P. W. Maniard, *Consumer Behavior*, 6th ed., Holt, Rinehart and Winston, 1990.
12 Howard, J. A. & J. N. Sheth, *The Theory of Buyer Behavior*, John Wiley & Sons, 1969.
13 Katz, E., "The Two-Step Flow of Communication: An Up-to-Date Report on an Hypothesis", *Public Opinion Quarterly*, Vol. 21, Spring, 1957.
14 Maslow, A. H., *Motivation and Personality*, Harper & Brothers, 1954.
15 Mayers, J. H. & W. H. Reynolds, *Consume Behavior and Marketing Management*, Houghton Mifflin, 1967.
16 Rich, S. U. & S. C. Jain, "Social Class and Life Cycle as Predictors of Shopping Behavior", *Journal of Marketing Research*, Vol. 5, No. 1, 1968.
17 Schiffman, L. G. & L. L. Kanuk, *Consumer Behavior*, Prentice-Hall, 1978.
18 Udell, J. G. & G. R. Laczniak, *Marketing in an Age of Change*, John Wiley & Sons, 1981.

19　Winick, C., "Anthropology's Contribution to Marketing", *Journal of Marketing*, Vol. 25, No. 3, 1961.

〈第14章〉

1　稲川和男「マーケティング組織」田内幸一・村田昭治編『現代マーケティングの基礎理論』同文舘，昭和56年。
2　小宮路雅博「マーケティング組織」宇野政雄編著『最新マーケティング総論』実教出版，昭和60年。
3　Ames, B. C., "Dilemma of Product／Market Management", *Harvard Business Review*, March-April 1971.
4　Child, J., *Organization: A Guide to Problems and Practice*, Harper & Row, 1977.
5　Hanan, M., "Reorganize Your Company around Its Markets", *Harvard Business Review,* November-December 1974.
6　Howard, J. A., *Marketing Management,* 3rd ed., Richard D. Irwin, 1973.
7　Kotler, P., *Marketing Management*, 3rd ed., Prentice-Hall, 1976.
8　Kotler, P., *Principles of Marketing*, Prentice-Hall, 1980.（村田昭治監修，和田充夫・上原征彦訳『マーケティング原理』ダイヤモンド社，昭和58年。）
9　Pearson, A. E. & T. W. Wilson Jr., *Making Your Organization Work*, Association of National Advertisers, 1967.
10　Weitz, B. & E. Anderson, "Organizing the Marketing Function", in B. Berman & J. R. Evans（eds.）, *Reading in Marketing Management: A Strategic Perspective*, John Wiley & Sons, 1984.

〈第15章〉

1　武井寿「マーケティング計画と統制」宇野政雄編著『最新マーケティング総論』実教出版，昭和60年。
2　中西正雄「マーケティング統制と評価」田内幸一・村田昭治編『現代マーケティングの基礎理論』同文舘，昭和56年。
3　三浦信「マーケティングの計画とコントロール」三浦信・来住元朗・市川貢『新版マーケティング』ミネルヴァ書房，平成3年。
4　Hulbert, J. M. & N. E. Toy, "A Strategic Framework for Marketing Control", *Journal of Marketing*, Vol. 41, No. 2, 1977.
5　Jain, S. C., *Marketing Planning and Strategy*, South Western Publishing, 1981.
6　Kotler, P., *Principles of Marketing*, Prentice-Hall, 1980.（村田昭治監修，和田充夫・上原征彦訳『マーケティング原理』ダイヤモンド社，昭和58年。）

〈主要参照文献〉

7 Kotler, P., *Marketing Management*, 6th ed., Prentice-Hall, 1988.
8 Luck, D. J., O. C. Ferrell & G. H. Lucas Jr., *Marketing Strategy and Plans*, 3rd ed., Prentice-Hall, 1989.
9 Mandell, M. I. & L. J. Rosenberg, *Marketing*, Prentice-Hall, 1981.

（第16章）
1 来住元朗「消費者行動」三浦信・来住元朗・市川貢『新版マーケティング』ミネルヴァ書房，平成3年。
2 久保村隆祐・荒川祐吉編『商業辞典』同文舘，昭和57年。
3 佐藤和代「マーケティングと社会的責任」宇野政雄編著『最新マーケティング総論』実教出版，昭和60年。
4 田内幸一「コシンシューマリズムの本質とその展開」『一橋ビジネス・レビュー』第20巻第1号，昭和47年。
5 ネーダ著，川本英蔵訳『どんなスピードでも自動車は危険だ』ダイヤモンド社，昭和41年。
6 三上富三郎「ソーシャル・マーケティング論考」『明大商業論叢』第64巻第5・6号，昭和57年。
7 山本敦「ソーシャル・マーケティングの体系」早稲田大学大学院宇野研究室編『新時代のマーケティング理論と戦略方向』ぎょうせい，平成4年。
8 吉井敏子「グローバル時代のマーケティングの視点と課題」同書所収。
9 Fisk, G., *Marketing and Ecological Crisis*, Harper & Row, 1974.（西村林・三浦収・辻本興慰・小原博訳『マーケティング環境論』中央経済社，昭和58年。）
10 Kotler, P. & S. J. Levy, "Broadening the Concept of Marketing", *Journal of Marketing*, Vol. 33, No. 1, 1969.
11 Kotler, P. & G. Zaltman, "Social Marketing", *Journal of Marketing*, Vol. 35, No. 3, 1971.
12 Lazer, W. & E. J. Kelley (eds.), *Social Marketing: Perspectives and Viewpoints*, Richard D. Irwin, 1973.

〈著者紹介〉

坂 本 秀 夫（さかもと　ひでお）

昭和28年　福井県春江町に生まれる
昭和51年　早稲田大学商学部卒業
昭和54年　早稲田大学大学院商学研究科博士前期課程修了
昭和62年　同大学院同研究科博士後期課程修了
現　　在　明星大学経済学部教授，中央大学経済学部講師，山梨大学教育人間科学部講師，千葉商科大学商経学部講師，博士（商学）
公　　職　日本流通学会理事，日本商業施設学会監事
主要著書　(単　著)
『日本中小商業の研究』(信山社，平成元年)，『現代マーケティング概論』(信山社，平成5年)，『現代中小商業問題の解明』(信山社，平成6年)，『現代日本の中小商業問題』(信山社，平成11年)，『大型店出店調整問題』(信山社，平成11年)，『現代流通の解読』(同友館，平成13年)，『日本中小商業問題の解析』(同友館，平成16年)
(共編著)
『ロードサイドショップ』(同友館，平成5年)
(共　著)
『最新マーケティング総論』(実教出版，昭和60年)，『現代資本主義と流通』(ミネルヴァ書房，平成元年)，『21世紀型企業』(同友館，平成2年)，『新時代のマーケティング理論と戦略方向』(ぎょうせい，平成4年)，『現代経営学要論』(同友館，平成6年)，『現代経営管理の研究』(信山社，平成8年)，『流通国際化と海外の小売業』(白桃書房，平成9年)，『ロードサイド商業新世紀』(同友館，平成11年)，『基本マーケティング用語辞典（新版）』(白桃書房，平成16年)

現 住 所　〒339-0065　埼玉県さいたま市岩槻区宮町2-6-1

現代マーケティング概論（第2版）

1993年（平成5年）3月10日　第1版第1刷発行9303-01011
1996年（平成8年）5月10日　第1版第2刷発行9303-01021
2000年（平成12年）5月10日　第1版第3刷発行
　　　　　　　　　　　　　　9303-01031：b050, 1934 95 E, p 288
2005年（平成17年）9月28日　第2版第1刷発行
　　　　　　　　　　　　　　3237-01010：b700, P3500 E, p296

著　者　坂　本　秀　夫
発行者　今　井　　　貴
発行所　株式会社信山社
〒113-0033　東京都文京区本郷6-2-9-102
電　話　03(3818)1019
FAX　03(3818)0344
出版契約 No. 3237.01041　Printed in Japan.

©坂本秀夫，2005．印刷・製本／松澤印刷・大三製本
ISBN 4-7972-3237-4 C3333　分類 335.001-C006

学部生＆法科大学院生への新シリーズ
プラクティスシリーズ

プラクティス民法
債権総論（第2版）

好評!!

潮見佳男 著　¥3,360　*価格は税別

民法解釈学の理解を助けるべく、全編に（CASE）を用いて理論の適用場面を具体的に説明する方法を採用。「制度・概念の正確な理解」「要件・効果の的確な把握」「推論の基本的手法」の修得が図れるよう創意工夫された革新的テキスト。平成16年民法等改正対応の第2版。2005年4月待望の刊行！

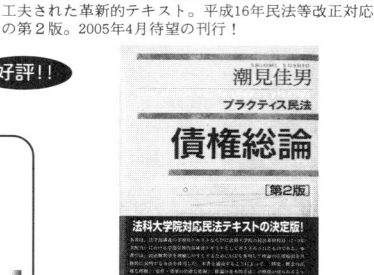

潮見佳男 プラクティス民法 債権総論 [第2版]
法科大学院対応民法テキストの決定版!!

プロセス演習 憲法【第2版】
更に充実の法科大学院テキスト新版
LS憲法研究会編

約600頁　定価5,040円（本体4,800円）

【編集代表】棟居快行・工藤達朗・小山剛
赤坂正浩・石川健治・大沢秀介・大津浩・駒村圭吾・笹田栄司
鈴木秀美・村田尚紀・宮地基・矢島基未・山元一

下級審からの争点形成と規範のあてはめの流れを再現し、基本的解説を加える。さらに、異なる事件を想定することで判例の射程の理解を助ける。徹底したプロセス志向の憲法演習教材。法科大学院生、学部学生必携の一冊。下級審からの争点形成と規範のあてはめの流れを再現し、基本的解説を加える。さらに、異なる事件を想定することで判例の射程の理解を助ける。徹底したプロセス志向の憲法演習教材。法科大学院生、学部学生必携の一冊。

旧版20ユニットから31ユニットへ大幅増補

【新規ユニットで取り上げる主な判例】エホバの証人剣道実技受講拒否事件／愛媛玉串料訴訟／北方ジャーナル事件／博多駅テレビフィルム提出命令事件／サンケイ新聞事件／森林法共有林事件／第三者所有物没収事件／全農林警職法事件／在日韓国人元日本軍属援護法訴訟／宗教的理由による輸血拒否訴訟／定住外国人選挙権訴訟

【その他収載判例】南九州税理士会政治献金事件・津地鎮祭事件・「悪徳の栄え」事件・大分県屋外広告物条例・「石に泳ぐ魚」出版差止請求事件・「夕刊和歌山時事」事件・少年通り魔実名報道損害賠償請求事件・泉佐野市民会館・薬事法違憲判決・酒類販売業免許違憲訴訟・土地収用補償金請求事件・成田新法事件・強制調停違憲訴訟・在宅投票制度廃止事件・堀木訴訟

続刊 プラクティスシリーズ 債権総論
平野裕之 著　¥3,990

法律学の森シリーズ

不法行為法

潮見佳男著　5,040円
●債権総論[第2版] I
潮見佳男著　5,040円
●債権総論[第3版] II
潮見佳男著　4,410円
●契約各論 I
潮見佳男著
●契約各論 II（続刊）
潮見佳男著　4,935円
●不法行為法
藤原正則著　4,725円
●不当利得法
青竹正一著　3,990円
●会社法
小宮文人著　3,990円
●イギリス労働法

債権総論〔第3版〕現代語化対応!!

松本博之＝徳田和幸編集
民事手続法研究

◇民事手続法学の未来を拓く基本文献◇

学説の変遷
制度の沿革　多面的かつ基礎的な考察　判例の分析
比較法的考察

¥3,675

【創刊号 2005.8】

既判力の標準時後の形成権行使について
　　　　　　　　　　　　　松本博之
欧州司法裁判所における訴訟物の捉え方
　　　　　　　　　　　　　越山和広
共有者の共同訴訟の必要性に関する
現行ドイツ法の沿革と現状
　　　　　　　　　　　　　鶴田　滋

●新感覚の入門書 ブリッジブックシリーズ●

ブリッジブック先端法学入門　土田 道夫／高橋 則夫／後藤 巻則編 ¥2,100
ブリッジブック憲法　横ы 耕一／高見 勝利編 ¥2,000　ブリッジブック先端民法入門　山野目 章夫編 ¥2,000
ブリッジブック商法　永井 和之編 ¥2,100　ブリッジブック裁判法　小島 武司編 ¥2,100
ブリッジブック国際法入門　植木 俊哉編 ¥2,000　ブリッジブック法哲学　長谷川 晃／角田 猛之編 ¥2,000
ブリッジブック日本の政策構想　寺岡 寛著 ¥2,200　ブリッジブック日本の外交　井上 寿一著［最新巻］ ¥2,000

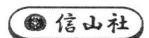

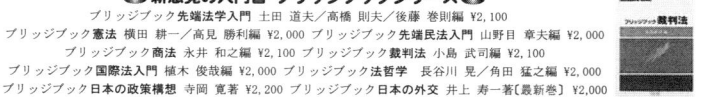

信山社
http://www.shinzansha.co.jp/
目録雑誌第3号近刊
詳細は目録雑誌で!!

〒113-0033 東京都文京区本郷6-2-9東大正門前
電話03-3818-1019　FAX03-3818-0344（直販）

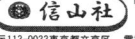

新刊案内　iモード